Kleidung und Identität

Die Bedeutung der Kleidung bei der Identitätsarbeit im Handlungsfeld Typberatung

Von der Pädagogischen Hochschule Heidelberg zur Erlangung des Grades eines Doktors der Erziehungswissenschaft (Dr. paed.) genehmigte Dissertation, von Karin Holdermann aus Sinsheim

Erstgutachterin: Prof. Dr. Doris Schmidt
Zweitgutachter: Prof. Dr. Alfred Klaus
Fach: Haushalt und Textil
Tag der Mündlichen Prüfung: 19.07.2002

Gedruckt mit freundlicher Unterstützung der initiative Handarbeit

Von

Karin Holdermann

D1690851

Schneider Verlag Hohengehren GmbH

Umschlaggestaltung:
Schneider-Verlag-Hohengehren, Baltmannsweiler

Dissertation Pädagogische Hochschule Heidelberg

Forschungsprojekt „Kleidung-Körper-Identität“ unter der Leitung von Dipl.-Päd. AOR Heinz Janalik und Prof. Dr. Doris Schmidt

Der Anhang dieser Untersuchung ist in einem separaten Materialband veröffentlicht.

Bibliografische Information Der Deutschen Bibliothek
Die Deutsche Bibliothek verzeichnet diese Publikation in der Deutschen Nationalbibliografie; detaillierte bibliografische Daten sind im Internet über **http://dnb.ddb.de** abrufbar.

ISBN: 3-89676-745-3

„Das Werk und seine Teile sind urheberrechtlich geschützt. Jede Verwertung in anderen als den gesetzlich zugelassenen Fällen bedarf der vorherigen schriftlichen Einwilligung des Verlages. Hinweis zu § 52 a UrhG: Weder das Werk noch seine Teile dürfen ohne vorherige schriftliche Einwilligung des Verlages öffentlich zugänglich gemacht werden. Dies gilt auch bei einer entsprechenden Nutzung für Unterrichtszwecke!“

© Schneider Verlag Hohengehren, 2004.
Printed in Germany – Druck: Druck & Media, Kronach

Danksagung

„Kleidung und Identität. Die Bedeutung der Kleidung bei der Identitätsarbeit im Handlungsfeld Typberatung“ erscheint als zweiter Band der Reihe: Mode- und Textilwissenschaft.

An erster Stelle gilt es der Herausgeberin Frau Prof. Dr. Doris Schmidt und Herrn Dipl.-Päd. AOR Heinz Janalik, die die Leitung des Forschungsprojektes ‘Kleidung – Körper – Identität’ am Institut für Alltags- und Bewegungskultur an der Pädagogischen Hochschule Heidelberg inne haben, Dank zu sagen für die unermüdliche Unterstützung und Hilfestellung in den letzten Jahren.
Ebenso sei Herrn Prof. Dr. Alfred Klaus für die Zweitkorrektur und Frau Prof. Dr. Bärbel Schön für die aufbauenden Worte gedankt.

Sehr verbunden bin ich auch den wechselnden Teilnehmerinnen des Doktorandenkolloquiums, besonders Dr. Karin Mann und Daniela Mauch, denen ich für ihre Zukunft alles Gute wünsche.

Bedanken möchte ich mich bei den Interviewpartnerinnen, ohne deren Bereitschaft und Offenheit die Arbeit nicht hätte stattfinden können.

Den Verlagen und den Ausbildungsinstituten für Typberatung sei an dieser Stelle für die Bereitstellung der Bilder und der Lehrunterlagen gedankt.

Nicht zuletzt möchte ich meiner Familie und meinen Freunden für den liebevollen, treuen und tatkräftigen Beistand von ganzem Herzen danken. Karin W. und David Bösinger, vielen Dank !

INHALTSVERZEICHNIS

1. Einleitung

Kleider machen Leute. Die Alltagskultur bestätigt – wie das Sprichwort zeigt – die Wirkung der Kleidung auf die Mitmenschen und das Beziehungsgefüge von Kleidung und Identität. Zum Beispiel wird durch die veränderte Kleidung aus einem einfachen Soldat der Hauptmann von Köpenick. Kleidung verhilft den Personen zu einem neuen Fremdbild. Kann Kleidung jedoch auch das Selbstbild des Trägers verändern?

Die Annahme, dass Kleidung beim „Prozeß der konstruktiven Selbstverortung" (KEUPP 1999, S. 9) eine für die Träger bedeutende Funktion hat, scheint berechtigt, denn wir suchen uns „in der Regel die Kleidung, die unserer persönlichen Haltung oder unserer Rollen-Identität entspricht" (SOMMER/ WIND 1988, S. 17).

Die Arbeit \`Kleidung und Identität´ entstand im Rahmen des Forschungsprojekts \`Kleidung, Körper, Identität´ in der Abteilung Mode- und Textilwissenschaft an der Pädagogischen Hochschule Heidelberg unter der Leitung von Frau Prof. Dr. Doris Schmidt und Herrn Dipl.-Päd. AOR Heinz Janalik.

Ziel der vorliegenden Arbeit ist es, eine Antwort auf die Frage nach der Bedeutung der Kleidung bei der Identitätsarbeit im Handlungsfeld Typberatung zu finden.
Die Untersuchung berücksichtigt dabei Personen, die an einer Typberatung teilgenommen haben, denn besonders anschaulich wird die permanente Passungsarbeit zwischen innerer und äußerer Welt im Handlungsfeld Typberatung mit Hilfe des bekleideten Körpers, da hier die Wechsel der Kleidungsstile äußerst prägnant sein können. Doch nicht nur die äußerlichen Veränderungen durch die Typberatung, sondern auch die potentiell ausgelösten Identitätsveränderungen durch die Typveränderungen sollen einen ausgewählten Definitionsraum schaffen, mit dessen Hilfe der Einfluss der Kleidung auf die Identität beschrieben wird.

Der **Forschungsstand** zum Identitätsbegriff ist in der Literatur umfangreich bearbeitet. Eine Forschungslücke bildet dagegen der spezifische Zusammenhang von Identität und bekleidetem Körper.

Die wissenschaftlichen Untersuchungen zum Thema Kleidung und Identität (vgl. DOLLASE 1988; LOSCHEK 1994; SOMMER 1989), die sich selten mit dem Beziehungsgefüge bekleideter Körper und Identität beschäftigen und wenn, dann meist nur am Rande der theoretischen Überlegungen, bieten keinen zufriedenstellenden Einblick in die Bedeutung des bekleideten Körpers bei der Identitätsarbeit. Doch erst mit dem bekleideten Körper vergegenwärtigt und konstruiert sich der Mensch für sich selbst und gegenüber anderen. Kleidung und Körper verschmelzen für Träger und für Betrachter zu einer Einheit. (Vgl. JANALIK/ SCHMIDT 1997, S. 128ff.; SOMMER/ WIND 1988, S. 16)

Zusätzlich weisen die Arbeiten zur Thematik Kleidung und Identität inhaltliche Lücken auf. Bei den Untersuchungen steht nur das durch die Kleidung hervorgerufene Fremdbild im Mittelpunkt, das ergänzende Selbstbild, das die Identität erst vollständig macht, bleibt dabei gänzlich unberücksichtigt.
Die beispielsweise bei DOLLASE beschriebenen Experimente, die über die Decodierung der vestimentären Botschaften Auskunft geben wollen, thematisieren lediglich die Konsequenzen für den Handlungsplan des Betrachters, so dass die Sichtweise des Trägers und deren Konsequenzen für den Handlungsplan fehlen (vgl. DOLLASE 1988, S. 100).
Das vernachlässigte Selbstbild, also auch das persönliche Individuum, ist – bei der komplexen Fragestellung nach Kleidung und Identität - ein unzulänglich untersuchter Inhalt. Dabei kann nur das Individuum selbst Auskunft über seine Identität geben. „Die Instanz, die über die Identität eines Menschen Auskunft zu geben vermag, ist der betreffende Mensch, ist das Subjekt selbst." (HAUßER 1995, S. 3)

Anfragen bei Typberaterinnen und Beispiele aus Printmedien bestätigten, dass der Zulauf von Personen in kritischen Lebenslagen außergewöhnlich groß ist. Das verdeutlicht einmal mehr die enge Verbindung von Kleidung und Identität, denn es beweist, dass die bewusste Beschäftigung mit der Identitätsarbeit in kritischen Lebenssituationen besonders prägnant ist.
Die Typberatung erfreut sich in den letzten Jahren einer zunehmenden Beliebtheit und ist ständig in den Medien präsent. Sie unterstreicht damit ihre aktuelle Bedeutung im Alltag der Individuen, die aktiv und kreativ an ihrer Identität arbeiten müssen.

Die qualitative **Methode** des narrativen Interviews erlaubt, individuelle Gedankengänge zu erfassen und so die subjektiven Belange einer identitätskritischen Lebenslage aufzuzeigen.
Wie oben bereits angedeutet, liegt in der vorliegenden Untersuchung der Schwerpunkt der Betrachtung auf dem subjektiven Identitätsempfinden. Aus diesem Grund kann nur das Individuum selbst, in diesem Fall die Teilnehmerin an einer Typberatung, angemessen Auskunft über ihre Identität geben. Unterstützt werden die Ergebnisse durch narrative Interviews mit Typberaterinnen. Sie sind Multiplikatoren für ihr Kleidungs- und Identitätsverständnis und versuchen dies in den Beratungen weiterzugeben. Als Expertinnen in ihrem Bereich

haben sie darüber hinaus Einblicke in eine Vielzahl von (Typ-)Beratenen[1] Biographien.
Bei der Zusammenstellung der Interviewpartner werden nicht Jugendliche, die gewöhnlich für die Betrachtung von Identität herangezogen werden, ausgewählt, sondern Personen im mittleren Erwachsenenalter. Die Auswahl dieser Altersgruppe soll deutlich machen, dass es sich bei der Identitätsarbeit um einen lebenslangen Prozess handelt. Zusätzlich zeigen Studien der Entwicklungspsychologie, dass Personen in diesem Lebensabschnitt eine Reihe von Anforderungen und Entwicklungsaufgaben zu bewältigen haben, die auf die Identitätsarbeit Einfluss nehmen.

Die vorliegende Arbeit gliedert sich nach folgenden Gesichtspunkten:
Zunächst werden die Titelbegriffe Kleidung (vgl. Kap. 2) und Identität (vgl. Kap. 3) in ihrem wissenschaftlichen Kontext verortet. Im Anschluss daran werden die bis dahin getrennt betrachteten Begriffe Kleidung und Identität auf mögliche Interdependenzen hin untersucht (vgl. Kap. 4). Das nächste Kapitel beschreibt das Handlungsfeld Typberatung (vgl. Kap. 5). Hierzu wird die vorhandene Fachliteratur, eingebunden in komplexe Fragestellungen bezüglich der Interdependenz von Kleidung und Identität, zusammengefasst und ausgewertet. Anschließend wird das methodische Vorgehen der vorliegenden Arbeit dargestellt (vgl. Kap. 6). Mit Hilfe der qualitativen Inhaltsanalyse werden die - durch narrative Interviews gewonnenen - Daten analysiert (vgl. Kap. 7). Diese Daten werden dann interpretiert (vgl. Kap. 8).

---

[1] Die Teilnehmer einer Typberatung werden in der vorliegenden Arbeit mit `Beratenen´ bezeichnet werden.

2. Kleidung

In der Auseinandersetzung mit dem dieser Arbeit zugrundeliegenden Begriff Kleidung wird zunächst eine kurzer Überblick über die ersten Kleiderfunde gegeben (2.1). Dann wird die etymologische Bedeutung des Wortes Kleidung betrachtet (2.2), weiter wird die Bedeutung des Körpers für die Kleidung untersucht (2.3). Zudem werden die Motive für das Tragen von Kleidung analysiert (2.4), bevor anschließend die kulturelle Prägung der Kleidung (2.5) dargestellt wird.

2.1 Vom Ursprung der Kleidung

Funde aus altertümlicher Zeit belegen die Verwendung von Kleidung bereits lange vor unserer Zeitrechnung. Erste Hinweise auf die Benutzung können früher datiert werden als die ersten Funde erhaltener Kleidung. „Aus den Anfängen der Menschheitsgeschichte, der Altsteinzeit, sind keine Überreste der Kleidung erhalten geblieben." (THIEL 2000, S. 9)
Jedoch kann anhand von Werkzeugen, wie zum Beispiel Knochennadeln, darauf geschlossen werden, dass sie zur Herstellung von Kleidung verwendet wurden. Aus der fortschreitenden Differenzierung und Verbesserung der Werkzeuge in der Entwicklungsgeschichte der Menschheit schließt THIEL, dass auch die Kleidung Verbesserungen erfuhr, die sich positiv auf ihre Funktionalität und Ästhetik auswirkten. (Vgl. THIEL 2000, S. 9)

Erste Hinweise auf Kleidung geben spanische und südfranzösische Felsmalereien, die auf das Mesolithikum datiert werden. Als bekanntes Beispiel kann die Felsmalerei aus Els Secans (Provinz Teruel, Spanien) genannt werden.
Lange Zeit galten Gewänder aus der Bronzezeit - ein Männerschurz und ein Männermantel aus brauner Wolle - als die ältesten, vollständig erhaltenen Kleiderfunde, die durch Humussäure konserviert worden sind (vgl. THIEL 2000, S. 68).
Das änderte sich durch eine aufsehenerregende Entdeckung im Jahre 1991. Im Ötztal (Österreich) wurde eine - im Gletschereis eingefrorene - Leiche entdeckt, die sich auf das ausklingende Jungneolithikum datieren lässt. „Kleine leinene Gewebereste sowie die komplette, aus zusammengenähten Fellstücken und Grasgeflechten bestehende Kleiderausstattung eines Mannes" (JANALIK/ SCHMIDT 1997, S. 6) sind somit bis heute die ältesten, erhaltenen Kleidungsbestandteile.

2.2 Der Begriff der Kleidung

Das Wortes `Kleid´ geht etymologisch auf das aus dem Mittelhochdeutschen „kleit" (WISNIEWSKI 1999, S. 148) zurück. Es wird vermutet, dass die Herkunft des Wortes auf den Begriff \`Klei´ zurückzuführen ist. \`Klei´ war die Bezeichnung für fette Tonerde, die wiederum als Walkmittel für Wolle Verwendung fand. Durch das Walken werden die Tierhaare mit Hilfe von Feuchtigkeit, Hitze und weiteren Zusätzen verfilzt, um eine dichtere Bindung der Haare zu erreichen. \`Kleit´ bedeutete ursprünglich demnach „das mit Klei Gewalkte" (WISNIEWSKI 1999, S. 148).

Eine eher textiltechnologisch angelegte Definition des Begriffes Kleidung liefert das Nachschlagewerk BROCKHAUS: „Kleidung [ist] die Bedeckung des menschlichen Körpers zum Schutz gegen Nässe, Kälte, Hitze, zum Verhüllen, zum Schmuck. Kleidung besteht hauptsächlich aus gewebten, gewirkten oder gestrickten Faserstoffen, ferner aus Leder und Pelzwerk. Rohmaterialien sind Wolle, Baumwolle oder Seide sowie verschiedene Chemiefasern, die rein oder miteinander vermischt verarbeitet werden, um bestimmte Trageeigenschaften zu erreichen. Bestimmte Web-, Wirk-, Strick- und Ausrüstungstechniken unterstützen die Fasereigenschaften zusätzlich." (BROCKHAUS 1990, S. 62; Abk. wurden ausgeschrieben)

Um den Begriff der Kleidung fassen zu können, unterstreicht BLECKWENN die Notwendigkeit ihn vom Begriff der Mode abzugrenzen, weil die Vermengung beider Begriffe zu Fehlinterpretationen und Fehlschlüssen führt, da die „fundamentalen Unterschiede" (BLECKWENN 1974, S. 169) übersehen werden. „Kleidung ist etwas Gegenständliches, Mode dagegen äußert sich im Gegenständlichen." (BLECKWENN 1981, S. 3)
Will man demnach Mode von Kleidung abgrenzen, ist zu bedenken, dass die Mode kein Objekt, also nicht fassbar ist. „In jedem Falle aber meint der Begriff der Kleidung etwas Materielles, und die wesentlichsten Bestandteile dieser \`Gesamtheit der Mittel´ sind in Europa heute geformte Textilien." (BLECKWENN 1974, S. 170)
Der Begriff der Kleidung ist nach BLECKWENN weiter zu differenzieren, einerseits als Kleidung im engeren Sinne (i. e. S.), als „textile Hülle" (BLECKWENN 1981, S. 2), andererseits als Kleidung im weiteren Sinne (i. w. S.), die alles umfasst, was „die Gesamterscheinung des Menschen verändert" (BLECKWENN 1981, S. 2).

2.3 Die Bedeutung des Körpers für die Kleidung

Die aufgeführten Definitionen berücksichtigen weder die Notwendigkeit noch die Bedeutung des Körpers für das Tragen von Kleidung. Dieser Bedeutung nähert sich HOFFMANN: „Alles, was die Körperoberfläche zu verändern oder zu ergänzen vermag, gehört zur *Kleidung*; also auch Schuhe, Hüte, Parfüms, Narben und dekoratives Make-up." (HOFFMANN 1985, S. 34; Hervorhbg. im Original)
Kleidung ist immer an den Körper gebunden, für den sie wiederum genauso von

Bedeutung ist. Kleidung bildet eine „Erweiterung der Körpergrenzen" (SOMMER/ WIND 1988, S.16) und wird ein Teil des Körpers. „Kleidung und Körper sind (...) in einem unauflösbaren Verhältnis verbunden. Kleidung umhüllt den Körper, ohne ihn verliert sie ihre eigentliche Funktion, entbehrt sie der vernünftigen Zuordnung, wird sie zum Artefakt." (JANALIK/ SCHMIDT 1997, S. 3) Kleidung stellt eine „Erweiterung des Körper-Ichs" (FLÜGEL [1930] 1986, S. 224) dar. Begründet wird diese Erweiterung durch den zusätzlichen Raumgewinn. Als Beispiele für die Erweiterung des Körperraumes werden Spazierstock oder Degen angeführt, denn auch die Accessoires dienen der Erweiterung des Körper-Ichs. (Vgl. FLÜGEL [1930] 1986, S. 224)

Kleidung hat die Eigenschaft, Mängel des Erscheinungsbildes, die von den jeweiligen kulturellen Gegebenheiten abhängig sind, zu kompensieren, Problemzonen zu verstecken und körperliche Stigmata zu verbergen. Für den Betrachter verschmelzen Kleidung und Körper, sie werden eins in der Wahrnehmung. Dasselbe gilt für den Träger, dessen Körper mit seiner Kleidung eins wird, und diese Einheit formt das Aussehen des Körpers und hat auch Einfluss auf seine Körperhaltung. (Vgl. SOMMER/ WIND 1988, S. 16)

2.4 Die Motive der Kleidung

Drei elementare Funktionen können der Kleidung, der zweiten Haut des Menschen, zugewiesen werden: die physiologische, ästhetisch-soziale und moralische. Diese drei Funktionen werden auf die grundlegenden Motive Schutz, Schmuck und Scham zurückgeführt. (Vgl. JANALIK/ SCHMIDT 1997, S. 6ff.)

Das *Schutzmotiv* ist der rationalste Beweggrund für das Tragen von Kleidung (vgl. FLÜGEL [1930] 1986, S. 209ff.). Textilien schützen vor klimatischen Bedingungen wie Kälte und Regen, aber auch vor der UV-Strahlung des Sonnenlichtes. Der klimatische Schutz durch Kleidung ist die notwendige Bedingung „für die Besiedlung der gesamten Erde durch den Menschen" (BLECKWENN 1974, S. 171). Kleidung, wie schwer entflammbare Jacken bei der Feuerwehr oder besondere Gewebe für Arbeiten mit giftigen Chemikalien, bieten den Menschen Schutz vor Verletzungen und Vergiftungen. Auch für Freizeitaktivitäten werden Textilien mit spezifischen Eigenschaften immer wichtiger, wie beispielsweise regendichte Outdoor-Bekleidung, die gleichzeitig atmungsaktiv bleibt. Protektoren, die den Körper vor äußeren Einflüssen schützen, sind in zahlreichen Sportarten, wie z.B. beim Inline-Skating und beim American Football, zu finden. (Vgl. JANALIK/ SCHMIDT 1997, S.7ff.)

Der Schutz vor bösen Geistern durch bestimmte Kleidung i.w.S. spielt(e) eine wichtige Rolle bei Naturvölkern. Das Tragen von Amuletten soll(te) die Menschen schützen (vgl. FLÜGEL [1930] 1986, S. 216f.). Besondere Sorgfalt wird

dabei auf die Körperöffnungen gelegt, die gewissenhaft bedeckt und geschmückt sind.
Ein weiterer Aspekt des Schutzmotivs beschäftigt sich mit der Psyche des Menschen: Kleidung dient in diesem Zusammenhang als Schutz vor der Unfreundlichkeit und der emotionalen Kälte in der Welt. „Als gesichert kann jedenfalls gelten, daß bei gewissen Menschen Phasen der Depression, Ängstlichkeit, Einsamkeit oder des Heimwehs mit einem Wunsch nach wärmerer Kleidung als gewöhnlich korrelieren." (FLÜGEL [1930] 1986, S. 256)

Das *Schmuckmotiv* gilt als weiterer Beweggrund für das Tragen von Kleidung. Die erotische Anziehungskraft soll durch die Kleidung verstärkt werden. Die Schmuckfunktion steht damit nicht nur in einem ästhetischen, sondern auch in einem sozialen Kontext. Dies bedeutet auch, dass Kleidung - wie beispielsweise Abzeichen - Auskunft über Rang oder berufliche Qualifikation geben können. Kleidung kann ebenso auf die nationale oder regionale Herkunft hinweisen und diese veranschaulichen. In diesem Zusammenhang sind hier besonders die Trachten hervorzuheben (vgl. hierzu Kap. 4). (Vgl. FLÜGEL [1930] 1986, S. 216ff.)

Das *Schammotiv* ist das dritte elementare Kleidungsmotiv (vgl. FLÜGEL [1930] 1986, S. 232ff. und vgl. JANALIK/ SCHMIDT 1997, S. 11). Scham, das Gefühl des Bloßgestelltseins, zu empfinden, wird zum einen durch die gesellschaftlichen Gegebenheiten in der jeweiligen Epoche und zum anderen durch die spezifischen nationalen und regionalen Konstellationen bedingt[2]. Dabei spielt vor allem die Moralvorstellung eine bedeutende Rolle. Ein Beispiel hierfür ist die streng ausgelegte Lehre des Islams: so werden Frauen in Afghanistan durch den „Chardi" (LOSCHEK 1991, zit. nach JANALIK/ SCHMIDT 1997, S. 12) am ganzen Körper verhüllt, um die Aufmerksamkeit der Männer von sich abzulenken und jegliche sexuelle Reize zu verbergen. Dabei steht bei den geistlichen Vertretern der moralische Schutz im Vordergrund, um die Sitten aufrecht zu erhalten. Auch das frühe Christentum war der Überzeugung, dass „jegliche dem Körper gewidmete Aufmerksamkeit der Seelenrettung schade" (FLÜGEL [1930] 1986, S. 235).
Unabhängig von religiösen Moralvorstellungen kann das Schammotiv auch im Alltag von Bedeutung sein: ein bekleideter Körper verändert zumindest vordergründig das Interesse an ihm. Ist eine Person für einen bestimmten Anlass unangemessen gekleidet, so kann sich dies für den Betreffenden zu einer beschämenden Situation entwickeln.

---

[2] Zu Scham und Peinlichkeit vgl. ELIAS 1997, S. 408-420.

2.5 Die kulturelle Prägung der Kleidung

„Der Begriff der Kultur bezieht sich in Unterscheidung zu dem Begriff der Natur (die ohne Zutun des Menschen existiert) auf alles, was der Mensch als gesellschaftliches Wesen bzw. die Menschen aller Völker zu den verschiedensten Zeiten und in unterschiedlichster Weise produktiv bearbeitet oder gestalterisch hervorgebracht haben." (MEYER LEXIKON auf CD-ROM 1998)
Kleidung ist ein Teil menschlicher Kultur, denn sie wird vom Menschen hervorgebracht, dem einzigen Wesen, das sich täglich kleidet und sich mit dem Bekleiden auseinandersetzt. Lebensformen, Zeitgeist und Wertvorstellungen haben Einfluss auf die Form, Gestalt und Funktion der Kleidung. Zahlreiche Mode- und Kostümkunden geben Auskunft über die komplexe Entwicklung von Kleidungsstücken, die im Laufe der verschiedenen kulturgeschichtlichen Epochen entworfen und getragen wurden (vgl. hierzu THIEL 2000).

Will man die Auswirkungen der Kultur auf die Kleidung verstehen, muss jedoch die Ebene der reinen Deskription verlassen werden, wie dies die sozialwissenschaftliche Kleidungsforschung leistet, die dem Symbol- bzw. Sinngehalt der Kleidung nachgeht. Ausschließlich aus deren physischen Eigenschaften oder der äußeren Form der Kleidung kann dieser Sinngehalt nicht abgeleitet und verstanden werden (vgl. SCHMIDT 1994, S. 10).
Der Mensch, beeinflusst vom Zeitgeist, von der gegenwärtigen Geisteshaltung und der gesellschaftlichen Position, macht Kleidung zum Symbol, sie wird zum Zeichen (vgl. Kap. 4.1). „An ihr [der Kleidung] lassen sich - die entsprechenden Kenntnisse über das jeweilige Zeichensystem vorausgesetzt - beispielsweise Daten zur Rangstellung, Gruppenzugehörigkeit, Geschlecht, Alter oder Religion ablesen." (JANALIK/ SCHMIDT 1997, S. 111)
Auch Literatur und Theater verwenden Kleidung als Zeichen. Bekannte Erzählungen wie `Kleider machen Leute´ von Gottfried Keller oder das Märchen `Des Kaisers neue Kleider´ von Hans Christian Andersen und Theateraufführungen wie der `Hauptmann von Köpenick´ bedienen sich des Spiels mit Kleidung. In diesen Geschichten werden von den Hauptdarstellern Kleider zielgerichtet eingesetzt, um von ihren Mitmenschen falsch dekodiert zu werden. Dadurch gelangen die Hauptdarsteller in gesellschaftlich privilegiertere Rollen und die Mitmenschen billigen ihnen eine höhere Position zu.

Ein interessantes Ergebnis hinsichtlich des sozialen Status durch Kleidung können auch STONE und FORM gewinnen: In anonymen Stadtsituationen sollen vier unterschiedliche soziale Statuslagen (`high society´, `middle class´, `working class´, `down-and-outers´) von erwachsenen Personen durch Probanden eingeschätzt werden. Das relevante Merkmal für die Identifizierung der Statuslage ist am häufigsten die Kleidung, noch vor Manieren und Umgangsformen.

Daraus geht hervor, dass sie der dominierende Parameter bei der Zuordnung zu einem gesellschaftlichen Status durch Außenstehende ist. (Vgl. STONE/ FORM 1956, zit. nach DRENGWITZ 1984, S. 55)

Die bisherigen Ausführungen haben dazu gedient, Kleidung als zentralen Begriff dieser Arbeit in seinen kulturhistorischen, etymologischen, körpertheoretischen und sozialkulturellen Kontext einzuordnen.
Im Folgenden wird generell mit dem erweiterten Terminus Kleidung (i. w. S.) gearbeitet, der „alles [fasst,] was die Gesamterscheinung des Menschen verändert" (BLECKWENN 1981, S. 2), und darüber hinaus den Körper des Trägers berücksichtigt. Dies geschieht zum einen aus der Einsicht heraus, dass das gesamte äußere Erscheinungsbild – nicht nur die Kleidung i.e.S. – identitätsbildend sein kann. Zum anderen bezieht sich das Untersuchungsfeld Typberatung auf Kleidung i.w.S, da bei diesem beispielsweise auch Make-up und Schmuck eine wichtige Rolle spielen (vgl. Kap. 5).
Das nächste Kapitel wird den zweiten Schlüsselbegriff, die Identität, näher betrachten.

3. Identität

Der Begriff Identität erfährt im wissenschaftlichen Diskurs seit einigen Jahren einen enormen Aufschwung. Es ist die Rede vom „Inflationsbegriff Nr. 1“ (BRUNNER 1987, S. 63). Die „diffusen Schnittmengen diverser Fach- und Alltagsdiskurse“ (KEUPP 1999, S. 7) stellen die exakte Definition dieses Terminus in Frage, da er unterschiedlichste Bedeutungen abdeckt. Deshalb ist es für die weitere Vorgehensweise unabdingbar, den hier verwendeten Identitätsbegriff[3] näher zu erläutern, da er das theoretische Fundament für die vorliegende Arbeit bildet.

Die Arbeit an einer gelungenen Identität hat durch gesellschaftliche Umbruchbewegungen wie Individualisierung, Pluralisierung und Globalisierung einen Wandel erfahren (vgl. BECK 1995). Es gilt, sich von der Vorstellung zu lösen, dass Identität als ein unveränderlicher Besitz verstanden werden kann, der einmal erworben, dem Individuum bis ans Lebensende erhalten bleibt. Identität muss als kreative und aktive Eigenleistung, als „Prozeß der konstruktiven Selbstverortung“ (KEUPP 1999, S. 9) verstanden werden, was für moderne Menschen die Konsequenz mit sich bringt, dass Identitätsarbeit permanent geleistet werden muss.

Der Begriff der Identität wird in einer historisch-chronologischen Vorgehensweise beschrieben, denn nicht nur menschliche Handlungen, sondern auch wissenschaftliche Begrifflichkeiten können nur im Kontext ihrer Geschichte adäquat erfasst werden.
Ein Verständnis für den Identitätsdiskurs wird daher mittels Darstellung seiner Entwicklungsgeschichte erreicht. Dazu werden zunächst die Anfänge des Identitätsbegriffes (3.1) aufgezeigt und anschließend wird die zeitgenössische Auffassung von diesem erläutert (3.2), um dann den Einfluss des symbolischen Interaktionismus (3.3) auf diesen Terminus zu beschreiben, da die Sichtweise dieser

[3] Identität wird in der Literatur häufig mit `Selbst´ oder `Selbstkonzept´ gleichgesetzt bzw. arbeiten die Autoren ausschließlich mit einem dieser beiden Begriffe. Das Selbstkonzept beschreibt dabei die „Vorstellung, die ein Individuum von sich selbst hat" (SOMMER 1989, S. 22). Um das Beziehungsgefüge Kleidung - Identität zu untersuchen und die Bedeutung der Kleidung bei der Identitätsarbeit beschreiben zu können, ist es jedoch notwendig, nicht nur den Blick auf das Selbstbild der Individuen zu richten, sondern auch „den sozialen Bezug, das heißt den interaktiven Bezug zu den anderen und deren Sicht auf das Individuum" (SOMMER 1989, S. 22), also das Fremdbild, zu erfassen. „Das Selbstkonzept kann etwa im Kleidungsstil zum Ausdruck kommen, der Aspekt des Eindrucks, den andere davon haben und die Beziehung beider" (SOMMER 1989, S. 22) können mittels Identität erfasst werden, da diese neben dem Selbst- auch das Fremdbild fasst.

Theorierichtung auf Identität besondere Geltung für die vorliegende Arbeit hat. Ebenfalls von großer Bedeutung für die Diskussion ist das von ERIKSON entwickelte Phasenmodell der psychosozialen Entwicklung (3.4). Darüber hinaus werden in diesem Kapitel die Arbeiten von MARCIA (3.5), NUMMER-WINCKLER (3.6), FEND (3.7) und KEUPP (3.8) vorgestellt, um ein möglichst umfassendes Verständnis für den Identitätsbegriff zu schaffen.

3.1 Die Anfänge des Identitätsbegriffs

Seit Anbeginn des menschlichen Denkens spielt die Verschiedenheit und Gleichheit eine Rolle und zählt zu den Grundbegriffen der Spezies Mensch: „Es gibt kaum einen Gedanken, in dem nicht auf die eine oder andere Weise ein Element des Verschieden-Seins oder Gleich-Seins enthalten ist." (DE LEVITA 1971, S. 22)
Das Denken über Verschieden- oder Gleichsein, das sogenannte principium identitatis, war bereits Bestandteil der philosophischen Gedanken von Platon und Aristoteles:
„Wenn Identität als die Frage nach den Bedingungen der Möglichkeit für eine lebensgeschichtliche und situationsübergreifende Gleichheit in der Wahrnehmung der eigenen Person und für eine innere Einheitlichkeit trotz äußerer Wandlungen gelten kann, dann ist sie schon von Platon in klassischer Weise formuliert worden." (KEUPP 1999, S. 27)
Aber erst mit der Moderne, mit dem Anspruch auf Gestaltung der Welt nach anerkannten Vernunftprinzipien und der Aufweichung der ontologischen Basissicherheiten, wird die Suche nach Identität als krisenhafte Herausforderung an das Subjekt heran getragen (vgl. KEUPP 1999, S. 27).

3.2 Der Ursprung des modernen Identitätsbegriffs

Als Vater des modernen Identitätsbegriffs wird William JAMES angesehen (vgl. FREY/ HAUßER 1987, S. 38 und OERTER/ DREHER 1995, S. 347). Für diesen wiederum ist das Gedankengut der angelsächsischen Philosophen Locke und Hume wegweisend. Eine schriftliche Abhandlung über das Selbstbewusstsein („The Consciousness of Self", 1890) von JAMES ist „die erste bedeutsame Bahnmarke der psychologischen und soziologischen Identitätstheorie" (FREY/ HAUßER 1987, S. I). Er entwickelte eine Instanzenlehre verschiedener Aspekte des empirischen Selbst, das sich neben dem materiellen und spirituellen, in das soziale Selbst unterteilt (vgl. HAUßER 1995, S. 38 und OERTER/ DREHER 1995, S. 347). Dieses definiert JAMES „als 'the recognition which he gets from his mates'. Genaugenommen heißt dies nach James: 'A man has as many social selves as there are individuals who recognize him and carry an image of him in their mind'. Diese 'social selves' sind nicht alle gleich gewichtig für die Identität: 'The most peculiar social self which one is apt to have is in the mind of the person one is in love with'... Das >soziale Selbst< eines Menschen wird von außen über ihn definiert."(JAMES 1890, zit. nach HAUßER 1995, S. 38)

Das soziale Selbst ist demnach die Anerkennung durch andere, wobei emotional nahe stehende Personen größere Bedeutung für das soziale Selbst haben.
JAMES schafft damals eine Auslegung der Identität, die noch heute Geltung hat: Identität als lebenslanger Prozess, die mittels gesammelter Erfahrungen und Verarbeitungen gebildet und gefestigt wird. Sie kann aber auch Veränderungen unterliegen und umgeformt werden. „*James'* wichtigste These lautet, daß das menschliche Bewußtsein seiner selbst aus *Erfahrungen* hervorgehe, welche man mit sich selbst im Umgang mit sozialen und sachlichen Gegenständen macht." (FREY/ HAUßER 1987, S. I, Hervorhbg. im Original)
JAMES ist der erste Autor, der eine begriffliche Differenzierung in der Identitätstheorie verankert, die für viele nachfolgende Arbeiten richtungsweisend und aus der heutigen Diskussion nicht mehr wegzudenken ist. Er unterscheidet zwischen den Perspektiven `I´ und `me´, also in eine Innen- und eine Außenperspektive. Das `I´ ist das Wissende, das Erfahrende, das Erkennende. Die Aufgabe und das kognitive Bedürfnis des `I´ sind, ein klares Bild vom Gegenstand seines `me´ zu gewinnen. Unter `me´ versteht JAMES indessen den anderen Bekannten, den von anderen Erfahrenen (vgl. HAUßER 1995, S. 38 und vgl. OERTER/ DREHER 1995, S. 347).

3.3 Der Einfluss des symbolischen Interaktionismus

3.3.1 Die Persönlichkeitsinstanzen `I´ und `me´

George Herbert MEAD, in den 80er Jahren des 19. Jahrhunderts bei William JAMES als Hauslehrer für dessen Kinder tätig, greift die Begrifflichkeiten `I´ und `me´ auf und setzt sie in seinen Theorien fort (vgl. MEAD [1934] 1973). Seine Erkenntnisse und Gedanken sind nur durch Notizen seiner Zuhörer und durch seinen Nachlass erhalten, denn er selbst veröffentlicht kein Buch. Der Begriff des symbolischen Interaktionismus wird von MEAD, der seine Theorie als `Sozialbehaviorismus´ bezeichnet, nicht verwendet. (Vgl. ABELS 1998, S. 14)
Herbert BLUMER – einer Schüler Meads - unterstreicht „in einer Zeit, als die soziologische Theorie von Talcott Parsons zum vorherrschenden Paradigma wird, die Bedeutung Meads" (ABELS 1998, S. 12f.) und prägt den für die Soziologie bedeutenden Begriff `Symbolischer Interaktionismus´, der sich im Gegensatz zum Begriff des `Sozialbehaviorismus´ durchsetzt.
Die Persönlichkeitsinstanzen `I´ und `me´ befinden sich für MEAD bei einer gelungenen Identität in einem gleichgewichtigen Spannungsfeld. `I´, das impulsive Ich, ist die Instanz, aus welcher der Mensch seine Einmaligkeit, seinen Willen und sein Wesen bezieht. Das `I´ setzt sich gegen die Zumutungen der anderen zur Wehr, reagiert so auf seine Umwelt und ist die Art und Weise einer Person, Dinge zu interpretieren und diese wieder zu einem Gesamtbild zusammen zu setzen. Dieses `I´ steht im Spannungsverhältnis zu `me´. `Me´, das reflektierende Ich, bildet die gesammelten Erfahrungen, die das Subjekt über sich

selbst macht. Das `me´ ist eine Spiegelung dessen, wie es von anderen gesehen wurde und wird. Es „ist ein von Konventionen und Gewohnheiten gelenktes Wesen. Es ist immer vorhanden. Es muss jene Gewohnheiten, jene Reaktionen in sich haben, über die auch alle anderen verfügen; der Einzelne könnte sonst nicht Mitglied einer Gesellschaft sein" (MEAD 1973, S. 241).

Die für eine gelungene Identität erforderliche Balance zwischen `I´ und `me´ bedeutet für Mead demnach ein Gleichgewicht zwischen Individualität und biografischer Einmaligkeit auf der einen sowie sozialer Anpassung, Funktionsfähigkeit in der Gesellschaft und Anerkennung auf der anderen Seite. „Persönlichkeit und soziales Handeln sind durch Symbole geprägt, die im Prozeß der Sozialisation erworben werden und im Prozeß der Interaktion von den Handelnden wechselseitig bestätigt oder verändert werden." (ABELS 1998, S. 16)
Für die Gewinnung von Identität („self") ist das Individuum nach MEAD erst fähig, wenn es sich mit den Augen der anderen sieht und wahrnimmt. Diese Übernahme der Rolle anderer („taking the role of the other") ist eine wichtige Voraussetzung für ein antizipierbares Verhalten von anderen. Der Verdienst seiner Identitätstheorie ist, dass das Individuum als Gestalter seiner Welt gesehen wird und für soziale Einflüsse und Veränderungen offen ist. MEAD sieht den Menschen als Wesen, das sich und seine Welt interpretiert, indem es handelt (vgl. ABELS 1998, S. 16). Allerdings wird MEADs Ansicht, dass die sozialen Handlungsmöglichkeiten aller Menschen gleichwertig sind, kritisiert. Außerdem ist innerhalb dieser Theorie ungeklärt, unter welchen Voraussetzungen es dem `I´ gelingt, sich gegen das `me´ durch zu setzen (vgl. BECK 1975, S. 60 und KRAPPMANN 1975, S. 21). Überdies fehlt in dieser Theorie die Betrachtung der Gruppe, die sogenannte kollektive Identität (vgl. HOPF 1980, S. 311).

3.3.2 Die `persönliche´ und `soziale´ Identität

Zu den Theoretikern des symbolischen Interaktionismus gehört auch Erving GOFFMAN (vgl. GOFFMAN [1963] 1996), der seinerzeit sehr kontrovers diskutiert und beurteilt wird[4]. GOFFMAN arbeitet für den Identitätsdiskurs eine weitere begriffliche Unterscheidung heraus, indem er zwischen persönlicher, sozialer und Ich-Identität differenziert:

Mit *persönlicher Identität* meint GOFFMAN die positiven Kennzeichen oder Identitätsaufhänger und die einzigartige Kombination von Daten der Lebensgeschichte, die mit Hilfe dieser Identitätsaufhänger an dem Individuum festge-

---

[4] Beispielsweise ist HAUßER der Ansicht, dass GOFFMAN den Identitätsbegriff aufbläht, da dieser ihn sowohl für die Von-innen- als auch Von-außen-Perspektive verwendet (vgl. HAUßER 1995, S. 40).

macht werden. „Persönliche Identität hat folglich mit der Annahme zu tun, daß das Individuum von allen anderen differenziert werden kann und daß rings um dies Mittel der Differenzierung eine einzige kontinuierliche Liste sozialer Fakten festgemacht werden kann, herumgewickelt wie Zuckerwatte, was dann die klebrige Substanz ergibt, an der noch andere biographische Fakten festgemacht werden können." (GOFFMAN 1996, S. 74)

Die persönliche Identität eines Individuums bilden demnach Identifikationsmerkmale sowie die einzigartigen biographischen Daten und Kennzeichen (vgl. HAUßER 1995, S. 40), wodurch Menschen schon vor der Geburt und noch nach dem Tode eine persönliche Identität haben.

Soziale Identität ist für GOFFMAN Klassifizierung und Typisierung eines Menschen durch andere. Dabei differenziert er nach zwei Aspekten: zum einen die `virtuale soziale Identität´, die Charakterisierung der Kategorien und Attribute des Gegenübers im Effekt; zum anderen die `aktuale soziale Identität´, bei der Charakterisierungen aufgrund tatsächlicher Begebenheiten getroffen werden (vgl. GOFFMAN 1996, S. 10). „Der Begriff der sozialen Identität bezieht sich auf die Normen, denen das Individuum im gegenwärtigen Interaktionsprozess gegenüber steht." (KRAPPMANN 1975, S. 208)
Für das Individuum wird es nahezu unmöglich, den Erwartungen und Forderungen im Hinblick auf die soziale Identität gerecht zu werden, deshalb bemüht es sich um eine Schein-Normalität (`phantom normalcy´) (vgl. GOFFMAN 1996, S. 152). Menschen, die aufgrund eines Stigmas von der sozialen Akzeptanz ausgeschlossen werden, deren soziale Identität gefährdet ist, versuchen vorzugeben, normal und unauffällig zu sein. Dadurch hat die soziale Umwelt die Möglichkeit, stigmatisierte Personen als ihresgleichen zu betrachten und zu behandeln.
Als Gegengewicht zur `phantom normalcy´ wird, in der kritischen Interaktionstheorie, die nach HABERMAS geprägte Begrifflichkeit `phantom uniqueness´ gesetzt (vgl. HABERMAS 1968/ 1973). Sie beschreibt das Bedürfnis, sich einzigartig darzustellen und ungeteilte Aufmerksamkeit auf sich zu lenken. Wenn es auch nicht der Realität entspricht, so muss das Individuum doch vorgeben etwas Besonderes, Außergewöhnliches zu sein.

Beim Terminus *Ich-Identität* greift GOFFMAN auf ERIKSON (vgl. Kap. 3.4) zurück. GOFFMAN versteht unter Ich-Identität das „subjektive Empfinden seiner eigenen Situation und seiner eigenen Kontinuität und Eigenart, das ein Individuum allmählich als ein Resultat seiner verschiedenen sozialen Erfahrungen erwirbt" (GOFFMAN 1996, S. 132).

3.3.3 Balancierende Identität

KRAPPMANN überwindet die strukturellen Ansätze von MEAD und GOFFMAN, indem er vier identitätsfördernde Aspekte formuliert. Identität ist „die vom Individuum für die Beteiligung an Kommunikation und gemeinsamem Handeln zu erbringende Leistung“ (KRAPPMANN 1975, S. 8f.). Ihre Präsentation ist die Voraussetzung für das Individuum, mit anderen in Beziehung zu treten. Dadurch zeigt es, wer es ist.
Die Möglichkeit dieser Präsentation wird bedingt durch Rollendistanz, Empathie, Ambiguitätstoleranz und Identitätsdarstellung. *Rollendistanz* umschreibt die Fähigkeit, Anforderungen und Erwartungen einer Rolle so weit von sich zu halten, dass eine individuelle Auswahl getroffen werden kann. *Empathie* bezeichnet das Vermögen des Individuums, sich in die Perspektiven und Anforderungen der Interaktionspartner hinein zu versetzen. *Ambiguitätstoleranz* ist die Fähigkeit, verschiedene Rollenerwartungen, die an das Individuum von diversen Seiten gestellt werden, auszuhalten. *Identitätsdarstellung* beschreibt das Vermögen, eigene Identität innerhalb einer sozialen Interaktion zu erarbeiten und fest zu legen, um Achtung vonseiten der Partner zu erhalten. (Vgl. KRAPPMANN 1975, S. 8f.)

Während der Identitätspräsentation steht das Individuum im Widerspruch zwischen konkurrierenden Normen und Werten der Gesellschaft. Identität sucht die Balance zwischen den individuellen Erwartungen einerseits und den gesellschaftlich differierenden Normen anderseits. In Anlehnung an DURKHEIM und SIMMEL sieht KRAPPMANN in der Diskrepanz der Erwartungen die Chance für die Individualisierung der Einzelnen. Sich identisch darzustellen, wird hier abgeleitet von den sozial-strukturellen Gegebenheiten, also der Inkonsistenz der Normensysteme und den Widersprüchlichkeiten zwischen den Handlungskontexten. (Vgl. KRAPPMANN 1975, S. 9)

3.4 Das Phasenmodell der psychosozialen Entwicklung

Bei der Diskussion des Identitätsbegriffs ist es notwendig, auf die Theorien von ERIKSON einzugehen[5], da er die Identitätsdiskussion stark beeinflusst und

---

[5] ERIKSON gilt als populärster Identitätstheoretiker, der durch die hohen Auflagezahlen schon in den Verruf gekommen ist, lediglich populärwissenschaftliche Werke abgeliefert zu haben. Zum Beispiel gelten die lebensnahen und fallbeispielsreichen Werke, die sich auf therapeutische Erfahrungen stützen nicht als Wissenschaft, da sich die Leser ihre Alltagsbegriffe beibehalten können, weil Identität „nirgendwo ordentlich wissenschaftlich definiert“ (HAUßER 1995, S. 2) wird (vgl. Kap. 3.4.2). Bemerkenswert aber bleibt, dass kaum eine wissenschaftliche Untersuchung der letzten 30 Jahren zu finden ist, die sich nicht - wenn teilweise auch kritisch - mit ERIKSON auseinandersetzt (vgl. hierzu KRAPPMANN 1975; NUNNER-WINKLER 1987, S. 165; OERTER/ DREHER 1995, S. 310ff.; DE LEVITA

dadurch den Ausgangspunkt für weitere wissenschaftliche Arbeiten geschafft. Das `identity-status´-Modell (vgl. MARCIA 1966) beispielsweise präzisiert und operationalisiert die Arbeiten von ERKISON (vgl. Kap. 3.5). Auch das Konzept der Wiederholungs- und Dauerkrise (vgl. NUNNER-WINKLER 1987, S. 165ff.) nimmt das Phasenmodell ERIKSONs als Grundlage (vgl. Kap. 3.6).

ERIKSON hat als Erster ein Modell erarbeitet, mit dem die Entwicklung der Identität nachvollzogen werden kann. Obwohl sich Gesellschaftsform und Identitätsarbeit seit dieser Zeit verändert haben, bauen viele Theorien darauf auf oder setzen sich kritisch damit auseinander.
ERIKSON wurde 1902 in Frankfurt am Main geboren und arbeitete in Wien zunächst als Lehrer, um sich dann, im Kreis um Sigmund Freud, zum Psychoanalytiker mit dem Schwerpunkt Pädiatrie ausbilden zu lassen. Bedingt durch den Nationalsozialismus emigriert ERIKSON in die USA und erhält dort eine Professur an der Harvard Universität.
Er erweitert den klassischen Interpretationsrahmen der Psychoanalyse, die sich substantiell mit der Lebensgeschichte auseinander setzt, um die psychosoziale und die psychohistorische Dimension. Erfahrungen aus eigenen systematischen Therapien sind, ähnlich wie bei Freud, die Methode des Erkenntnisgewinns. Das psychoanalytische Setting steht hierbei im Vordergrund. (Vgl. DE LEVITA 1971, S. 67)

In seinem Werk „Identität und Lebenszyklus" (vgl. ERIKSON 2000; Originalausgabe: „Identity and the Life Cycle" 1959) setzt sich ERIKSON mit dem Wachstum einer gesunden Persönlichkeit auseinander und erarbeitet eine Theorie der psychosozialen Entwicklung. Unter `gesunder Persönlichkeit´ versteht ERIKSON eine Person, die „*ihre Umwelt aktiv meistert*, eine gewisse *Einheitlichkeit* zeigt und imstande ist, *die Welt und sich selbst richtig zu erkennen*" (ERIKSON 2000, S. 57; Hervorhbg. im Original).
Er versucht das psychosoziale Wachstum der gesunden Persönlichkeit aus einer anderen Sichtweise als Freud zu betrachten, da dessen Psychoanalyse die Persönlichkeitsstörungen heilen soll, ohne zu klären, wie solche Störungen von vorne herein verhindert werden können. Auch für ERIKSON sind die Ansätze der Untersuchung, neben den anthropologischen Erwägungen, im klinischen Bereich verankert. Er bemängelt an der Vorgehensweise der Psychoanalyse die künstliche Trennung der Betrachtungsweisen: das Individuum in der Familie einerseits und in der Gesellschaft andererseits.
Diese für ihn unzureichende Verknüpfung der verschiedenen Lebensbereiche kann das Phänomen der Ich-Entwicklung nicht umfassend klären. In seiner Theorie

1971, S. 67ff.; KEUPP 2000, S. 25ff.; FEND 1991, S. 16ff. usw.).

versucht er, durch eine Kombination von psychoanalytischen und soziologischen Betrachtungsweisen, einen Beitrag zu Klärung der Ich-Entwicklung zu leisten. Als ein Argument für diese Arbeitsweise sieht ERIKSON die zunehmende Komplexität der Gesellschaft. „Die Expansionstendenz unserer Zivilisation zusammen mit ihrer Schichtenbildung und Spezialisierung zwingt das Kind, sein Ich-Modell auf wechselnde, nur einen Ausschnitt der Welt repräsentierende und noch dazu widerspruchsvolle Prototypen zu gründen." (ERIKSON 2000, S. 17)
Das Charakteristische am Grundbauplan der gesunden Persönlichkeit ist für ERIKSON das epigenetische Prinzip. Es besagt, dass alles, was wächst, einen Grundbauplan hat, dem die einzelnen Teile folgen. Bis diese zu einem funktionierenden Ganzen herangewachsen sind, bedarf jedes einzelne Teil einer Zeit des Übergewichts.
Mit Hilfe des epigenetischen Diagramms zeigt ERIKSON den zeitlichen Vorgang fortschreitender Differenzierung in der Entwicklung des Menschen auf. Die Persönlichkeit wächst für ERIKSON in Abschnitten, die biologisch vorherbestimmt sind. Die inneren und äußeren Konflikte, die durch dieses Diagramm dargestellt werden, sind Stationen des Wachstums für die gesunde Persönlichkeit, die das Individuum zu durchleben hat, will es „immer wieder mit einem gestärkten Gefühl innerer Einheit, einem Zuwachs an Urteilskraft und der Fähigkeit hervorgehen, die Sache `gut zu machen´ und zwar gemäß den Standards derjenigen Umwelt, die für diesen Menschen bedeutsam sind" (ERIKSON 2000, S. 56).

ERIKSONs Modell versucht, eine Brücke zwischen der Freudschen Theorie der infantilen Sexualität auf der einen Seite und den Kenntnissen des physischen und sozialen Wachstums eines Kindes innerhalb seiner Familie und seiner Sozialstruktur auf der anderen Seite zu schlagen (vgl. ERIKSON 2000, S. 59).

3.4.1 Das Phasenmodell

ERIKSONs Modell der psychosozialen Entwicklung (Tab. 1) ist in acht Phasen oder Krisen unterteilt und beschreibt ein universelles Grundschema der Identitätsentwicklung, das ein Mensch im Laufe seines Lebens durchläuft und das er aufgrund seines menschlichen Organismus und Bauplans auch zu durchlaufen hat. Voraussetzung dafür ist aber auch, dass die Eltern des Individuums eine genuine Persönlichkeit haben und in einem genuinen Milieu leben (vgl. ERIKSON 2000, S. 120), wobei der Identitätstheoretiker auch die Schwierigkeiten der modernen Zeit erkennt, in der die Normen der Eltern nicht mehr für die Kinder zutreffen müssen (vgl. ERIKSON 2000, S.11ff.).
An dieser Stelle ist es wichtig zu erwähnen, dass `Krise´ im Sinne ERIKSONs nicht dem üblichen Alltagsverständnis dieses Begriffes entspricht. Unter Krise versteht der Forscher - in Anlehnung an den neurotischen Konflikt von Freud - vielmehr einen „speziellen kritischen psychologischen Konflikt" (ERIKSON 2000, S. 56).

In diesem Kontext, sind auch die `kritischen´ Phasen des folgenden Stufenmodells zu sehen:

Tabelle 1: Phasenmodell der psychosozialen Entwicklung (ERIKSON 2000, S. 150f.)

	1	2	3	4	5	6	7	8
I Säuglingsalter	Urvertrauen gg. Mißtrauen				Unipolarität gg. vorzeitige Selbstdifferenzierung			
II Kleinkindalter		Autonomie gg. Scham und Zweifel			Bipolarität gg. Autismus			
III Spielalter			Initiative gg. Schuldgefühl		Spiel-Identifikation gg. (ödipale) Phantasie-Identitäten			
IV Schulalter				Werkssinn gg. Minderwertigkeitsgefühl	Arbeitsidentifikation gg. Identitätssperre			
V Adoleszenz	Zeitperspektive gg. Zeitdiffusion	Selbstgewißheit gg. peinliche Identitätsbewußtheit	Experimentieren mit Rollen gg. negative Identitätsauswahl	Zutrauen zur eigenen Leistung gg. Arbeitslähmung	Identität gg. Identitätsdiffusion	Sexuelle Identität gg. bisexuelle Diffusion	Führungspolarisierung gg. Autoritätsdiffusion	Ideologische Polarisierung gg. Diffusion der Ideale
VI Frühes Erwachsenenalter					Solidarität gg. soziale Isolierung	Intimität gg. Isolierung		
VII Erwachsenenalter							Generativität gg. Selbst-Absoption	
VII Reifes Erwachsenenalter								Integrität gg. Lebens-Ekel

Ur-Vertrauen versus Ur-Misstrauen

Das erste Element im Aufbau einer gesunden Persönlichkeit ist die Herstellung eines Ur-Vertrauens, „worunter ich eine auf die Erfahrungen des ersten Lebensjahres zurückgehende Einstellung zu sich selbst und zur Welt verstehen möchte. Mit `Vertrauen´ meine ich das, was man im allgemeinen als ein Gefühl des Sich-Verlassen-Dürfens kennt, und zwar in bezug auf die Glaubwürdigkeit anderer wie die Zuverlässigkeit seiner selbst." (ERIKSON 2000, S. 62)

Das Ur-Vertrauen ist ein essentieller Bestandteil einer gesunden Persönlichkeit. Wird es in der frühen Kindheit verletzt, dann drückt sich dies später im Erwachsenenalter in Ur-Misstrauen aus.

ERIKSON spricht von einer Einverleibungsphase, die der Säugling durchläuft. Zum einen mit dem Mund, der versucht die Muttermilch aufzunehmen und an allen geeigneten Gegenständen zu saugen; zum anderen mit den Augen, die alles aufnehmen, was sie erkennen können, und letztlich das Tasten mit den Händen, die versuchen alles zu begreifen. In der Theorie der Psychoanalyse führt die orale Fixierung zum Begriff der `Oralen Phase´. Die Phase der Einverleibung, die Fähigkeit zu nehmen, hängt davon ab, inwiefern die Mutter etwas geben kann. Die Fähigkeit des Nehmens durch den Säugling entspricht mehr einem Bekommen, um zuerst einmal das Annehmen verstehen zu lernen. (Vgl. ERIKSON 2000, S. 62)

„Die so hergestellte Wechselseitigkeit der Entspannung ist für die erste Erfahrung eines freundlichen anderen von höchster Bedeutung; die Psychoanalyse hat gelehrt, dass das Kind, indem es nimmt, was ihm gegeben wird, und indem es lernt, die Mutter zum Geben zu veranlassen, auch die notwendigen Grundlagen dafür entwickelt, ein Gebender zu werden, sich mit der Geberin zu `identifizieren´." (ERIKSON 2000, S. 65)

Die Bildung des Ur-Vertrauens ist abhängig von der Qualität elterlicher Bindung. Die Eltern müssen das Kind durch Geben und Gewähren lenken, wobei es bedeutend für die Identitätsentwicklung des Kindes ist, dass die Eltern von der Sinnhaftigkeit ihres Handelns überzeugt sind. Dadurch wird dem Kind vermittelt, `in Ordnung zu sein´: das heißt, sich selbst zu sein sowie die (kommenden) Erwartungen der Umwelt zu erfüllen. Für das Individuum gilt in diesem Stadium die Aussage: `Ich bin, was man mir gibt´. (Vgl. ERIKSON 2000, S. 98 und S. 62ff.)

Autonomie versus Scham und Zweifel

Die Reifung des Muskelsystems steht im zweiten bis dritten Lebensjahr im Mittelpunkt (Tab. 1). Das Kind erhält dadurch die Möglichkeit „eine Anzahl höchst komplizierter Akte wie `Festhalten´ und `Loslassen´ zu koordinieren" (ERIKSON 2000, S. 76). Unter der Formel „retentiv-eliminierende Modi" (ERIKSON 2000, S. 76) beschreibt ERIKSON die Tendenz des Kindes, Gegenstände zu horten und sie fort zu stoßen, an Besitztümern zu hängen und sie anschließend immer wieder von sich weg zu werfen. Das Kleinkind lernt zu laufen, und die Welt mit `ich´ und `du´ zu unterscheiden. Die Beherrschung des Sphinkter (Ring-Schließmuskel) befähigt zu einer weiteren Koordination von Festhalten und Loslassen.

Bei Niederlagen der analen Beherrschung erfährt das Kind doppelte Frustration: Machtlosigkeit seinem eigenen Körper gegenüber sowie Machtlosigkeit nach außen hin. Die Folge kann ein Rückzug in die orale Phase sein, die sich eventuell in Daumenlutschen äußert und ein Zurückweichen auf Gebiete darstellt, in denen das Kind Macht und Selbstständigkeit finden kann. Die anale Beherrschung wird mit einem Kampf um Autonomie gleichgesetzt. (Vgl. ERIKSON 2000, S. 75ff.)

„Aus einer Empfindung der *Selbstbeherrschung ohne Verlust des Selbstgefühls* entsteht ein dauerndes Gefühl von Autonomie und Stolz; aus einer Empfindung muskulären und analen Unvermögens, aus dem Verlust der Selbstkontrolle und dem übermäßigen Eingreifen der Eltern entsteht ein dauerndes Gefühl von Zweifel und Scham." (ERIKSON 2000, S. 78f.; Hervorhbg. im Original)

Bedingungen für die Gewinnung von Autonomie des Kindes sind fest verwurzeltes, überzeugend weitergeführtes Ur-Vertrauen, das aus der ersten Lebensphase stammt sowie feste und gleichzeitig tolerante Erziehung seitens der Eltern. Für das Kind lässt sich diese Phase mit dem Satz beschreiben: `Ich bin, was ich will´. (Vgl. ERIKSON 2000, S. 98 und S. 75ff.)

Initiative versus Schuldgefühl

Im Alter von vier oder fünf Jahren hat das Kind erfahren, dass es ein `Ich´ gibt. Nun gilt es, die Entscheidung zu treffen, „was für eine Art von Person es werden will" (ERIKSON 2000, S. 87) und dabei erscheinen ihm seine Eltern als Idealbild. Die physische und kognitive Entwicklung befähigen das Kind einen größeren Bewegungsraum einzubeziehen, weil das Laufen sicherer, kraftvoller und das Sprachvermögen auf- und ausgebaut wird. Das Kind versteht zunehmend mehr und kann sich besser mitteilen. Diese beiden Entwicklungen schaffen für das Kind eine erweiterte Vorstellungswelt. Ist das `Festhalten´ und `Loslassen´ in der vorherigen Krise relevant und vorherrschend gewesen, so wird diese Phase vom Modus des `Eindringens´ gekennzeichnet. Dieses Eindringen in das Bewusstsein des anderen erfolgt durch physischen und verbalen Kontakt. Des Weiteren kann ein Eindringen in neue Bereiche durch das Laufen und die unersättliche Wissbegier festgestellt werden.
Die moralische Entwicklung ist in diesem Alter erstmals von Bedeutung. Eine Bestrafung für die ödipalen Wünsche und die Einsicht des Kindes, dass Triebe schlecht sind und Gleichheit mit den Eltern nicht erreicht werden kann, führt möglicherweise zu negativen Auswirkungen der Selbsteinschätzung, denn das Kind definiert sich über das, was es leistet - über seine Initiative - und nicht über das, was es ist. Schnelles und gieriges Lernen verdeutlichen seinen Wunsch, groß zu werden und Pflichten sowie Leistungen zu übernehmen. `Ich bin, was ich mir zu werden vorstellen kann´ (vgl. ERIKSON 2000, S. 98), ist der Leitsatz eines Kindes in der Krise Initiative versus Schuldgefühl. (Vgl. ERIKSON 2000, S. 87ff.)

Werksinn versus Minderwertigkeitsgefühl

Der nächste Schritt zur gesunden Persönlichkeit ist das Erreichen eines Werksinns, der diesem Minderwertigkeitsgefühl entgegen gestellt werden muss. Das Kind möchte sich mit etwas beschäftigen, möchte lernen, wie man mit anderen zusammen tätig sein kann. In dieser Altersstufe kommen Kinder in die Schule und selbst in Kulturen ohne Schulsystem finden systematische Unterweisungen

statt. Kinder wollen an der `wirklichen Welt´, der Welt der Erwachsenen, teilhaben. Das Spiel ist hierbei ein zentrales Instrument. Kinder wollen spielen und nützlich sein, sie wollen ihre Sache gut machen. Sie schöpfen ihre Anerkennung aus den Dingen, die sie produzieren; sie wollen ein angefangenes Werk vollenden. Wird der Werksinn nicht befriedigend erfüllt, so besteht die Gefahr, dass das Kind die Unzulänglichkeit als Minderwertigkeit in seine Persönlichkeitsstruktur einbaut.
Das Umfeld für die Identitätsentwicklung erweitert sich und ist nicht mehr nur das familiäre Umfeld. Lehrkräfte an Schulen und der größer werdende soziale Rahmen haben ebenfalls Einfluss auf die Bildung der Identität. Mit `Ich bin, was ich lerne´ (vgl. ERIKSON 2000, S. 98) beschreibt ERIKSON diese Krise im späten Kindesalter. (Vgl. ERIKSON 2000, S. 98ff.)

<u>Identität versus Identitätsdiffusion</u>
Zu Beginn der Pubertät setzt die fünfte Phase im Modell der psychosozialen Entwicklung (Tab. 1) ein. Hier gilt es für das Individuum, gegen eine Identitätsdiffusion anzukämpfen. Das rasche Körperwachstum und die physische Geschlechtsreife sind ausschlaggebend für das In-Frage-stellen aller Identifizierungen und Sicherungen aus den vorangegangenen Stufen. Es werden die Kämpfe der Kindheit noch einmal ausgestanden.

Für den Jugendlichen steht die Festigung seiner sozialen Rolle im Mittelpunkt:
„Er ist manchmal auf krankhafte, oft absonderliche Weise darauf konzentriert herauszufinden, wie er, im Vergleich zu seinem eigenen Schuldgefühl, in den Augen anderer erscheint und wie er seine früher aufgebauten Rollen und Fertigkeiten mit den gerade modernen Idealen und Leitbildern verknüpfen kann.” (ERIKSON 2000, S. 106)

Die Ich-Identität, das Ansammeln der Integrationen aus Kindheitserfahrungen, hat eine andere Qualität als die Summe der Teilidentifikationen aus den vorangegangenen Stufen. Sie stellt einen Schatz an Ich-Werten dar, die in die Ich-Identität münden: Das Gefühl der Ich-Identität ist somit das angesammelte Vertrauen darauf, dass die Einheitlichkeit und die Kontinuität, die man in den Augen anderer hat, einer Fähigkeit entspricht, diese innere Einheitlichkeit und Kontinuität auch aufrechtzuerhalten (vgl. ERIKSON 2000, S. 107).

Große Beunruhigung bringt die Suche nach der Berufsidentität für Jugendliche mit sich. Überidentifizierungen mit Idolen aus der Clique oder dem öffentlichen Leben, Intoleranz und Grausamkeiten gegenüber Andersartigen bilden Abwehrmechanismen, die einer Identitätsdiffusion entgegengestellt werden. Kleinigkeiten hinsichtlich Geschmack, Gestik oder Kleidung reichen hier schon aus, die `anderen´ auszuschließen. Cliquen und Banden helfen den Jugendlichen in der unvertrauten neuen Lage der Gesellschaft, indem diese Gruppen ihnen einfache Ideal-, Feind- und Selbstbilder zur Verfügung stellen. (Vgl. ERIKSON 2000, S. 110f.)

„Es ist schwer, tolerant zu sein, wenn man im tiefsten Inneren noch nicht ganz sicher ist, ob man ein richtiger Mann (eine richtige Frau) ist, ob man jemals einen Zusammenhang in sich finden und liebenswert erscheinen wird, ob man imstande sein wird, seine Triebe zu beherrschen, ob man einmal wirklich weiß, wer man ist, ob man weiß, was man werden will, weiß, wie einen die anderen sehen, und ob man jemals verstehen wird, die richtigen Entscheidungen zu treffen, ohne sich ein für allemal mit dem falschen Mädchen, Geschlechtspartner, Führer oder Beruf anzulegen." (ERIKSON 2000, S. 111f.)
Eine `gesunde Persönlichkeit´ (vgl. hierzu Kap. 3.4) ist eine Festung des Menschen gegen die Anarchie der Triebe und die Autokratie des Gewissens (vgl. ERIKSON 2000, S. 106ff.).

Die nächsten drei Phasen sind im Erwachsenenalter angesiedelt. Es wird deutlich, dass für ERIKSON die Identitätsbildung nicht im Jugendalter aufhört, sondern bis ins späte Erwachsenenalter hinein reicht.

Intimität und Distanzierung versus Selbstbezogenheit
Das Berufsleben, die Heirat und die Gründung einer Familie sind, laut ERIKSON, die Aspekte, die das Erwachsenenalter kennzeichnen. Eine wirkliche Intimität mit dem anderen Geschlecht wird erst erreicht, wenn sich beim Individuum „ein einigermaßen sicheres Gefühl der Identität" (ERIKSON 2000, S. 114) eingestellt hat.
Für ERIKSON bildet die Intimität den Kontrast zur Distanzierung. Diese ist die Fähigkeit, „Einflüsse und Menschen von sich fernzuhalten, zu isolieren und, falls notwendig, zu zerstören, die einem für das eigene Wesen gefährlich erscheinen" (ERIKSON 2000, S. 115). Fühlt sich das Individuum von den anderen und von sich selbst überfordert, so ist die Isolierung die Reaktion, die folgen und bis hin zur Zerstörung der eigenen Person gehen kann. (Vgl. ERIKSON 2000, S. 114f.)

Generativität versus Stagnierung
Elternschaft und ersatzweise schöpferische Leistungen liefern die Basis für eine gesunde Persönlichkeit. In diesem Lebensabschnitt entfalten Menschen, die keine Generativität entwickeln, oft ein Gefühl der Stagnation. Sich selbst wie ein Kind zu verwöhnen und sich in den Mittelpunkt zu stellen, sind eine kompensierende Gegenreaktion. Gründe für die negative Bewältigung dieses Lebensabschnittes, sind in früheren nicht erreichten Stadien der psychosozialen Entwicklung zu suchen. (Vgl. ERIKSON 2000, S. 116f.)

Integrität versus Verzweiflung und Ekel
Integrität bedeutet für ERIKSON der seelische Zustand, in dem der eigene Lebenszyklus und die Menschen, die das Individuum bisher begleitet haben, angenommen werden. Sie beinhaltet auch die Einsicht der Eigenverantwortlichkeit gegenüber dem eigenen Leben. Wird diese Emotion innerhalb der gesunden Persönlichkeitsentwicklung nicht erreicht, kommen Verzweiflung und oft eine unbewusste Todesangst auf. (Vgl. ERIKSON 2000, S. 118f.)

Das bewusste Gefühl, eine persönliche Identität zu besitzen, beruht bei ERIKSON „auf zwei gleichzeitigen Beobachtungen: der unmittelbaren Wahrnehmung der eigenen Gleichheit und Kontinuität in der Zeit, und der damit verbundenen Wahrnehmung, daß auch andere diese Gleichheit und Kontinuität erkennen" (ERIKSON 2000, S. 18).
Ferner versteht er unter Ich-Identität „das Gewahrwerden der Tatsache, daß in den synthetisierenden Methoden des Ichs eine Gleichheit und Kontinuierlichkeit herrscht und daß diese Methoden wirksam dazu dienen, die eigene Gleichheit und Kontinuität auch in den Augen der anderen zu gewährleisten" (ERIKSON 2000, S. 18).
Was ERIKSON aber unter \`eigener Gleichheit´ versteht, wird von ihm nicht näher ausgeführt: „Erikson entscheidet sich wie William James weder für die kontinentalen (Leibnizschen) Auffassungen von Identität (nämlich, daß Identität allem psychischen Funktionieren vorausgehe) noch für die angelsächsische (Humesche) Position (daß Identität eine Leistung des psychischen Funktionierens sei), sondern akzeptiert beide. Er hält die Differenzierung aufrecht, indem er das erste >personale Identität< und das zweite >Ich-Identität< nennt." (DE LEVITA 1971, S. 72)

3.4.2 Grenzen und Leistungen ERIKSONs

HAUßER kritisiert ERIKSONs Überangebot für den Identitätsbegriff und bezieht sich dabei auf DE LEVITA (vgl. 1971), der nachweist, dass ERIKSON diesem Terminus je nach Text und Jahr eine andere Bedeutung beimisst (vgl. HAUßER 1995, S. 75). ERIKSON versteht demnach unter Identität auch:

- „einen Kern der Persönlichkeit, der bei all ihren Veränderungen und den Veränderungen der Umwelt stabil bleibt,
- einen Gleichklang prinzipiell veränderlicher sozialer Rollen,
- einen entwickelten Lebensstil, der bestimmt, wie soziale Rollen ausgefüllt werden,
- spezielle Merkmale während der Adoleszenzphase und
- die eigene Kontinuität im Umgang mit anderen" (HAUßER 1995, S. 75).

ERIKSONs Leistung besteht darin, die Entwicklungspsychologie revolutioniert zu haben. Identität wird seither als lebenslanger Prozess beschrieben. Unangemessen findet HAUßER jedoch die Annahme präformierter und universeller Entwicklungsstadien, die nach ERIKSON in gewissen Teilen des Lebenszyklus ablaufen (vgl. HAUßER 1995, S. 79). Zudem erklärt ERIKSON die einmal erfolgreiche Überwindung einer Krise als irreversibel abgeschlossen, eine Annahme, die mittlerweile empirisch widerlegt werden kann.

Keupp stellt bei der Auseinandersetzung mit ERIKSON die Frage, ob dessen Modell der psychosozialen Entwicklung für unsere Gesellschaft noch Relevanz hat (vgl. KEUPP 1988, zit. nach Keupp 1999, S. 25). Zusätzlich wird von Edward SAMPSON der zentralistische Einheitsanspruch des Modells kritisiert und er erarbeitet daraufhin die Grundlage für eine kulturvergleichende Relativierung des Ansatzes (vgl. SAMPSON 1985, zit. nach KEUPP 1999, S. 25). Kritisch wird auch auf das „fragwürdige Ideal einer gelingenden Integration von Subjekt und Gesellschaft [hingewiesen] statt die Unmöglichkeit einer solchen Synchronisation in einer kapitalistischen Gesellschaft aufzuzeigen" (KEUPP 1999, S. 29).

Von ERIKSON unterstellt und von Kritikern bemängelt wird überdies die mühelose Herstellung eines Gleichlaufs zwischen innerer und äußerer Welt. Der Umstand, dass dieser Prozess mit Leid, Schmerz und Unterwerfung einher gehen kann, wird von ERIKSON nicht aufgezeigt, der auf einer Kontinuität und Berechenbarkeit der Gesellschaft aufbaut, bei der Individuen regelhaft-linearen Entwicklungsgängen folgen. Individualisierung, Pluralisierung und Globalisierung sind Begrifflichkeiten, die sich in diese theoretische Konzeption nicht einbinden lassen.
ERIKSONs Probanden sind in der Regel weiße, junge Amerikaner aus der Mittelschicht in einer Zeit wirtschaftlichen Aufschwungs. Die Fragen der Identitätsentwicklung der Geschlechter und der verschiedenen sozialen und ethnischen Gemeinschaften in den westlichen Industriegesellschaften können mit ERIKSONs Phasenmodell nicht hinreichend beantwortet werden.

Doch „an ERIKSON kommt niemand vorbei, der sich aus sozialpsychologischer Perspektive mit der Frage von Identitätskonstruktionen beschäftigt" (KEUPP 1999, S. 25), zumal er in den Nachkriegsjahren auf breite, positive Resonanz stößt. Die heutige Identitätsforschung steht auf den „Schultern des Riesen" (KEUPP 1999, S. 30) und von hier ist ein Panoramablick auf die allgemeinen, sozialontologischen Fragen im Identitätsdiskurs möglich (vgl. KEUPP 1999, S. 30ff.).

3.5 Das `identity-status´-Modell

Ein prominenter Vertreter auf den Schultern des Riesens ERIKSON ist James E. MARCIA. Er präzisiert und operationalisiert dessen Modell der Identitätsentwicklung und ermöglicht dadurch eine wissenschaftliche Theoriebildung. MARCIA definiert jedoch die altersgebundenen Phasenthematiken als flexibel und distanziert sich von den irreversiblen Krisenlösungen (vgl. HAUßER 1995, S. 79). Der Identitätstheoretiker entwickelt auf diese Weise ein Instrument zur Erhebung von Identitätszuständen, das „identity status model" (MARCIA 1966), und überführt die Phase beziehungsweise Krise `Identität versus Identitätsdiffusion´ von ERIKSON in ein Vier-Felder-Schema (Tab. 2):

MARCIA verwendet für das Modell der Identitätszustände die von ERIKSON entwickelten Variablen der Selbstverpflichtung („commitment") und Krise bzw. Exploration („crisis").

Tabelle 2: `Identity-status´- Modell und seine Dimensionen (MARCIA 1993, zit. nach KEUPP 1999, S. 81)

	Erarbeitete Identität *Achievement*	Moratorium	Identitäts-übernahme *Foreclosure*	Identitäts-diffusion
Exploration von Alternativen	ja	aktuell stattfindend	nein	ja/ nein: beides möglich
Innere Verpflichtung *Commitment*	ja	ja, aber vage	ja	nein

Selbstverpflichtung oder innere Verpflichtung umfasst dabei das Engagement und die Bindung im betreffenden Lebensbereich. *Krise* bezeichnet das Ausmaß an Unsicherheit, Beunruhigung und Rebellion, das mit der Auseinandersetzung des Gegenstandsbereichs verbunden ist. Die Dimension der Erkundung des zur Diskussion stehenden Lebensbereichs steht hinter dem Begriff *Exploration*, deren Zielsetzung eine bessere Orientierung und Entscheidungsfindung ist. (Vgl. OERTER/ DREHER 1995, S. 351f.)

Mit Hilfe dieser Modellvariablen unterscheidet MARCIA vier Zustände der Identität:

a) die erarbeitete Identität („Identity Achievement"),
b) das Moratorium,
c) die Identitätsübernahme („Foreclosure") und letztlich
d) die Identitätsdiffusion.

Die *erarbeitete Identität* wird nur über das Stadium der Krise erreicht und ist gleichzusetzen mit der gelungenen Identität im Sinne ERIKSONs. Sie wird mittels krisenhaften und explorativen Perioden gebildet, wobei übernommene Standpunkte der Eltern und anderer Bezugspersonen kritisch beleuchtet werden. Die erarbeitete Identität zeichnet sich durch feste Zukunftsvorstellungen und innere Verpflichtungen aus.
Das *Moratorium* ist der oben beschriebene Zeitabschnitt der Exploration. In diesem Zustand befindet sich das Individuum in der Auseinandersetzung mit verschiedenen Alternativen. Die innere Verpflichtung ist noch nicht wirklich ausgeprägt, aber dennoch vorhanden, wenn die Krisensituation ernst genommen wird. Es wird davon ausgegangen, dass sich die erarbeitete Identität an das Moratorium anschließt.
Die *Identitätsübernahme* ist eine Erweiterung des ERIKSON'schen Modells und bedeutet die übernommenen Auffassung der Eltern oder des bekannten Umfeldes, die zum eigenen Standpunkt gemacht wird, ohne dass dabei eine Exploration durchlebt wird. Die Begrifflichkeit des Identitätserbes findet hier Verwendung und beschreibt die festen und zuweilen rigiden Vorstellungen der Individuen, die unreflektiert und widerspruchslos von den Eltern übernommen werden.
Der Begriff der *Identitätsdiffusion* beschreibt den Zustand, keinerlei innere Verpflichtungen zu den betreffenden Gegenstandsbeziehungen zu empfinden. Die Individuen haben sich auf keinen Standpunkt festgelegt, es mangelt ihnen an Überzeugung und sie befinden sich auch nicht in einer Experimentierphase, um geeignete Ergebnisse hinsichtlich des Berufs, der Wertefindung oder ideologischen Überzeugung zu erzielen. Es scheint, als seien die Individuen gar nicht darum bemüht, zu einer endgültigen Einstellung zu gelangen. Eine Identitätsdiffusion führt nicht zwangsläufig zu einer Krise. (Vgl. KEUPP 1999, S. 80ff.)

Nimmt man noch einmal Bezug auf ERIKSON, so wird die Weiterentwicklung des Modells von MARCIA deutlicher. ERIKSON geht von einer stufenweise verlaufenden Entwicklung in Richtung Vollkommenheit aus, die bei der übernommenen Identität beginnt, dann über ein Moratorium in eine diffuse Identität mündet, bevor die erarbeitete Identität erreicht wird. Diese Tendenz in der Entwicklung zeigt er am Beispiel der Biographie Martin Luthers (vgl. zusammenfassende Darstellung in HAUßER 1995, S. 79ff.).
MARCIAs theoretisches Konzept dagegen sieht keine Rangordnung in der Identitätsentwicklung vor, wie dies bei ERIKSONs Phasenmodell der Fall ist. Ebenso sind für MARCIA – wie auch durch Studien belegt - altersgebundene Krisen nicht universell (vgl. MARCIA et al. 1993, zit. nach HAUßER 1995, S. 82f.). Während des Lebens kann ein Identitätszustand wechseln und zwar in jeden beliebigen anderen Identitätszustand. Identitätszustände und deren Änderungen sind unabhängig von der Intelligenz des Individuums. Zusätzlich können sich

das Individuum betreffende Bereiche wie Politik, Beruf, Sexualität usw. in unterschiedlichen Identitätszuständen befinden und sich unabhängig voneinander in verschiedene Richtungen entwickeln. Veränderungen in alle Richtungen sind in jedem einzelnen Bereich denkbar und möglich.

Empirische Untersuchungen MARCIAs zeigen eine drastische Zunahme der diffusen Identität - von 20 auf 40 Prozent - seit dem Jahr 1984: „Das bedeutet, daß eine zunehmend größere Zahl von Jugendlichen sich nicht mehr auf stabile, verbindliche und verpflichtende - und in diesem Sinn identitätsstiftende - Beziehungen, Orientierungen und Werte festlegt. Sie haben sich keinen eigenen Wertekanon erarbeitet." (KEUPP 1999, S. 81)

Die Zunahme der Identitätsdiffusion ist aus Sicht der Individuen teilweise sinnvoll und nicht Erscheinung einer zunehmend pathologisch werdenden Gesellschaft. Aus diesem Grund wird von MARCIA eine Differenzierung des Begriffes Identitätsdiffusion vorgenommen. Er definiert fünf Kategorien:

- „*Selbst-Fragmentierung* bedeutet ein pathologisches Ausmaß an Diffusion, an mangelnder Integrationsarbeit aufgrund unangemessenen Verhaltens in Hinblick auf eigene Anliegen und Ziele.
- Mit *gestörter Identitätsdiffusion* ist hingegen eine leichtere Identitätsstörung gemeint, die sich im Rahmen sozialer Isolierung als schizoide Thematik beispielsweise in Größenwahnphantasien äußern kann.
- Hingegen erweisen sich Personen mit *sorgloser Identitätsdiffusion* als oberflächlich, aber sozial gewandt, die, wenn überhaupt, kurze, spontane innere Verpflichtungen (Abenteuer) eingehen.
- *Sozial angepaßte Identitätsdiffusion* zeigt sich in wechselnder, jeweils adäquater Angepaßtheit an soziale Situationen, was Neugier und Exploration fördert, aber innere Verpflichtung verhindert.
- Entwicklungsbezogene Identitätsdiffusion schließlich bedeutet einen Zustand persönlicher Ungewißheit, durchsetzt mit Reflexion und Exploration. Der Weg ins Moratorium oder zur Erarbeiteten Identität zeichnet sich für die weitere Entwicklung ab." (HAUßER 1995, S. 84; Hervorhbg. im Original)

MARCIA berücksichtigt damit die veränderten gesellschaftlichen Bedingungen, die sich nicht auf einen einmal festgelegten Standpunkt stützen. Identitätsdiffusion verliert den Charakter des Versagens, der Verwirrung und ist das Resultat

der modernen Zeit sowie die Notwendigkeit, eine Offenheit gegenüber Entwicklungen zu gewährleisten.
MARCIA wird vorgeworfen, lediglich ein vorhandenes Modell dahin gehend verändert zu haben, dass es der empirischen Überprüfbarkeit stand hält. Ein umfassendes theoretisches Modell sei nicht daraus hervorgegangen. Zudem seien Unmengen an empirischen Daten vorhanden, die noch der Erklärung und Auswertung bedürfen. Die Hinterlassenschaft von ERIKSON war eine erfolgsversprechende Basis, die MARCIA nur teilweise nutzt, denn „differenzierte, historische und gesellschaftlich situierte Analysen konkreter Entwicklungsprozesse konkreter Individuen in konkreten Situationen" (KRAUS/ MITZSCHERLICH 1998, S. 149) legt MARCIA nicht vor.

3.6 Identität als Wiederholungs- und Dauerkrise

Getrud NUNNER-WINKLER befasst sich ebenfalls mit dem Konzept ERIKSONs und erweitert es (vgl. NUNNER-WINKLER 1987, S. 165ff.). Sie kritisiert, dass die Identitätskrise am Ende der Adoleszenz zu einer einmaligen Festlegung führt und erweitert deshalb das Modell von ERIKSON durch das Konzept der Wiederholungs- und Dauerkrise.
NUNNER-WINKLER zieht dabei Analogien zur Medizin. Hier werden dem Begriff der Krise zwei Bedeutungen beigemessen: Einerseits wird Krise als ein Wendepunkt im Krankheitsgeschehen aufgefasst, welche die Entwicklungsrichtung des Krankheitsverlaufes angibt, dessen Endpunkte entweder die Heilung oder der Tod sind. Diese erste Bedeutung der Krise, entspricht der klassischen Adoleszenzkrise. Andererseits wird Krise als „das anfallsweise Auftreten von Krankheitszeichen mit besonderer Heftigkeit" (NUNNER-WINKLER 1987, S. 165) gesehen.
Die zuletzt aufgeführte Deutung lässt sich weiter in die Wiederholungs- und in die Dauerkrise differenzieren. Dabei beschreibt die Wiederholungskrise das Ausheilen der Krankheit, allerdings mit der Möglichkeit, dass diese Krankheit ein zweites Mal oder öfters zurückkehrt. Diese Krise findet sich vergleichbar in ERIKSONs späteren Ansätzen wieder (vgl. hierzu ERIKSON 1974, S. 138). Hingegen bezieht sich die Dauerkrise in der Medizin auf Erkrankungen, die nicht vollständig ausgeheilt sind; die Symptome treten nicht immer in Erscheinung, trotzdem leidet der Körper permanent an der Krankheit.

Die Erweiterung des Konzeptes der Identitätskrisen um die `Wiederholungskrise´ und die `Dauerkrise´ ist notwendig geworden, weil sich die Identitätsfestlegung und ihre Stabilisierung in den Kompetenzbereich des Individuums verlagert haben. Zuvor wird dies von den sozial-strukturellen Anordnungen der Gesellschaft übernommen. Dieser in drei Phasen verlaufende Verlagerungsprozess beschreibt NUNNER-WINKLER: Zunächst werden in der mittelalterlichen Gesellschaft die Entscheidungen über die Arbeitswahl, den Ehepartner oder die

Lebensführung noch durch die Zugehörigkeit des Standes entschieden. Das geschlossene Weltbild wird durch die geographische und soziale Immobilität der Individuen nicht in Frage gestellt und unterstützt letztendlich den geringen sozialen Wandel.
Im Zuge der Industrialisierung fällt die Wahl des Berufs, der Religion und des Lebenspartners zunehmend in den Kompetenzbereich des erwachsenwerdenden Individuums. (Vgl. NUNNER-WINKLER 1987, S. 166f.)

„Die seine `Rollenidentität´ (vgl. Döbert/ Nunner-Winkler 1975) konstituierenden Lebensentscheidungen fällt das Individuum üblicherweise mit dem Übertritt ins Erwachsenenalter, also nach der Lösung der `normativen´, d.h. für alle als `normal´ erwartbaren, wenngleich individuell unterschiedlich heftig durchlebten Adoleszenzkrise." (NUNNER-WINKLER 1985, zit. nach NUNNER-WINKLER 1987, S. 167)
Diese Rollenidentität bleibt allerdings für das gesamte Leben verbindlich.

In einem zweiten Modernisierungsschub erweitert sich der Entscheidungsspielraum für das Individuum erneut. Zum einen ist es nun möglich, die einmal gefällten Entscheidungen der Vergangenheit in der Zukunft zu revidieren, zum anderen weiten sich die Optionen der möglichen Entscheidungen aus. Am Beispiel der Lebensformen sei dies verdeutlicht: war früher eine Ehe besiegelt, war eine Scheidung aus ökonomischen und gesellschaftlichen Gründen fast undenkbar. Heute haben sich die Lebensformen in dieser Hinsicht so stark erweitert und verändert, so dass sogar eine Ehe ohne Trauschein oder auch das Single-Dasein möglich ist. „Diese Wahlmöglichkeiten nehmen auch der `traditionellen Entscheidung´ (für Ehe und Kinder) den Charakter einer `kulturellen Selbstverständlichkeit´ und machen sie begründungspflichtig." (DÖBERT/ NUNNER-WINKLER 1975, zit. nach NUNNER-WINKLER 1987, S. 167)

Die Wiederholungskrise sieht NUNNER-WINKLER in unserer heutigen Gesellschaft darin, dass die einmal getroffenen identitätsrelevanten inhaltlichen Festlegungen jederzeit revidiert werden können. Berufs- oder Partnerwahl, die religiösen und politischen Einstellungen, die am Ende der Adoleszenz entschieden werden, stehen ein Leben lang zur Diskussion und können potentiell revidiert werden. Das Resultat sind weitere Krisen im Erwachsenenalter durch das Fehlen einer Kontinuität, da die Entscheidungen neu überdacht und möglicherweise geändert werden. (Vgl. NUNNER-WINKLER 1987, S. 167)

Die Dauerkrise begründet NUNNER-WINKLER damit, dass die individuelle Widerspruchslosigkeit oder Beständigkeit durch die gesellschaftlichen Widersprüche, wenn überhaupt, nur schwer aufrecht zu erhalten sind. Aktives Handeln der Individuen ist für die Bildung einer individuellen Konsistenz unabdingbar, hat aber auf die gesellschaftlichen Unstimmigkeiten und Missstände keinen Einfluss. „Identitätsbildung kann nur ein Prozeß einer Teilstabilisierung sein, der begleitet ist von mehr oder weniger erfolgreich bearbeiteten Symptomen einer latenten Dauerkrise." (NUNNER-WINKLER 1987, S. 166)

3.7 Der Enkulturationsprozess

Vergleichbar mit NUNNER-WINKLER sieht auch der Pädagoge Helmut FEND das Individuum als die zentrale und verantwortliche Instanz der eigenen Lebensgestaltung (vgl. FEND 1991, S. 10ff.).
Die Individualisierung steht aus diesem Grund im Mittelpunkt FEND´scher Forschung zur Identitätsthematik. Der sozialhistorische Entwicklungsprozess, der diese Individualisierung bedingt, wird zum einen durch „wissenschaftlich-medizinisiche Entwicklungen" (FEND 1991, S. 10) möglich: Die Familienplanung liegt heute weitgehend im Entscheidungsspielraum der Partner, da Verhütungsmittel frei verfügbar sind. Zum anderen trägt die „Konsumsouveränität" (FEND 1991, S. 10), d.h. die Möglichkeit, sich auf der Basis persönlicher Kosten-Nutzen-Kalküle für bestimmte Produkte zu entscheiden, zur zivilisationsgeschichtlichen Entwicklung bei. Darüber hinaus ist das demokratische Mitspracherecht eine Bedingung für die Individualisierung. Als letzten Entwicklungspunkt gibt FEND die „Verselbständigung der ökonomischen Existenz beider Partner" (FEND 1991, S. 10) an, da nun auch den Frauen eine persönliche Lebensgestaltung zugänglich gemacht wird.

Für das Subjekt bedeutet dies Autonomie, aber auch Verantwortlichkeit für die eigene Lebensführung und den weiteren Lebensplan. Alle Bereiche wie Arbeit, Familie, Politik, Religion und Freizeit werden zu Angelegenheiten, die persönlich zu verantworten sind. Selbstverständnis und Weltverständnis des Individuums werden nicht mehr durch kulturelle Definitionen vorgegeben, sondern müssen individuell erarbeitet werden. FEND verweist hierzu auf Forschungsergebnisse, die belegen, dass Jugendliche der 80er Jahre des 20. Jahrhunderts mehr über ihre Zukunftsvorstellungen und antizipierten Fähigkeiten wissen, als Jugendliche 30 Jahre zuvor. (Vgl. FEND 1991, S. 13)
Die Resultate sind rückführbar auf die zunehmenden Angebote, die den Jugendlichen für die Lebensplanung zur Verfügung stehen. Die Heranwachsenden sind dazu gezwungen, sich zwischen den Angeboten zu entscheiden.

FEND sieht eine weitere, das Lebensalter und kulturelle Angebot betreffende Veränderung bei der Identitätsentwicklung: Ist zum einen der Aufbau der persönlichen Lebensperspektive früher vor allem in der mittleren und späten Adoleszenz angesiedelt, so ist er nun zunehmend in die frühe Adoleszenz vorverlagert (vgl. FEND 1991, S. 13). Zum anderen ist das Individuum beim Aufbau seiner Ich-Werte, beim Aufbau seines Lebensplanes am kulturellen Angebot verhaftet. Dieses ist vielseitig und wird von Schulen, Kultur, Medien sowie Alltagsleben präsentiert. Allerdings ist zu bemerken, dass dies nicht für alle Individuen im gleichen Maße gilt, da zum Beispiel niedrigere Bildungsabschlüsse das Identitätsangebot einschränken.

FEND sieht die Identitätsentwicklung als „Enkulturationsprozeß" (FEND 1991, S. 15), das heißt, zur Konkretisierung des Identitätsbegriffes bestimmen bei ihm nicht Ziele, Werte und Überzeugungen das Forschungsdesign, vielmehr werden ausgewählte kulturelle Bereiche wie Beruf, Geschlechterrolle, Familie, Weltanschauung, Moral und Politik untersucht. Dabei kann ein hohes Maß an Identität in einzelnen Bereichen erlangt werden, in anderen hingegen weniger. Identität kann aber auch im Lauf des Lebens wieder verloren gehen. Durch die vielfältigen Möglichkeiten in den verschiedenen Bereichen geht auch eine Vervielfältigung der Lebensformen und -stile einher, die es den Individuen schwer machen, sich sicher zu fühlen. Handlungen der Individuen und Ereignisse in ihrem Lebenslauf können diese Unsicherheiten beseitigen. Identitätsentwicklung bedeutet für FEND Selbstgestaltung im Rahmen sozialer Kontexte. (Vgl. FEND 1991, S. 10ff.)

3.8 Die Identitätsarbeit

Heiner KEUPP betrachtet - ähnlich wie FEND - die sozialen Netzwerke als die Ressourcen eines Subjekts für die Identitätsbildung (vgl. KEUPP 1989). Doch die Frage nach der Suche der persönlichen Identität ist für den modernen Menschen mittlerweile typisch und zu einer überbewerteten sowie belastenden Frage geworden. Der moderne Mensch befindet sich auf der Suche nach der verlorenen Identität (vgl. KEUPP 1989, S. 48). Dabei ist sogar von `Identitätsstreß´ oder `Identitätsterror´ die Rede (vgl. BAIER 1985, zit. nach KEUPP 1989, S. 48).

Die Debatten über die Identität haben ihren Motor „im gesellschaftlich realen Umbau von Subjektbildungsprozessen" (KEUPP 1989, S. 48), für die die traditionellen Lebensmuster nicht mehr ausreichend vorhanden sind. ERIKSONs Krisenkonzept reicht als Erklärung nicht mehr. Die Veränderungen, die das Subjekt erfährt, verdeutlicht KEUPP, indem er die Wandlungsdynamik der alltäglichen psychosozialen Beziehungsgeflechte betrachtet und beschreibt. Er ist sich jedoch darüber bewusst, dass dieser Blickwinkel nicht alles erfassen kann. Das Glaubensbekenntnis der Postmoderne bescheinigt dem neuzeitlichen Subjekt - theoretisch wie praktisch - das Ende. (Vgl. KEUPP 1989, S. 51)
Dabei bezieht sich KEUPP auf ADORNO und HORKHEIMER. Übereinstimmend sehen die aufgeführten Autoren, den in der bürgerlichen Gesellschaft entfalteten Identitätskult, das „unersättliche Identitätsprinzip" (Adorno 1966, S. 144), als ideologische Zwangsgestalt (vgl. KEUPP 1989, S. 51). Der zunehmende Verdinglichungsprozess der Gesellschaft ist verantwortlich für ein „subjektloses Subjekt" (ADORNO 1970, S. 35), das wiederum seine Indi-

vidualität inszeniert. Ein selbst bestimmtes Subjekt ist durch die technische Rationalität, durch die Logik des Markt-Tauschprinzips überflüssig geworden. „Für Adorno ist die hektische Suche des modernen Subjekts nach seinem Selbst, nach seinem `wahren Selbst´, ein Zeichen für den Verlust von souveräner Autonomie, jener Idee, die an der Wiege der bürgerlichen Gesellschaft stand." (KEUPP 1989, S. 52)

Während die Kritische Theorie den Verlust des authentischen Selbst beklagt, befürwortet FOUCAULT diesen Rückgang. Aus seiner Sicht – so KEUPP – ist der alltägliche Herstellungsprozess der Identität ein sublimer Machtmechanismus, in dem gesellschaftlich geforderte Normen zurecht geschliffen werden. (Vgl. KEUPP 1989, S. 52)
KEUPP betont, dass durch die Dekonstruktion des Identitätszwangs eine neue Offenheit, eine neue Unübersichtlichkeit entstanden ist. Auf dieses Phänomen geht die Postmoderne ein, sie lässt sich nicht von der Unsicherheit verwirren, sondern macht die Not der Ratlosigkeit zur Tugend überlegener Gelassenheit. (Vgl. KEUPP 1989, S. 53 und vgl. GUGGENBERGER 1987, S. 47)
„Bezogen auf das Identitätsthema bedeutet der postmoderne Diskurs, daß das hochbürgerliche Persönlichkeitsideal der `gut integrierten Persönlichkeit´, die Vorstellung von einem Individuum, das seinen Lebensentwurf und seine Lebenspraxis in eine `innere Stimmigkeit´ zu bringen vermag, nichts anders meint ja der Identitätsbegriff, zunehmend an lebbarem Realismus verliert." (KEUPP 1989, S. 53)

Vernachlässigt man den geforderten - für lebenswichtig erachteten - Rahmen für die Identitätsmuster auf der einen und die Diskussion des Identitätszwangs auf der anderen Seite, so tritt an ihre Stelle allmählich das Konzept der multiplen Identitäten. Dieses beschreibt die subjektive Notwendigkeit auf die alltäglichen Diskontinuitäten einzugehen. Das Individuum muss verschiedene Rollen und entsprechende Identitäten annehmen. Dies kann auch bedeuten, dass es sich um gegensätzliche Identitäten handelt, da die Rollen vom einzelnen Subjekt unterschiedliche Anforderungen verlangen.
Mit dem Konzept der multiplen Identitäten lehnt sich KEUPP an Alfred SCHÜTZ an, der die partikularistischen Lebenssituationen des modernen Menschen mit dem Begriff der „multiplen Realitäten" (SCHÜTZ 1962) belegt. Galt diese Rollenkomplexität in der klassischen sozialwissenschaftlichen Literatur als Gefahr für mögliche psychische und körperliche Schäden, so hat die Realität gezeigt, dass die multiplen Identitäten der Gesunderhaltung der Individuen dienen. Dies bestätigten auch Untersuchungen (vgl. KEUPP 1989, S. 53).

KEUPP weist darauf hin, dass dem lange vorherrschenden Konzept von ERIKSON die gesellschaftliche Basis abhanden gekommen ist. Die Subjekte bilden heute ihre Identität unter grundlegend veränderten Bedingungen, da gesellschaftliche Freisetzungsprozesse - eine Absage an Kontinuität und Konsistenz - eingetreten sind. Diesbezüglich werden neue Gedankenkonstruktionen notwendig, die unter den gegebenen Bedingungen einen Aussagewert haben. Neu ist wohl aber eine nicht ganz zutreffende Bezeichnung, denn bereits vor ERIKSON beschreibt George Herbert MEAD ein Identitätsverständnis, das eine lebenslange und nie abzuschließende Arbeit für das Individuum darstellt (vgl. MEAD 1973 und vgl. Kap. 3.3).

„Das Erlebnis einer widersprüchlichen und segmentierten Alltagswelt, die sich nicht mehr in einem umfassenden Weltenentwurf integrieren läßt, [...] erzwingt eine Haltung, die Widersprüchliches nebeneinander stehen lassen kann und die nicht mehr von einem `Identitätszwang´ beherrscht wird." (KEUPP 1989, S. 63)
Der moderne Mensch bastelt sich aus den vorhandenen Lebensstilen und Sinnelementen, die auf dem Markt als Bausätze angeboten werden, eine für ihn lebbare Konstruktion.
Der Begriff der „Patchworkidentität" (KEUPP 1989, S. 64) zeigt eine neue Gedankenkonstruktion des Identitätsverständnisses. KEUPP möchte damit auf die schöpferische Energie aufmerksam machen, die beim Entwurf und bei der Verwirklichung eines textilen Patchworkquilts einfließt. „Hier bedarf es der Idee und der Realisierung einer ganzheitlichen Gestalt, der Abstimmung von Farben und Mustern, der Verwendung von geeigneten Stoffen." (KEUPP 1989, S. 64)
Damit spricht KEUPP dem Subjekt eine gewisse Souveränität und Kreativität zu, die das Individuum zur Gestaltung des Lebens einsetzen kann.

Die Metapher des Patchworkquilts bietet sich für weitere Erklärungen an: So entspricht das klassische Patchworkmuster dem klassischen Identitätsbegriff: geometrische Muster werden in vorgegebener Weise gleichförmig wiederholt. Traditionell ist sogar die Farbgebung bei den klassischen Mustern vorgegeben. Die streng eingehaltenen Musterungen und Abstände geben letztendlich dem Gesamtwerk die optische Schönheit und Ästhetik.
Ganz anders gestalten sich Crazy-Patchworkquilts: hier gibt es keine vorgeschriebenen Muster, Richtlinien oder Farbgebungen, die eingehalten werden müssen. Im Gegenteil, hier kommt es auf die Kreativität des Schöpfers an, mit den Stoffen, den Farben und den Musterungen zu spielen.
„Wieder zurückübersetzt in identitätstheoretische Überlegungen läßt sich sagen, daß Identitätsbildung unter Bedingungen der Gegenwart etwas von diesem `Crazy Quilt´ hat. Zu betrauern ist deshalb auch nicht der Verlust von Identität schlechthin, sondern allenfalls jenes Typus, der sich entsprechend dem klassischen Quilt über seine Geordnetheit und Voraussehbarkeit definiert." (KEUPP 1989, S. 64)

3.8.1 Bedingungen der Identitätsarbeit

Identitätsarbeit bedarf materieller und sozialer Ressourcen. Gesellschaftliche Marginalisierung und persönliche Demoralisierung sind für diesen kreativen Schöpfungsakt kontraproduktiv. Durch die aktuellen gesellschaftlichen Veränderungsprozesse und den hinzukommenden gesellschaftlichen Freisetzungs- und Individualisierungsprozessen entsteht jedoch in der Bevölkerung eine Spaltung, die schließlich eine Gruppe der Gesellschaft davon abhält, sich aktiv am Gesamtprozess gesellschaftlicher Tätigkeiten zu beteiligen. (Vgl. KEUPP 1989, S. 66f.)

Zehn Jahre später beschäftigt sich KEUPP erneut mit der Frage der Identität und sucht innerhalb des Identitätsdiskurses nach Veränderungen (vgl. KEUPP 1998). Die globalen gesellschaftlichen Umbrüche sind ein Punkt, die der Thematik eine neue Dynamik verleihen. Das Zuviel an Fremdheit, das angeblich verschüttete Wir-Gefühl, droht scheinbar das Eigene aufzulösen. KEUPP versucht aufzuzeigen, dass „es nicht dumpfe `Wir-Gefühle´ sind, die die Identitätsbildung als Basis braucht, sondern die Erfahrung der basalen `Anerkennung´ der Person" (KEUPP 1998, S. 13).

Identität entsteht nicht in einem monologischen Prozess, sondern muss im Dialog mit anderen erarbeitet werden. KEUPP vertritt die These, dass altgewohnte, wohlbekannte Rahmenbedingungen für Anerkennung und Zugehörigkeit durch die „Risikogesellschaft" (BECK 1986) oder die Postmoderne grundlegend in Frage gestellt werden. Auswirkungen dieser Gesellschaft sind Prozesse der Enttraditionalisierung, der Entgrenzung und Entrahmung. Dadurch wird letztendlich auch die Wir-Schicht oder die Wir-Identität in Frage gestellt. Als Konsequenz sind „Identitäten in einem Dialog ohne gesellschaftlich vorab festgelegtes Drehbuch" (TAYLOR 1993, zit. nach KEUPP 1998, S. 14) zu formen. Für das Individuum bedeutet dies ein gesteigertes Risiko bei seiner Identitätsbildung (vgl. KEUPP 1998, S. 13f.).

Der „Prozeß der konstruktiven Selbstverortung" (KEUPP 1998, S. 9) fordert jedes einzelne Subjekt zur Erbringung einer hohen Eigenleistung auf. Sämtliche Fragmente der Lebenserfahrung müssen in einen sinnhaften Zusammenhang gebracht und individuell verknüpft werden. Diese Verknüpfung zur Selbstverortung nennt KEUPP Identitätsarbeit. (Vgl. KEUPP 1998, S. 9)

Die kreativ-produktive Identitätsarbeit hat fünf Bedingungen (vgl. KEUPP 1998, S. 19ff.):

1) Materielle Ressourcen

Finanzielle Mittel sind eine Grundvoraussetzung für die Identitätsarbeit, da Geld die Teilnahme an gesellschaftlichen Ereignissen ermöglicht. Die Arbeitsmarktsituation und die Regulationskraft des Marktes haben somit einen nicht unwesentlichen Einfluss auf die Individuen und deren Identitätsbildung.

2) Soziale Ressourcen

Durch Veränderungen im dörflichen Umfeld sind bereits existierende Beziehungen seltener geworden. Im Gegenzug sind die eigeninitiierten sozialen Beziehungen angestiegen, da sich das Subjekt selbst um die sozialen Kontakte kümmern muss. Die Pflege der Beziehungen setzt Eigenaktivität und soziale Kompetenz voraus. Dennoch ist, entgegen vieler Alltagstheorien, die Anzahl der sozialen Beziehungen nicht zurückgegangen, sondern das Gegenteil ist der Fall. Freundeskreise, Interessensgemeinschaften und Vereine sind in der heutigen Generation mehr vertreten als eine Generation zuvor. (Vgl. MITZSCHERLICH 1965, zit. nach KEUPP 1998, S. 19f.)

3) Fähigkeit zum Aushandeln

Das Subjekt ist in einer modernen Welt, in der keine festen Regeln, Normen und Ziele vorgegeben sind, dazu gezwungen, sich selbst immer wieder neue Wege zu suchen und bedarf deshalb der Fähigkeit zum Aushandeln. Die demokratische Willensbildung ist eine wichtige Bedingung für das Funktionieren des Alltags und muss die nicht mehr fest geschriebenen Regeln, Werte und Ziele in vielen Institutionen ausgleichen.

4) Individuelle Gestaltungskompetenz

Die gesellschaftlichen Freisetzungsprozesse stellen die Gestaltungskompetenz des Einzelnen heraus; das beinhaltet für die Subjekte einen Zugewinn, aber auch die Notwendigkeit, ihre Konfliktfähigkeit unter Beweis zu stellen (vgl. KEUPP 1998, S. 21). Das Subjekt muss lernen, die multiplen Realitäten zu verknüpfen und zu kombinieren. Dies setzt eine Ambiguitätstoleranz voraus, also nichts anderes als „die Fähigkeit, sich auf Menschen und Situationen offen einzulassen, sie zu erkunden, sie nicht nach einem `Alles-oder-nichts´-Prinzip als nur gut oder nur böse zu beurteilen. Es geht also um die Überwindung des `Eindeutigkeitszwanges´ und die Ermöglichung von neugieriger Exploration von Realitätsschichten, die einer verkürzenden instrumentellen Logik unzugänglich sind." (KEUPP 1998, S. 21)

5) Urvertrauen zum Leben und zu seinen ökologischen Voraussetzungen

Die Welt muss von den Subjekten als steuerbar erlebt werden können. Ein Gefühl der Hoffnung ist hinsichtlich einer sinnvollen Gestaltung der eigenen Lebenswelt wichtig, um ein Gefühl des Vertrauens und der Kontinuität im Leben zu gewährleisten. Darüber hinaus können die ökologischen Bedrohungen die Subjekte stark entmutigen. KEUPP spricht sich für einen ganzheitlichen Ansatz aus, der die „basalen ökologischen Lebensbedingungen als zentralen Rahmen für die Entwicklung psychosozialer Ressourcen“ (KEUPP 1998, S. 21) mit einbezieht.

3.8.2 Identitätsarbeit und Anerkennung

Für die Identitätsarbeit ist neben den oben aufgeführten Bedingungen auch die Anerkennung beziehungsweise die Nicht-Anerkennung von zentraler Bedeutung, da „ein Mensch oder eine Gruppe von Menschen wirklichen Schaden nehmen, eine wirkliche Deformation erleiden kann, wenn die Umgebung oder die Gesellschaft ein einschränkendes, herabwürdigendes oder verächtliches Bild ihrer selbst zurückspiegelt” (TAYLOR 1993, zit. nach KEUPP 1998, S. 27).

Das Prinzip der Anerkennung verdeutlicht, dass Identität nicht als individuell-autonomer Prozess gesehen werden darf. Früher bildete Anerkennung, die sich wiederum auf soziale Ordnungen stützt, einen festen Bestandteil der gesellschaftlich abgeleiteten Identität. Heute muss die Anerkennung erst durch Austausch im Dialog mit den anderen erarbeitet werden, was letztlich auch zum Scheitern der Identität führen kann. (Vgl. KEUPP 1998, S. 27)

Den Zusammenhang zwischen Identität und Anerkennung stellt KEUPP in Anlehnung an ALTHUSSER deutlich heraus:
„Identität ist ein Projekt, das zum Ziel hat, ein individuell gewünschtes oder notwendiges `Gefühl von Identität´ (*sence of identity*) zu erzeugen. Basale Voraussetzungen für dieses Gefühl sind soziale Anerkennung und Zugehörigkeit. Auf dem Hintergrund von Pluralisierungs-, Individualisierungs- und Entstandardisierungsprozessen ist das Inventar übernehmbarer Identitätsmuster ausgezehrt. Alltägliche Identitätsarbeit hat die Aufgabe, die Passung (das *matching*) und die Verknüpfungen unterschiedlicher Teilidentitäten vorzunehmen. Qualität und Ergebnis dieser Arbeit findet in einem machtbestimmten Raum statt, der schon immer aus dem Potential möglicher Identitätsentwürfe bestimmte behindert bzw. andere favorisiert, nahelegt oder gar aufzwingt. Qualität und Ergebnis der Identitätsarbeit hängen von den Ressourcen (...) einer Person ab, von individuell-biographisch fundierten Kompetenzen über die kommunikativ vermittelten Netzwerkressourcen bis hin zu gesellschaftlich-institutionell vermittelten Ideologien und Strukturvorgaben. Das Identitätsprojekt muß nicht von einem Wunsch nach einem kohärenten Sinnganzen bestimmt sein, wird aber von Bedürfnissen geleitet, die aus der persönlichen und gesellschaftlichen Lebenssituation gespeist sind. Insofern konstruieren sich Subjekte ihre Identität nicht in beliebiger und jederzeit revidierbarer Weise, sondern versuchen sich in dem, was ich Gefühl von Identität genannt habe, in ein `imaginäres Verhältnis zu ihren wirklichen Lebensbedingungen´ zu setzen.“ (KEUPP 1998, S. 34f.)

3.8.3 Identitätsarbeit im mittleren Erwachsenenalter

Identitätsarbeit darf und kann nicht auf die Lebensphase des Jugendalters eingeengt werden. Die soziologische Jugendforschung konstatiert, dass Entwicklungsaufgaben, Entscheidungs- und Positionierungsprozesse auch nach der Adoleszenz zu leisten sind. Der Blickwinkel auf die Identitätsarbeit ist also auch auf das Erwachsenenalter auszuweiten.

Um den lebenslangen Prozess der Identitätsarbeit zu unterstreichen, wird im Rahmen der vorliegenden Arbeit der Schwerpunkt auf das mittlere Erwachsenenalter gelegt, da diese Lebensphase den Menschen die Möglichkeit bietet, noch einmal Veränderungen vorzunehmen. In der Lebensmitte beginnen die Individuen meist rückblickend darüber zu reflektieren, ob sie mit dem bisherigen Verlauf ihrer Existenz zufrieden sind oder, ob sie Veränderungen vornehmen möchten. Die Chance des möglichen Wandels fordert von den einzelnen Veränderungswillen und Konfliktfähigkeit, denn meist sind von den Entscheidungen und Reflektionen nicht nur sie selbst, sondern auch die Mitmenschen betroffen. Ebenso können die Entscheidungen in verschiedenen Lebensbereichen getroffen werden. Um diese Entscheidungsmöglichkeiten zu verdeutlichen, werden im folgenden Exkurs Entwicklungsaufgaben beschrieben, die Personen des mittleren Erwachsenenalters zu bewältigen haben.

3.8.3.1 Das mittlere Erwachsenenalter

Das Erwachsenenalter wird in der Psychologie in drei Phasen eingeteilt, in die frühe, mittlere und späte Phase. Bestrebungen feste Altersangaben für die einzelnen Stadien zu erhalten, um eine genaue Einteilung vornehmen zu können, werden zwar gemacht, scheinen aber wenig vielversprechend, wenn man bedenkt, dass verschiedene Ordnungsprinzipien zur Einteilung herangezogen werden können (vgl. FALTERMAIER 1992, S. 48ff. und vgl. OERTER/ MONTADA 1995, S. 439).

Einerseits können die Veränderungsprozesse beim Erwachsenen als Strukturierungsprinzip verwendet werden: Dazu zählen biologisches und physisches Wachstum einer Person, also eine Betrachtungsweise, die sich sehr auf den menschlichen Organismus, den Körper, bezieht. In dieser Richtung forscht der amerikanische Psychiater Roger L. GOULD, der die Theorie der Transformationen im Erwachsenenalter entwickelte.

Andererseits können auch Veränderungen in der sozialen Umwelt als Ordnungsmerkmale herangezogen werden: So geht man davon aus, dass soziale und kulturelle Einflüsse den Lebenslauf und die Entwicklung des Individuums formen. Der gesellschaftliche Wandel der modernen Gesellschaft fordert auch von Erwachsenen ständige Anpassung. Die frühere Auffassung, dass ausschließlich die Zeit der Jugend eine Vorbereitungsphase für das spätere gesellschaftliche Leben darstellt, kann in dieser Weise und in diesem Verständnis nicht mehr aufrecht erhalten werden. Der Sozialisationsprozess reicht bis ins (späte) Erwachsenenalter hinein. Wenn dieser Prozess über die ganze Lebensspanne hinweg stattfindet, so stellt sich die Frage, ob nicht der Lebenslauf eine soziale Regelung aufweist, eine soziale Ordnung, die das Leben eines jeden Individuums prägt. (Vgl. FALTERMAIER 1992, S. 50f.)

RILEY, JOHNSON und FONER beschreiben den Lebenslauf als Abfolge von Rollen, wobei die Rollenstruktur einer Gesellschaft nach dem Alter geordnet ist. Das bedeutet, dass die Übernahme sowie die Beendigung einer Rolle wesentlich durch das Alter bestimmt wird. Die so aufgezeigte `Normalbiographie´, die jedem einzelnen, seinem Alter entsprechend, normativ vorgibt, welche Kriterien er zu diesem Zeitpunkt seiner Biografie erfüllt haben sollte, setzen das Individuum unter sozialen Druck (vgl. RILEY/ JOHNSON/ FONER 1978, zit. nach FALTERMAIER 1992, S. 53). FALTERMAIER spricht in diesem Zusammenhang vom „System sozialer Kontrolle" (FALTERMAIER 1992, S. 53).

Die Kombination beider Ansätze - biologische Veränderungsprozesse und Veränderungen in der sozialen Umwelt - lässt den Versuch der Systematisierung des Erwachsenenalters am angemessensten erscheinen. So sind die körperlichen Veränderungen einer Person im Laufe des Erwachsenenalters in der Auseinandersetzung mit ihrer sozialen Umwelt in die Ordnungsprinzipien einzuarbeiten. Der amerikanische Sozialpsychologe Daniel J. LEVINSON geht von diesem Ansatz aus und versucht, die individuelle Lebensstruktur, unter der Berücksichtigung der Persönlichkeitsentwicklung, der Sozialisation und der Auseinandersetzung mit kritischen Lebensereignissen, aufzudecken. (Vgl. FALTERMAIER 1992, S. 55)

Das mittlere Erwachsenenalter beginnt für LEVINSON mit dem 40. Lebensjahr und endet mit dem Übergang zum späten Erwachsenenalter, das mit 60 Jahren erreicht wird.
Diesen zeitlichen Rahmen wählen auch andere Autoren: Für ZIMBARDO und HAVIGHURST beginnt das mittlere Erwachsenenalter mit 35 Jahren (vgl. ZIMBARDO 1983, S. 106), für ERIKSON mit 40 Jahren (vgl. ZIMBARDO 1983, S. 149). Der Ausgangspunkt für den Beginn des mittleren Erwachsenenalters weist Schwankungen im Bereich von fünf Jahren auf.
Das Ende dieses Lebensabschnittes wird meist mit der Pensionierung gleichgesetzt, die in Deutschland etwa mit dem 65. Lebensjahr erfolgt. Der Eintritt in das späte Erwachsenenalter, das dem Ende des mittleren gleichzusetzen ist, schwankt ebenso in der genauen Jahresangabe; werden doch das 55. oder 60. Lebensjahr als Beginn dieser Phase angegeben. (Vgl. ZIMBARDO 1983, S. 154)

3.8.3.2 Entwicklungsaufgaben des mittleren Erwachsenenalters

Den gesellschaftlichen Entwicklungserwartungen kommt früher eine bedeutendere Rolle zu. Heute, bedingt durch den gesellschaftlichen Wandel, sind starre Normen aufgeweicht und die Entwicklungsstruktur des Erwachsenen kann nicht

mehr generell an gewissen Punkten wie Berufshöhepunkt, `Leeres-Nest´ usw. abgelesen werden. Das Individuum wird mit der Suche und der Erfüllung seiner Erwartungen, welche die Gesellschaft, aber auch die Person selbst an sich stellt, allein gelassen.
HAVIGHURST führt fünf Entwicklungsaufgaben an, die nur stichwortartig aufgeführt werden (vgl. HAVIGHURST [1948] 1972). Erwachsene, die sich zwischen dem 35. und 65. Lebensjahr befinden, sollen ihren Kindern zum reifen Erwachsenendasein verhelfen, soziale und politische Verantwortung übernehmen, Befriedigung in der beruflichen Entwicklung erleben und Freizeitinteressen entwickeln sowie schließlich die - durch das Altern bedingten - physiologischen Veränderungen akzeptieren. (Vgl. FALTERMAIER 1992, S. 123)

FALTERMAIER weist darauf hin, dass auch die Entwicklung von Identität zu den Aufgaben des mittleren Erwachsenenalters zählt (vgl. FALTERMAIER 1992, S. 127). Sie wird verstanden als lebenslanger Prozess, als Identitätsarbeit (vgl. KEUPP 1999, S. 9).

„Die Identität eines Erwachsenen ist vielmehr ständigen Veränderungen unterworfen, die in unterschiedlichen Lebensbereichen auch unterschiedliche Verläufe annehmen kann. So betonen Whitebourne und Weinstock (1982), dass es zu einer `midlifecrisis´ gerade dadurch kommen kann, dass das Individuum notwendige Identitätsveränderungen zu wenig erprobt und vollzogen hat.” (FALTERMAIER 1992, S. 127)

Weitere Entwicklungsaufgaben, die zu den Hauptmerkmalen des mittleren Erwachsenenalters zählen, sind die Erreichung des angestrebten Berufsziels, die Selbsteinschätzung der eigenen Person, die `leeres-Nest´-Krise und Pensionierung (vgl. ZIMBARDO 1983, S. 106).
Die Entwicklungsaufgaben für das mittlere Erwachsenenalter, die hier von verschiedenen Forschern zusammengetragen sind, bieten inhaltlich nur geringe Konformität; fast scheinen sie beliebig zusammengewürfelt. Auch wird Kritik laut, dass die empirische Basis häufig sehr fragwürdig ist: Querschnittstudien über das Erwachsenenalter können keine Korrelation von Generativität und Lebensalter aufzeigen. Zudem sind zeitlichen Zuordnungen bei ERIKSONs Fallanalysen (Luther, Gandhi) nicht haltbar. (Vgl. FALTERMAIER 1992, S. 124f.)

Entwicklungsaufgaben können heute - bedingt durch den gesellschaftlichen Wandel und die Ausdifferenzierung unterschiedlicher Lebenskonzepte - nicht mehr universell gesehen werden. So kann es sein, dass einzelne gar nicht wahrgenommen werden oder ihre zeitlichen Abfolgen individuell sehr stark variieren. Notwendigerweise resultiert daraus die Forderung nach umfangreicheren empirischen Forschungen. Darüber hinaus ist es bedeutsam, auf kulturelle und soziale Besonderheiten, die auf die einzelnen Individuen einwirken, genau einzugehen.

Das mittlere Erwachsenenalter stellt an die Personen hohe Erwartungen und Anforderungen, auch was die Identitätsarbeit betrifft.

Trotz allem gilt die Jugendphase als dominierender Abschnitt für die Bildung von Identität und genau dieses Phänomen macht es für die Erwachsenen schwierig, sich mit der Identitätsarbeit in dieser fortgeschrittenen Lebensphase abzufinden. „Aber eben genau weil die Erwachsenen dieser Phase entwachsen sind, ist die inzwischen raumgreifende Erfahrung, daß Identitätsarbeit ein lebenslanger und unabschließbarer Prozeß geworden ist, eine schmerzliche Einsicht, ein Verlust- und Verunsicherungserlebnis. Denn die menschlichen Vorstellungen über die gesellschaftliche Realität und ihre Normen ändern sich in der Regel viel langsamer als die Realität selbst. Immer noch glauben viele Menschen, daß Identität ein haltbarer Besitz zu sein hat, den man `hat´, wenn, indem und weil man erwachsen wird." (KEUPP 1999, S. 82f.)

3.9 Abschließende Bemerkungen zum Identitätsbegriff

Der bis hier dargestellte wissenschaftliche Diskurs um den Identitätsbegriff unter Berücksichtigung seiner Entwicklungsgeschichte, zeigt, wie vielfältig und komplex dieser Begriff ist.

Die verschiedenen Auffassungen innerhalb dieses Diskurses fassen die beiden Autoren FREY und HAUßER in der folgenden Aussage zusammen:
„Wie immer die Begriffe in der Literatur auftauchen mögen, sei es als persönliche, personale, individuelle, subjektive Identität, als subjektive Identitätserfahrung (vgl. z.B. *Krappmann* 1971, *Neubauer* 1976, *Luckmann* 1979, *Nunner-Winkler* 1985), als Identitätsgefühl (*De Levita* 1971, 202), als Ich-Identität (*ERIKSON* 1966), als Selbst-Identität (*Reck* 1981), als Individualität bzw. numerische Identität (*Tugendhat* 1979), als Selbst-Schema (*Markus* 1977), es handelt sich dabei stets um Phänomene, in denen eine Person sich selbst, ihr `Selbst´ bzw. Aspekte davon aus der Innenperspektive identifiziert (vgl. zu diesem Begriffsverständnis zusammenfassend *Krappmann* 1986)." (FREY/ HAUßER 1987, S. 4; Hervorhbg. im Original)

Vor einem Reduktionismus und dem Versuch, den Begriff der Identität auf eine möglichst kurze Definition zu fixieren, wird an dieser Stelle jedoch noch einmal gewarnt. Viele der oben genannten Aspekte des Identitätsbegriffes werden in der vorliegenden Arbeit in der Auseinandersetzung mit dem Beziehungsgeflecht Kleidung und Identität aufgegriffen. Die gemachten theoretischen Aussagen in diesem Bereich dienen nicht zuletzt als Grundlage für die Analyse und die Interpretation der im Handlungsfeld Typberatung gewonnenen Daten (vgl. Kap. 7 und vgl. Kap. 8).

4. Kleidung und Identität - ein interdependentes Beziehungsgefüge

Die Identitätsthematik ist in einer Vielzahl von Arbeiten beschrieben. Um so erstaunlicher ist die geringe Anzahl der grundlegenden Beiträge aus den Wissenschaften, welche die Verbindung der beiden Begriffe Kleidung und Identität sowie Beispiele für ihr Beziehungsgefüge aufzeigen. Eine ausdrückliche Verbindung der beiden Begriffe Kleidung und Identität im wissenschaftlichen Kontext leistet lediglich die Arbeit: „Soziopsychologie der Kleidermode" (SOMMER 1989).

Für die Darstellung der Zusammenhänge von Kleidung und Identität werden in diesem Kapitel unterschiedliche Betrachtungsschwerpunkte gesetzt: Zunächst wird beschrieben, inwieweit Identität mit dem nonverbalen Kommunikationsmittel Kleidung in Verbindung steht (4.1). Im Anschluss daran wird Kleidung als Merkmal der sozialen und persönlichen Identität beleuchtet (4.2). Der Abschnitt Kleidung, Identität und Körper (4.3) bildet den Abschluss und wird noch einmal auf Kleidung und Körper als unauflösliche Einheit hinweisen.

4.1 Identität und das Kommunikationsmittel Kleidung

Bei der Wahrnehmung der Mitmenschen nimmt der bekleidete Körper im Gegensatz zum unbekleideten Gesicht die größte Betrachtungsfläche ein. Kleidung kann bereits von großer Entfernung, das Gesicht hingegen erst aus kürzerer Distanz wahrgenommen werden (vgl. FLÜGEL 1986, S. 208). Kleidung hat somit eine nicht zu unterschätzende Wirkung auf das Gegenüber und steuert in vieler Hinsicht das Verhalten beider Interaktionspartner.
Im Kontext der Kommunikation hat die Kleidung drei Funktionen: Sie gibt eine Hilfestellung bei der Verständigung unter den Mitmenschen und wird zur Beurteilung der Person sowie zur weiteren Handlungsplanung herangezogen (vgl. DOLLASE 1988, S. 99). Die Kleidung selbst stellt in Verbindung mit dem Körper ein Kommunikationsmedium dar, das Auskunft über verschiedenste Merkmale und Anschauungen geben kann (vgl. SOMMER/ WIND 1988, S. 19). Außerdem ist die Kommunikation nicht ausschließlich auf die Mitmenschen gerichtet, sondern übt auch Einfluss auf die Innensicht, auf das Selbstbild des Individuums, aus.

Neben Mimik und Gestik gehört auch die Sprache der Kleidung zur nonverbalen Verständigung. Die Grundlage dieser Kommunikationstheorie bildet der symbolische Interaktionismus, der durch den populärsten Schüler George Herbert MEADs, nämlich Herbert BLUMER, breite Anerkennung erfahren hat (vgl. hierzu Kap. 3.3).

Der symbolische Interaktionismus besagt, dass der Mensch ein aktiv handelndes und vernunftbegabtes Wesen ist. MEAD setzt weiter eine aktive Auseinandersetzung des Menschen mit seiner Umwelt voraus. Der Mensch ist in der Lage, durch seinen Geist signifikante Symbole zu schaffen und zu verwenden. „Diese Fähigkeit, die das Verhalten steuert, ist in sozialen Prozessen entstanden und wird in sozialen Prozessen immer wieder bestätigt." (ABELS 1998, S. 13)
Bekleidungsstücke „sind auch solche Symbole, deren Bedeutung im Laufe der Sozialisation erlernt" (DOLLASE 1988, S. 99) werden. Vestimentäre Botschaften werden von den Individuen entschlüsselt und manipulieren das Handlungsvorhaben der Interaktionspartner (vgl. DOLLASE 1988, S. 100ff.; weitere Darstellungen empirischer Untersuchungen bei SOMMER 1989, S. 37ff.).

Der Bekleidungsstil hat damit nicht nur Auswirkung auf das Selbstbild, sondern auch auf den Interaktionspartner, auf das Fremdbild. Ein beeindruckendes Beispiel ist ein Test im Rahmen einer Untersuchung von BERGLER (vgl. BERGLER 1965, zit. nach DRENGWITZ 1984, S. 56): Auf zwei Schwarz-Weiß-Fotos ist dieselbe Frau mit gleichem Gesichtsausdruck und gleicher Kopfhaltung abgebildet. Die Fotos unterscheiden sich nur dadurch, dass die abgebildete Frau einmal eine Brille und das andere Mal ein einfaches, im Nacken zusammengebundenes Kopftuch trägt. Die Versuchspersonen sollen der abgebildeten Frau, Beruf, Alter, Schulbildung und Familienstand zuordnen. Keine der 26 Versuchspersonen erkannte, dass es sich bei den unterschiedlichen Fotografien um ein und dieselbe Person handelt.
Dieses Beispiel zeigt auf wirkungsvolle Weise, wie mit Kleidung kommuniziert werden kann, und dass sie das Verhalten der Mitmenschen manipuliert. Diese Tatsache greift die Typberatung auf (vgl. hierzu Kap. 5).

„Möglicherweise sind Mißverständnisse in der Kommunikation durch Kleidung sozial ebenso wirksam wie Verständnis. Wir sind schnell dabei, jemanden nach seiner Kleidung zu beurteilen und zu behandeln, und wir nehmen dabei automatisch an, daß wir recht haben. Wir kommen selten auf die Idee, daß wir jemanden zu dem gemacht haben, der er ist." (APEL 1989, S. 204)

Grundvoraussetzung für die Kommunikation durch Kleidung ist ein gemeinsamer Code. Jedoch sind diese Codes kultur- und situationsabhängig. „Die vestimentäre Kommunikation ist also in einen sehr komplexen und dynamischen Kommunikationsvorgang eingebettet - das gilt für den Encodierer (den sich Kleidenden) wie für den Decodierer (den Kleidungsbotschaften Entschlüsselnden)." (DOLLASE 1988, S. 103)

In seinem sozialen Umfeld erarbeitet sich der Mensch die Identität durch die Kommunikation mit anderen. Dafür sind Sinneswahrnehmungen die Voraussetsetzung und visuelle Signale bekommen eine ganz besondere Bedeutung, denn 80 Prozent aller Eindrücke nehmen die Menschen über die Augen auf. Kommunikation ist eine Notwendigkeit für das menschliche Sozialverhalten und der Körper stellt dabei eine unverzichtbare Grundbedingung dar (vgl. JANALIK/ SCHMIDT 1997, S. 131).

4.1.1 Kleidung als Zeichen

„Kleidung ist vordergründig ein optisches Zeichen mit einer eigenen, spezifischen Sprache." (JANALIK/ SCHMIDT 1997, S. 111)
Verfügt das Individuum über die Fähigkeit, die Zeichensysteme zu deuten, zu decodieren, so kann es an der Kleidung verschiedene Kategorien wie Geschlecht, Gruppenzugehörigkeit, Alter, Religion usw. ablesen (vgl. JANALIK/ SCHMIDT 1997, S. 111).

Um den Zeichencharakter der Kleidung explizit hervorzuheben, eignet sich die Betrachtung traditioneller Trachten, die sich leicht decodieren lassen.
Der Ursprung des Wortes Tracht liegt im „Tragen, Getragen - werden" (GRIMM 1935, zit. nach BEYER/ KAFKA 1977, S. 33). Kann Tracht und Kleidung bis zum 17./18. Jahrhundert synonym gebraucht werden, so verliert die Tracht in heutiger Zeit ihre allgemeine Bedeutung. Heute versteht man darunter, „die aus Sitte zu landschaftlicher und ständischer oder auch beruflicher Eigenheit erwachsene Kleidung des Volkes" (HABERLANDT 1963, zit. nach BEYER/ KAFKA 1977, S. 33).
Wesentliches Merkmal der Tracht ist ihre regionale Begrenztheit, und ihr sehr langsamer Wandel. Die Tracht kennzeichnet Gruppenzugehörigkeit durch verschiedene Trachtenelemente wie beispielsweise Schnitt, Stoffwahl und Farbe. So symbolisiert die Tracht zum Beispiel Alter, Familienstand und Besitz des Trägers.

WEBER-KELLERMANN, die das Landleben im 19. Jahrhundert untersucht, beschreibt eine Großbauerntracht, welche die Funktion der Kleidung als soziales Zeichen verdeutlichen soll:
„Breit an den Lindenbaum hingelehnt saß der Großbauer da und stemmte die Fäuste auf den Tisch. Er hatte eine kohlschwarze Fellhose an, die von den Knien an mit steifem Leder besetzt war bis nieder zu den beschlagenen Bundschuhen; dann eine schwarze Weste mit einer Reihe großer Silberknöpfe. Und er hatte eine kurze Jacke aus dunkelbraunem Tuche an und einen schwarzen seidenwolligen Hut mit eingeringelter Krempe auf. An seinen Ohrläppchen blinkten zwei goldene Scheiblein. Um den Bauch trug er einen breiten, mit weißer Seide aufgesteppten Ledergurt, auf dessen Schild unter vielem Zierrat die Buchstaben F. G. standen. Das war der Guldeisner Franz in seiner Großbauerntracht." (WEBER-KELLERMANN 1987, S. 461)

Weniger leicht fällt die Decodierung bei der Kleidung Jugendlicher, weil diese vestimentäre Zeichen gerne umsemantisieren. Diese Umsemantisierung lässt sich am besten an der Kleidung der Teddy-Boys, einer Londoner Jugendbewegung der Nachkriegszeit, verdeutlichen. Entgegen dem gesellschaftlich geforderten sportlichen Look tragen diese Jugendlichen die Mode des viktorianischen Zeitalters. „Die Tatsache, daß junge Leute 1958, anstatt vom Veston zum Pullover überzugehen, im viktorianischen Stockbroker´s Dress herumlaufen, macht sie natürlich nicht zu Banquiers, es besagt nicht einmal, daß die jungen Leute diesem Stand oder der viktorianischen Zeit besondere Verehrung entgegenbringen." (BURCKHARDT 1988, S. 169)

Dadurch bekommt das alte Zeichen eine neue Bedeutung, der seriöse viktorianische Stockbroker Dress wird umsemantisiert. Mit der Kleidung wird nicht Konformismus ausgedrückt, sondern die aktuelle Lebenslage der Träger muss vielmehr neu interpretiert werden. (Vgl. BURCKHARDT 1988, S. 169)

Die Zeichen der Kleidung kommen ohne Wort und Syntax aus, und Menschen können mit ihnen nonverbal kommunizieren. Diese Zeichen sind Sinnesreize, „die instinktive Reaktionen auslösen" (ABELS 1998, S. 16). Die Reaktionen sind von sozialen Beziehungen unabhängig. Menschen kommunizieren mit Zeichen, die durch Verhalten oder Handlungen zum Ausdruck gebracht werden. „Diese Zeichen nennt Mead Gesten (`gesture´)." (ABELS 1998, S. 16)
Gesten haben einen bestimmten Sinn (`meaning´) und sichern die Kommunikation, indem sie entsprechende Reaktionen auslösen. Der Mensch ist fähig, die Gesten zu abstrahieren und hinter den Sinn der Handlung bzw. des Verhaltens zu kommen. Für die Verallgemeinerung der konkreten Situation, wenn der Sinn hinterfragt wird, schafft MEAD den Begriff `Symbol´. „Wir verweisen auf den Sinn einer Sache, wenn wir ein Symbol verwenden. Symbole stehen für den Sinn jener Dinge und Objekte, die einen solchen Sinn haben; es handelt sich bei ihnen um Teile der Erfahrungen, die andere Teile der Erfahrung aufzeigen oder repräsentieren, die gegenwärtig oder in der gegebenen Situation nicht direkt vorhanden, aber alle in der Situation präsent sind." (MEAD 1934, zit. nach A-BELS 1998, S. 18)

Um die Beständigkeit der Kommunikation zu gewährleisten, bilden Menschen signifikante Symbole. Zeichen oder symbolische Gesten rufen bei anderen Individuen die gleiche Betrachtungsweise über die dahinter liegende Bedeutung wie bei dem Erzeuger hervor (vgl. ABELS 1998, S. 19). Er ist durch die signifikanten Symbole in der Lage, die gleiche Reaktion beim Rezipienten auszulösen.

Kleidung ist ein signifikantes Symbol, das die Menschen zur Kommunikation nutzen. Mit ihrer Sprache beschäftigt sich HOFFMANN, dabei untersucht er

deren eigentümliche Zeichen und Symbole (vgl. HOFFMANN 1985).
Er hebt die zwei unterschiedlichen Modi der Zeichen hervor: Zum einen existieren Zeichen, die Nachahmungen sind. Diese imitieren Eigentümlichkeiten des Körpers, indem sie übertreiben oder bestimmtes vortäuschen (z.B.: BHs, gepolsterte Schultern usw.). Zum anderen gibt es Zeichen, die soziale Rollen kennzeichnen (z.B.: Abzeichen an Uniformen). Die Art und Weise der Gestaltung und des Tragens beruhen auf Vereinbarungen und bleiben daher konstant. „Sie verweisen eindeutig auf Zugehörigkeiten, Anlässe, Rangplätze, Vorrechte, Funktionen und Pflichten in einer Gruppe oder auch Gesellschaft. Und ihr Vorzeigen ist mit einem System von Vorschriften, Verboten und Strafandrohungen, mindestens aber zwischenmenschlichen Sanktionen verbunden." (HOFFMANN 1985, S. 53)
In der Alltagswelt ist die letztgenannte Zeichenkategorie, abgesehen von Uniformen und beispielsweise Brautkleidern, selten geworden. Für HOFFMANN können beide Gruppen von Zeichen zu Symbolen werden:
„Symbole der Kleidung markieren persönliche Eigenwilligkeiten, machen durch ihre für eine Person typische Häufigkeit auf sich aufmerksam, verweisen auf Konflikte zwischen Angepaßtheit, Selbst und erhoffter Identität. (...) Ich meine, wir sollten den Gedanken wichtiger nehmen, daß uns Symbole der Kleidung auf Gefühle der inneren Bereitschaft und des Verpflichtetseins hinweisen. Signemische Symbole betonen die weltanschauliche Bindung an gesellschaftliche Utopien, imitative Symbole an die persönlichen Hoffnungen. In jedem Falle geht es um die als `Selbst´ erlebte innere Einheit des Menschen, um seine Identität, die seinem Leben einen Sinn, eine Hoffnung, vielleicht ein Ziel zu geben scheint." (HOFFMANN 1985, S. 54f.)

4.2 Kleidung als Ausdruck sozialer und persönlicher Identität

GOFFMAN (vgl. [1963] 1996 und vgl. Kap. 3.3) unterscheidet die menschliche Identität sowohl hinsichtlich sozialer als auch der persönlichen Dimension. Diese Differenzierung kann auf Kleidung übertragen werden und hat somit Auswirkungen auf die Träger und deren Identität.
Die soziale Identität im Sinne GOFFMANs ist die Klassifizierung und Typisierung eines Menschen durch andere. Henri TAJFEL (vgl. TAJFEL 1978, zit. nach MUMMENDEY 1985, S. 187) entwickelt eine `Theorie der sozialen Identität´ (S.I.T.). Im Gegensatz zu geläufigen Theorien des sozialen Verhaltens beginnt – nach Ansicht TAJFELs - die Formulierung antezedenter Bedingungen nicht beim Individuum als Akteur, sondern die Strukturen und Dynamiken des sozialen Kontextes sind Ausgangspunkt der Konzeptualisierung. Der soziale Kontext beschreibt die Variationsbreite von Gruppen, die in einem definierbaren Beziehungsgefüge stehen, innerhalb dessen die Individuen Mitglieder sind. Doppelte Beeinflussung ist die Folge: Zum einen bedingen die Individuen

ihrerseits die spezifischen Gruppenrelationen, zum anderen werden die Individuen in ihrem Verhalten von Gegebenheiten der kontextspezifischen Beziehungen zwischen den Gruppen beeinflusst (vgl. MUMMENDEY 1985, S. 187). Soziale Identität stellt in diesem Zusammenhang eine Summe an sozialen Identifkationen innerhalb des Selbstkonzeptes des Individuums dar. Dieses Konzept basiert auf TAJFELs Definiton von sozialer Identität als „Teil des Selbstkonzeptes eines Individuums, der aus dessen Wissen über seine Zugehörigkeit zu einer sozialen Gruppe (oder Gruppen) verbunden mit dem Wert der emtionalen Bedeutung, die dieser Gruppenmitgliedschaft beigemessen werden, erwächst" (TAJFEL 1978, zit. nach MUMMENDEY 1985, S. 199).

Durch Vergleiche lassen sich Bewertungen der Gruppen vornehmen. Für das Individuum besteht die positive Steigerung der sozialen Identität auf der Basis von Vergleichsergebnissen. „Die eigene soziale Identität ist demnach umso positiver, je positiver sich die eigene Gruppe von relevanten Vergleichsgruppen *abhebt.*" (MUMMENDEY 1985, S. 200; Hervorhbg. im Original)

Die soziale Identität als Komponente der Gesamtidentität eines Menschen wird von der Gruppenzugehörigkeit des Einzelnen beeinflusst. Die eigene positive Bewertung geschieht über Distinktion zu anderen Gruppen und Integration in die eigene Gruppe. Dabei ist es wichtig, dass spezifische Werte, Normen und Einstellungen geschaffen werden, die jedem Mitglied selbstverständlich scheinen und handlungsleitende Funktionen inne haben. Die gemeinsamen Perspektiven und Wertorientierungen der Gruppenmitglieder bedürfen der Symbolisierung.
Kleidung kann diese Symbolisierung leisten, indem sie Einstellung, Werte und Grundhaltung visualisiert. Für die Gruppe hat der spezifische Bekleidungsstil einen Wiedererkennungswert, zumal dieser ihre Interessen und Werte auszudrücken vermag. „[Der] entstehende Stil ist mehr als ein einfaches Amalgam all der einzelnen Elemente - er bezieht seine spezifische symbolische Qualität aus dem Arrangement aller Elemente in einem Ensemble, welches das Selbstbewußtsein der Gruppe verkörpert und zum Ausdruck bringt." (CLARKE 1979, zit. nach SOMMER 1989, S. 77)

Eine ausreichende Entwicklung des Selbstbewusstseins der Gruppe ist notwendig, wollen sich die Mitglieder in den symbolischen Objekten wiedererkennen. Der Austausch von Objekten bildet die Basis für die Schaffung eines gemeinsamen Stils. Dieser nimmt, neben der wichtigen Identifikation innerhalb der Gruppe, eine bedeutende Abgrenzungsfunktion zu anderen Gruppen ein. Die Definition der Grenze ist für den Fortbestand der Gruppe existentiell, denn der Entstehungsprozess einer gemeinsamen Identität wird ebenfalls durch negative, ab- und ausgrenzende Reaktionen auf andere gewährleistet. Gruppenstile sind „das Ensemble von symbolischen Objekten, Praktiken, Präferenzen, welches die spezifischen Lebensbedingungen und Interessen und damit die Identität einer sozialen Gruppe zum Ausdruck bringt und ihrerseits auf diese Identität zurückwirkt" (SOMMER 1989, S. 78).

Die Kategorisierung der sozialen Wirklichkeit, durch die das Individuum die soziale Welt in Gruppen aufteilt, bedarf einer Vergegenständlichung, welche die Kategorien mit Inhalt füllt und dokumentiert. Dies geschieht durch den Kleidungsstil auf symbolischer Ebene. „Kleidungscodes und damit die spezifische Beziehung zwischen Kleidungssignalen und ihrer Bedeutung werden von sozialen Gruppen in symbolisch vermittelter Interaktion geschaffen und verändert." (SOMMER 1989, S. 73)
Durch die Auswahl kann eine positive Distinktion gegenüber anderen gelingen, da hierdurch Bewertungsmaßstäbe der gemeinsamen Philosophie offen gelegt werden. Gruppenstile finden sich auch in anderen Bereichen des Alltags wie beispielsweise in diversen Freizeitaktivitäten, Essgewohnheiten oder Musikrichtungen. Die Gewichtung des Kleidungsstils kann von Gruppe zu Gruppe unterschiedlich sein, er ist aber immer vorhanden und ein „stets interpretierbarer und sozial wirksamer Bestandteil des Lebensstils" (SOMMER 1989, S. 79). Gruppenspezifische Kleidung symbolisiert die zentralen Werte einer Gruppe und bringt die soziale Identität ihrer Mitglieder zum Ausdruck.

Das Komplementäre zur sozialen Identität bildet persönliche Identität. Darunter versteht man „die einzigartige organische Kontinuität, die jedem Individuum zugeschrieben wird, und die sich auf unterschiedliche Merkmale, wie zum Beispiel Name und äußere Erscheinung, gründet und durch Kenntnisse seiner Biographie und seiner sozialen Eigenschaften ergänzt wird - Kenntnisse, die um seine unterscheidenden Merkmale zentriert sind." (GOFFMAN 1974, S. 256 und vgl. Kap. 3.3).

Es handelt sich dabei um die Identifikationsmerkmale und die einzigartigen biografischen Daten und Kennzeichen eines Individuums, das bereits vor der Geburt und ebenso nach dem Tode eine persönliche Identität besitzt. Im Unterschied zur sozialen Identität bildet diese „die eher idiosynkratischen Aspekte einer Person, wie persönlicher Geschmack [und] intellektuelle Fähigkeiten" (MUMMENDEY 1985, S. 199).

Die Individuen gestalten ihr Alltagsleben, um ihre Definition von Identität und ihre Vorstellung der gesellschaftlichen Situation darzubieten, wie ein Theaterstück (vgl. GOFFMAN [1959] 2000). Dabei verhalten sich die Individuen wie

Schauspieler auf der Bühne, die ihre Kulisse und Requisiten auswählen, um ein gewünschtes Bild zu präsentieren. Jedes Individuum hat dabei ein bestimmtes Bild seiner selbst im Kopf und ist an der Stabilisierung dieses Eindrucks gegenüber anderen bemüht. Zur Selbstdarstellung bedient sich das Individuum einer Fassade, eines standardisierten „Ausdrucksrepertoires, das der Einzelne im Verlauf seiner Vorstellung bewußt oder unbewußt anwendet" (GOFFMAN [1959] 2000, S. 23). Das Ganze besteht aus einem Bühnenbild - alltagsrelevanten Kulissen und Requisiten wie Möbelstücken, Schauplätzen und Fortbewegungsmitteln - sowie einer persönlichen Maske. Neben Amtsabzeichen, Rangmerkmalen, physischer Erscheinung und Haltung sieht GOFFMAN in letztgenanntem auch die Kleidung verortet. (Vgl. GOFFMAN [1959] 2000, S. 23)

Die Interaktionspartner, konfrontiert mit dieser persönlichen Fassade, sind bemüht, Informationen zu erhalten. Sie versuchen aufgrund der persönlichen Fassade, die Identität des Gegenübers zu klären. „Empirische Untersuchungen belegen, daß Menschen Kleidung dazu nutzen, sich möglichst positiv darzustellen. So demonstrierte Gibbins (1969), daß bevorzugte Kleidung mit dem **idealen** Selbstbild korreliert." (SOMMER 1989, S. 27; Hervorhbg. im Original)

Um den Ablauf von Interaktionen planbar und vorhersehbar zu machen, ist es wissenswert, wer der andere ist.
„Das Individuum steckt folglich in einem Dilemma: Wie soll es sich den anderen präsentieren, wenn es einerseits auf die verschiedenartigen Partner eingehen muß, um mit ihnen kommunizieren und handeln zu können, andererseits sich in seiner Besonderheit darzustellen hat, um als dasselbe auch in verschiedenen Situationen erkennbar zu sein?" (KRAPPMAN 1971, zit. nach SOMMER 1989, S. 29 und vgl. Kap. 3.3).

STONE entwarf einen empirischen Ansatz, um das Dilemma, das insbesondere auch für die äußere Erscheinung, explizit für die Kleidung gilt, zu klären. Dabei wird zwischen \`program´ und \`review´ unterschieden (vgl. STONE 1981, zit. nach SOMMER 1989, S. 30).

Durch die Erscheinung trägt das Individuum seine Identitätsvorstellung, sein \`program´ vor. Das \`program´, mit dem es sich über die Kleidung an die anderen wendet, hat vier Dimensionen:

1. Kundtun der Identität
2. Anzeigen des Werts
3. Ausdruck der Stimmung
4. Vorbringen von Einstellungen

Das `review´ ist die Antwort, die sich auf den Träger der Kleidung bezieht. Auf dieser Seite werden entsprechend vier Reaktionen hervorgerufen:

1. Identitäten werden gesetzt
2. Wert wird (an)erkannt
3. Stimmungen werden geschätzt
4. Einstellungen werden antizipiert

„Fallen nun program und review zusammen, wird die Identität des Individuums bestätigt und etabliert, fallen sie auseinander, wird die Identität infragegestellt (...). Insofern lassen sich Bestätigung und Infragestellen der Identität auch auf die Kleidung zurückführen." (SOMMER 1989, S. 30)

Die Selbstdarstellung kann durch Kleidung beeinflusst werden. Der erste Eindruck ist bedeutend für die folgenden Handlungen und Verhaltensweisen der Gegenüber. „**Zusammenfassend läßt sich sagen, daß Identitäten in signifikanten Erscheinungen, das heißt wesentlich in der Kleidung etabliert werden, welche die Basis für signifikanten Diskurs bilden, der seinerseits wiederum auf die Kleidung zurückwirkt**." (SOMMER 1989, S. 32; Hervorhbg im Original)

Allerdings benötigt Kleidung für ihre eigentliche Funktion den Körper. Seine Beschaffenheit, seine Proportionen, sein Bau und sein Hautton nehmen in der Typberatung – wie später noch darzustellen sein wird - eine zentrale Stellung ein. Das Beziehungsgefüge Kleidung und Identität wird durch den Körper beeinflusst, er ist maßgeblich bestimmend für das Selbst- und Fremdbild der Individuen.

4.3 Kleidung im Spannungsverhältnis Identität und Körper

Mit dem bekleideten Körper vergegenwärtigt und konstruiert sich der Mensch für sich selbst und gegenüber anderen (vgl. SOMMER/ WIND 1988, S. 16). Deshalb ist der Körper ein zentraler Ausgangspunkt für die Identität und, wie später zu zeigen sein wird, auch für die Typberatung.

„Der eigene Körper, das körperbezogene Verhalten und die damit verbundenen Erfahrungen haben für die Selbstdefinition und die Entwicklung des Selbstkonzepts eine zentrale Rolle, da der eigene Körper ein fundamentaler Bestandteil der Identität ist" (HARTMANN-TEWS 1990, S.153).

Von Seiten der Sportwissenschaft wird das Verhältnis von Identität und Körper aus vielen Perspektiven heraus betrachtet und aufgearbeitet (vgl. SPLETT 1993; vgl. LUTZ 1989; vgl. KUGELMANN 1996).

Das „Hier des Körpers" (LUTZ 1989, S. 62) ordnet für das Individuum die Welt, denn der Körper macht sie erfahrbar und bedeutsam. Identität, Selbstkonzept und Wertgefühl sind überwiegend Leistungen des Körpers (vgl. MRAZEK 1986, zit. nach LUTZ 1989, S. 65), weil das Ich, genau genommen, nichts anderes als seinen Körper hat, um sich darzustellen und auszudrücken (vgl. JEGGLE 1986, zit. nach LUTZ 1989, S. 65). Der soziale Status wird durch den Körper nach außen gekehrt und zugleich abgesichert. Die notwendige Voraussetzung, dass der Körper einen Kompromiss aus biologischem Erbe, kultureller Tradition und lebensgeschichtlicher Erfahrung darstellt, ist gegeben. Körper sind „Kulturkörper" (JEGGLE 1986, zit. nach LUTZ 1989, S. 68).

Da Körpererfahrungen immer gesellschaftliche, kulturelle und soziale Erfahrungen sind, muss von einem vergesellschaftlichten Körper gesprochen werden (vgl. SPLETT 1993, S. 32). Somit ist eine Analyse der zu einer bestimmten Zeit vorfindbaren Formen körperlicher Nutzung gleichzeitig ein Stück Gesellschaftsanalyse (vgl. BETTE 1989, zit. nach JANALIK/ SCHMIDT 1997, S. 132).

Der Körper bildet nicht die klare Grenzlinie des Ichs zur Außenwelt, sondern eine neue Denkweise hinsichtlich des menschlichen Körpers ist erforderlich (vgl. SIEBERT 1996, S. 40). Er soll nicht als feste Form angesehen werden, vielmehr als elastische Masse als „Work in Progess" (SIEBERT 1996, S. 40).
Diese Aufforderung baut auf unterschiedlichen Argumenten auf: Ebenso wie die Zellmembran keine feste Grenze ist, lässt auch die Haut ein offenes System zu. Die Biomedizin und die plastische Chirurgie können den Körper in vielfältiger Weise gestalten und formen und sind darüber hinaus ein Beleg für die Veränderung des Verhältnisses zu ihm. „Der Körper ist also in einem viel größeren Maß nicht bloß materielle Hülle für Identität, sondern ein gestaltbares Referenzschema für Identität." (KEUPP 1999, S. 89)

„Der lebenslängliche Prozeß der Identitätsbildung entfaltet sich als Oszillation zwischen jenen kulturell vorgegebenen Körperbildern und der konkreten Körpererfahrung der Individuen." (LEHNERT 1999, S. 114) Die konkrete Körpererfahrung der Individuen erfährt durch die Moderne sowohl eine Ab- als auch Aufwertung (vgl. BETTE 1989). Die „Wiederkehr des Körpers" (KAMPER/ WULF 1982) setzt ein Verschwinden, eine Trennung, eine ehemals verlorengegangene Einheit voraus. In diesem Zusammenhang formuliert BETTE eine Paradoxie der Gleichzeitigkeit: Die Körperaufwertung wird hier nicht als einfache Gegenreaktion auf seine vormalige Verdrängung gesehen, vielmehr führt die Wiederkehr des Körpers in eine erneute Falle (vgl. BETTE 1989, zit. nach JANALIK/ SCHMIDT 1997, S. 138).
Während des Zivilisationsprozesses (vgl. ELIAS 1976) wird der vormals funktionale Körper kontrolliert und domestiziert. Eine Konsequenz daraus ist den „Körper vom Ich zu trennen, die analytische Fähigkeit der Differenzierung von Körper und Selbst, der Umstand, daß man für diesen Vorgang Begriffe, Katego-

rien, Rechtfertigungen und Gefühle findet" (RITTNER 1986, zit. nach LUTZ 1989, S. 63).
Mit Zunahme der Komplexität einer Gesellschaft erhöht sich die Distanzierung zum Körper mit dem Effekt einer erschwerten Identitätsbildung für die modernen Individuen (vgl. LUTZ 1989, S. 63). Die Balanceleistung zwischen `Körper-Sein´ und `Körper-Haben´ trägt wesentlich zur Formung der Identität bei (vgl. LUTZ 1989, S. 64f. und RITTNER 1986, S. 131ff.).

„Nach *Plessner* **ist** der Mensch zunächst einmal seine Existenz, er vermag nicht aus seiner Körperlichkeit auszusteigen, doch zugleich bürdet ihm seine anthropologische Struktur der `exzentrischen Positionalität´ auf, das Tier überschreitend, seine eigene Leiblichkeit instrumentell zu erfassen, seinen Körper zu **haben**." (LUTZ 1989, S. 64; Hervorhbg. im Original)

Die Nicht-Beachtung des Körpers kann als Konsequenz eine Identitätskrise nach sich ziehen (vgl. JANALIK/ SCHMIDT 1997, S. 128). Unerreichte und unerreichbare Ideale werden verinnerlicht, als Mangel manifestiert. Untersuchungen zur Identität zeigen, dass Frauen diese Ideale überwiegend aus der Attraktivität und der Schönheit des Körpers ziehen, im Gegensatz zu Männern, welche die körperlichen Leistungen in den Mittelpunkt ihrer Betrachtungen stellen (vgl. KUGELMANN 1996; vgl. SPLETT 1993).

Der Körper „als Ort der Kleiderpräsentation" (JANAKLIK/ SCHMIDT 1997, S. 101) erfährt vordergründig eine Aufwertung. Der bekleidete Körper wird zum wichtigsten Instrument bei der Präsentation unseres Selbst. Indem er aber auf sein Äußeres, seine Hülle und damit auf die Inhaltslosigkeit reduziert wird, gerät er zum „kleidgestylten Karrossenkörper" (JANAKLIK/ SCHMIDT 1997, S. 102). Die durch den Zivilisationsprozess in Gang gesetzte Entkörperlichung kann nicht durch die Verkörperlichung aus der Welt geschafft werden (vgl. BETTE 1989, S. 41).

Die Paradoxie der Gleichzeitigkeit der körperlichen Ab- und Aufwertung zeigt, dass eine zunehmende Entkörperlichung in der Moderne als Gegenbewegung einen Körperboom erfährt. KEUPP sieht darin die Resonanz auf die ontologische Bodenlosigkeit postmoderner Lebensverhältnisse: „Auf den Körper richten sich bei vielen Menschen die Hoffnungen, mit ihm einen *unverrückbaren Bezugspunkt der persönlichen Identität* zu finden." (KEUPP 1998, S. 26; Hervorhbg. im Original)
Die Zunahme der Körper-Therapien, die breite Palette der freizeitsportlichen Aktivitäten und die Beschäftigung mit dem Körper als einer zentralen Kategorie des Lebensstils, verdeutlichen diesen Trend. Die Bedeutung des Körpers für die

Bildung und Stabilisierung von Identität kann heute kaum unterschätzt werden. Die weibliche Körperidentität wird sogar mit der weiblichen Gesamtidentität gleich gesetzt (vgl. SPLETT 1993, S. 30f.).

„Während in der Vergangenheit die Person sich vornehmlich über Vernunft, über intellektuelle oder sozial konsensfähige sittliche Werte definierte und vom minderwertigen Körperlichen möglichst abstrahierte, rückt nunmehr die Körperlichkeit in ihrer Bedeutung für das Selbst, für das Selbst-Erleben stärker in den Vordergrund, wird zu einem wesentlichen Bestandteil des Ich." (RITTNER 1986, zit. nach JANALIK/ SCHMIDT 1997, S.138)

Die von Seiten der Sportwissenschaft angesteuerte Betrachtung übergeht die Analyse des bekleideten Körpers. Doch „Kleidung und Körper sind bis auf wenige archaische Szenarien und klimatische Ausnahmeregionen in einem unauflösbaren Verhältnis verbunden" (JANALIK/ SCHMIDT 1997, S. 3).

In der Betrachtung des Gegenübers verschmelzen die Komponenten Kleidung und Körper, die auch für den Träger zu einer Einheit werden. Aus diesem Grund kann die Behauptung aufgestellt werden, dass der bekleidete Körper zum Kulturkörper wird und ein wichtiger Ausgangspunkt für die Identitätsarbeit ist.

Kleidung kann die Grenze des Körpers erweitern (vgl. SOMMER/ WIND 1988, S. 16; vgl. Kap. 2.3). So verstärken Polster die Schulterpartien, lassen sie größer erscheinen. Stoffmuster wirken wie optische Täuschungen und verändern dadurch die Erscheinung des Körpers.
Kleidung kann auch körperliche Mängel ausgleichen: Das Korsett versucht, die Frauen der vergangenen Jahrhunderte in die gewünschte (aber nicht vorhandene) Körperform zu pressen. Narben und Verbrennungen auf der Haut können mit Stoffen überdeckt und so unsichtbar gemacht werden. Körperliche Stigmata können mit Kleidung kaschiert werden. Das neue Erscheinungsbild hat Auswirkungen auf die Identitätsbildung, da sich die Person ohne die Stigmatisierung präsentiert.
„Der Mensch begann seine Identität durch das Gestalten seines Körpers zu definieren. Tatsache ist, daß der Mensch die einzige Spezies ist, die ihren Körper durch künstliche Mittel verändert." (LOSCHEK 1994, S. 38)
Körper und Kleidung sind Bereiche, die bei der Identitätsbildung eine Rolle spielen (vgl. JANALIK/ SCHMIDT 1997, S. 3), denn der bekleidete Körper tritt in Kommunikation mit der Umwelt, aber auch mit dem Individuum selbst.

Das nonverbale Kommunikationsmittel Kleidung beeinflusst die soziale und persönliche Identität der Individuen. Dabei hat der Körper eine zentrale Stellung, da er als „gestaltbares Referenzschema“ (KEUPP 1999, S. 89) für die

Identität gilt, weil er die vom Individuum gewählte Kleidung trägt.
Kleidung kann den Körper zur Schau stellen, die Menschen spielen damit und heben sexuelle Reize dadurch hervor. Kleidung bedeckt den Körper, schützt, schmückt und verhüllt ihn (vgl. Kap. 2.4). Hier setzt auch das Handlungsfeld Typberatung – das im folgenden Kapitel ausführlich dargestellt wird - an, indem es durch die Kleidung das körperliche Erscheinungsbild verändern will (vgl. Kap. 5) und damit auch Einfluss auf die Identitätsarbeit der Träger hat, also das Selbst- und Fremdbild beeinflusst.

5. Typberatung

5.1 Das Handlungsfeld Typberatung

Im Rahmen dieser vorliegenden Arbeit wird das Handlungsfeld Typberatung untersucht.

Typberatung ist in der Alltagskultur sehr populär. Dafür sorgen zum einen die Beiträge in den Printmedien, besonders zu den Wechseln der Jahreszeiten im Frühling und im Herbst, wenn auf den Laufstegen der Modemetropolen die neuen Kollektionen vorgestellt werden. Typberaterinnen bestätigen in diesen Zeiträumen einen erhöhten Besucherzulauf. Zum anderen zeigt das Fernsehen Beiträge über Typberatung, beispielsweise in einer allwöchentlichen `Vorher-Nachher-Show´[6], in der die Typberatung an ausgewählten Personen mit dem Vorher-Nachher-Effekt durchgeführt wird. Dabei werden die Teilnehmer vor und nach der Beratung präsentiert, um dadurch dem Publikum die erzielte Veränderung besonders deutlich zu demonstrieren.

Auch im Wirtschaftsleben erfährt die Typberatung zunehmend an Bedeutung. In vielen Berufen, wie bei Optikern oder Friseuren, beraten geschulte Verkäufer die Kunden farb- und stilgerecht. Vorführungen in Büchergeschäften, die die entsprechende Literatur verkaufen, werden von Typberaterinnen ebenfalls durchgeführt. Ebenso beraten Modehäuser in speziellen Veranstaltungen ihre Kunden.

Das Modelabel `Betty Barclay´ stellt im Internet die Seite `Your private dresscode´[7] zur Verfügung. Hier können sich interessierte Kundinnen beraten lassen, um Stil und Typ zu bestimmen. Neben der Typdefinition gibt es hier konkrete Stylingtipps mit Kleidung aus der Betty-Barcley-Kollektion.

Im Internet findet sich auch ein Fragebogen, der über Fernanalyse die Farb- und Stilzugehörigkeit bestimmt[8].

5.2 Begriffsklärung

Die Typberatung wird durch eine Vielzahl von Begriffen beschrieben: `Farb- und Typberatung´, `Farb- und Stilberatung´, `Typ- und Persönlichkeitsberatung´ oder `Farb- und Imageberatung´. Gesetzlich ist keine Bezeichnung vorgeschrieben. Es handelt sich um ein freies Berufsbild, das unterschiedliche Ausbildungswege umfasst[9]. Die Ausbildung findet meist in Form von mehrtägigen

---

[6] Die Vorher-Nachher-Show auf TM3; (Stand: Januar 2001)

[7] www.your-private-dresscode.de (Stand: Mai 2001)

[8] www.beautybodyface.de/oneline_fragebogen_.html (Stand: Mai 2001)

[9] Die Ausbildungsinhalte sind innerhalb der ausbildenden Institute unterschiedlich und diffe-

Seminaren statt, für die die ausbildenden Institute interne Zertifikate oder Teilnahmebescheinigungen ausstellen.

In dieser Arbeit wird der Begriff der **Typberatung** gewählt und beinhaltet alle oben aufgeführten Bezeichnungen, die für dieses freie Berufsbild verwendet werden.

Im allgemeinen Sprachgebrauch bedeutet `Typ´ soviel wie Urbild, eine Grundform oder eine Person mit unveränderlichen und wesentlichen Ausprägungen, die mit einer bestimmten Gruppe eine Reihe von Merkmalen gemeinsam hat (vgl. DUDEN 1997, S. 832). Der Begriff `Typ´ lässt ein allgemeingültiges Prinzip der Beratung erkennen: Es werden physiologische Merkmale angenommen, die charakteristisch für eine Gruppe von menschlichen Individuen ist.

Die Interviews mit Typberaterinnen zeigen, dass die Typberatung mit vier Hauptelementen arbeitet, um den entsprechenden Typ und die passende Kleidung einer zu beratenden Person zu analysieren:

- Farbberatung
- Körpervermessung
- Stilberatung
- Garderobenplanung.

Bei allen Beratungen sind diese Typenanalysen in irgendeiner Form - jedoch mit unterschiedlicher Gewichtung - wieder zu finden.

---

rieren in ihrem Aufbau, da auch die Konzeptionen und Schwerpunkte verschieden sind. Im Kern haben aber alle Seminare folgende substanzielle Inhalte: Klärung der einzelnen Farbtypen und der dazugehörigen Farben, Farblehre und Lichttheorie, Einführung in die verschiedenen Stilrichtungen, Figuranalyse mit Hilfe der Körpervermessung, Kundenwerbung und Geschäftsaufbau. In der Regel erfolgt die praktische Umsetzung an den jeweiligen Teilnehmerinnen selbst, bei exklusiven Ausbildungen stehen dafür Modelle, die alle Schwierigkeitsgrade bei der Analyse aufweisen, bereit. Die benötigte Grundausstattung und die kosmetischen Produkte können fast immer von den Ausbildungsschulen bezogen werden (z.B.: Interessensverband deutscher Farb & Stil Berater e.V., Augsburg; dreitägiges Basisseminar und Ausstattung für 2.495,- DM zuzüglich MwSt. Stand: Jan. 2001).

Die Schulung, die in wenigen Tagen abgeschlossen werden kann, wird besonders affinen Berufsgruppen nahegelegt, die identische oder verwandte Kenntnisse und Anforderungen in ihrem Tätigkeitsfeld haben. Dazu gehören Augenoptiker, Kosmetiker, Friseure, aber auch Fußpfleger und Maniküren, Modefachberater und Visagisten.

Die vielfältigen Ausbildungsmöglichkeiten und Berufsbezeichnungen sowie die unterschiedlichen Schwerpunkte und Konzepte, haben eine negative Auswirkung auf die Anerkennung des Berufsbildes. Hinzu kommen die internen Unstimmigkeiten der Ausbildungsinstitute untereinander.

Zuerst wird bei der *Farbberatung* (5.3) versucht, den Farbtyp der Person zu klassifizieren. Im Anschluss daran wird die Form der Beratenen durch die *Körpervermessung* (5.4) eingeteilt, um die Auswahl der Kleidungsstücke zu optimieren. Dann werden durch die *Stilberatung* (5.5) die einzelnen Stiltypen analysiert. Zum Abschluss wird durch die *Garderobenplanung* (5.6) prüft, welche Kleidungsstücke den Typ unterstreichen und welche aussortiert werden sollten. Diese vier Hauptelemente der Typberatung werden in den folgenden Kapiteln beschrieben.

5.3 Die Farbe

5.3.1 Der Ursprung der Farbberatung

Als Ursprung der Farbberatung gelten die Arbeiten des Schweizer Malers und Kunstpädagogen Johannes ITTEN aus dem Jahre 1975. Er versuchte, die künstlerische Gestaltung durch Farben mit Hilfe des Verstandes und der Vernunft zu erforschen. Um die subjektiven Farbklänge einer Person zu ergründen, diktiert der Kunstpädagoge seinen Malschülern harmonische Farbakkorde, die „in beliebig großen Kreissegmenten zu geschlossenen Kreisflächen ausgemalt werden" (ITTEN 1975, S. 23). Innerhalb der Malgruppe kommt es nach einiger Zeit zu Unstimmigkeiten, da die diktierten Farbzusammenstellungen nicht als harmonisch, sondern als unangenehm und disharmonisch empfunden werden. Darauf hin wird eine andere Aufgabe gestellt: jeder Schüler soll Farbakkorde malen, die er in seiner Wahrnehmung als angenehm empfindet. (Vgl. ITTEN 1975)

Die Ergebnisse sind verblüffend: Jeder empfindet eine andere Auswahl harmonisch. Bereits bei der Anzahl der gewählten Farben können Unterschiede festgestellt werden. So existieren Bilder mit sehr eingeschränkter Anzahl, aber auch eine schier unbegrenzte Farbanzahl wird von einigen Individuen bevorzugt. Ebenfalls zeigt die Verteilung der Farben innerhalb des begrenzten Feldes individuelle Ausprägungen.

„Einer plötzlichen Eingebung folgend, nahm ich eines der Blätter und fragte eine Schülerin: <Haben Sie diese Akkorde gemalt?> <Ja>, war die Antwort. Ein zweites, drittes und viertes Blatt wurde von mir ausgewählt und dem entsprechenden Autor zugeordnet. Ich möchte ausdrücklich bemerken, dass ich während der Entstehung der Blätter den Arbeitsraum nicht betreten hatte, also nicht wissen konnte, was jeder gemalt hatte. Die Schüler mußten nun ihre Blätter so vor sich halten, dass ihre Gesichter gleichzeitig mit den Farbakkorden gesehen werden konnten. Dem anfänglichen Staunen folgte Heiterkeit, weil alle Schüler eine merkwürdige Übereinstimmung des farbigen Gesichtsausdruckes mit den entsprechenden Farbakkorden beobachten konnten." (ITTEN 1975, S. 23)

ITTEN nennt diese individuellen Konstellationen `subjektive Farben´. Das Experiment wird in den darauffolgenden Jahren mehrmals erfolgreich wiederholt. Voraussetzung dafür ist allerdings die intensive Auseinandersetzung mit den Farben, wobei zuerst das Farbempfinden der Schüler hergestellt und eingeübt wird.
Durch seine Untersuchungen gelingt es ITTEN, unterschiedliche Farbtypen heraus zu kristallisieren:
„Hellblonde Typen mit blauen Augen und rosafarbener Haut haben in der Regel sehr feine Farben und oft eine große Zahl deutlich unterschiedener Farbcharaktere. Der Farbe-an-sich-Kontrast gibt bei ihnen den Grundcharakter an. Je nach der Vitalität des Menschen sind die Farben blasser oder leuchtender. Ein solcher Typ unterscheidet sich stark von einem Menschen mit schwarzen Haaren, dunkler Haut und schwarzbraunen Augen. Hier hat Schwarz eine wichtige Funktion im Gesamtklang, und die reinen Farben werden mit Schwarz gebrochen. In dunklen Tönen rumort und brodelt die Farbkraft auf. Eine Schülerin, die eine starke Farbigkeit, mit rostroten Haaren und rosa Haut ausstrahlte, hatte in ihren subjektiven Farben Gelb, Rot und Blau und starke Kontrastfolgen." (ITTEN 1975, S. 24f.)

Zur Erklärung der subjektiven Farbklänge werden nicht nur die Farben der Haare, der Augen und der Haut beachtet, sondern auch - als wichtigstes Kriterium - die Ausstrahlung eines Menschen. ITTEN ist der Überzeugung, dass die subjektiven Farben Auskunft über das innere Sein des Menschen, sein Denken und Fühlen geben. „Die innere Konstitution und die inneren Strukturen spiegeln sich in den Farben. Ich glaube, daß diese entstehen aus den Brechungen und Filterungen des weißen Lebenslichtes und den elektromagnetischen Schwingungen in der psycho-physischen Sphäre des Menschen." (ITTEN 1975, S. 27)

ITTENs Erkenntnisse über die subjektiven Farben sowie seine diesbezügliche Lehre werden später von der Amerikanerin Carole JACKSON auf den modischen Bereich übertragen (vgl. JACKSON 1992).

JACKSON studierte Kunst und Psychologie an der Stanford University, Farbtheorie und Mode an der Fashion Academy in Kalifornien und Pädagogik an der State University in New York. Im Jahre 1974 gründet sie die erfolgreiche Beratungsfirma `Color me beautiful´. Die Ergebnisse und Erfahrungen aus zahlreichen Typanalysen werden in ihrem gleichnamigen Buch `Color me beautiful´ (vgl. JACKSON 1992) im Jahre 1980 erstmals zusammengefasst. Bereits 10 Jahre später sind in den USA 20 Millionen Exemplare verkauft (vgl. SPILLANE 1992, S. 9). Diese Popularität in den Staaten sorgt für eine Ausdehnung der Erkenntnisse nach Europa und Asien.

Als Erfinderin der Farbberatung kann JACKSON allerdings nicht gesehen werden, da sie im Vorwort ihres Buches erklärt, selbst durch einen professionellen Farbberater analysiert worden zu sein (vgl. JACKSON 1992, S. 7). Dabei ist bereits auf das Kolorit des Gesichtteints geachtet und sind Augen- sowie Haarfarbe analysiert worden. Das individuelle Erscheinungsbild des Körpers ist relevant und entscheidend für die Zuordnung zu einem Farbtyp.

Amerikanische Schauspielerinnen und Personen des öffentlichen Lebens sorgen durch die Anwendung der Farbberatung für die Popularität des Verfahrens (vgl. WÄLDE 1995, S. 45). Heute ist diese Art der Beratung durch ein vielfältiges Angebot gekennzeichnet und einer breiten Ausdifferenzierung unterworfen (vgl. Kap. 5.3.6).
Durch die Facetten Intensität, Unterton und Klarheit der Farben, erweitert Doris POOSER die von JACKSON geschaffene Einteilung der vier Jahreszeiten und differenziert zwölf unterschiedliche Farbtypen innerhalb der Typberatung (vgl. POOSER 1990 und vgl. Kap. 5.3.6.1).
Eine weitere Differenzierung schafft LIED, die eine helle, mittlere und dunkle Pigmentierung der Haut unterscheidet, wodurch neun Farbtypen zur Differenzierung entstehen (vgl. LIED o. J. und vgl. Kap. 5.3.6.2).
Bei der alltäglichen, praktischen Umsetzung der theoretischen Farbsysteme wird gelegentlich zwecks Vereinfachung auf nur zwei Farbtypen - warme und kalte - zurückgegriffen.

Im Handlungsfeld führen diese unterschiedlichen Ansätze zu Unstimmigkeiten, einmal unter den Ausbildungsschulen, ein andermal bei den Typberaterinnen selbst. Auch sind die Kunden verwirrt, wenn verschiedene Typberaterinnen mit unterschiedlichen Ausbildungsrichtungen differierende (Farb-)Typen diagnostizieren. Bei allen vorgestellten Farbberatungssystemen geht es um „feine Abstufungen" (HENSS 1994, S. 89). „Von allen Autorinnen wird betont, wie wichtig kleinste Nuancierungen sein können. Da wundert es natürlich sehr, daß bei den vorgestellten Farbsystemen, die alle auf dem `Jahreszeiten-Konzept´ basieren, die Farben so unterschiedlich ausfallen!" (HENSS 1994, S. 89)

Eine Übersicht über die klassische „Vier-Jahreszeittypologie" - Frühling (5.3.2), Sommer (5.3.3), Herbst (5.3.4) und Winter (5.3.5) - bieten die folgenden Kapitel. Anschließend werden die Erweiterungen der Konzeption durch POOSER (vgl. POOSER 1990) und LIED (vgl. LIED o. J.) behandelt (5.3.6).

5.3.2 Der Frühlingstyp

5.3.2.1 Der Hautton

Alle Frühlingstypen haben einen goldenen Hautunterton. Ebenso bezeichnend ist ihr zart wirkender Teint, ein Merkmal, das sie deutlich von den anderen

Typen abhebt. Durch die feine Gesichtshaut können feine Rötungen mit einem warmen Pfirsichton hervortreten, die aber keinesfalls bläulich sind. Die Frische dieses pfirsichfarbenen oder goldbeigen Teints ermöglicht die natürliche Ausstrahlung des Frühlingstypen. Ausgesprochen häufig treten Sommersprossen sowie die transparente Blässe einer reinen und glasklaren Haut auf. In der Regel erröten die Gesichter der Frühlingstypen leicht und die Wangen sind von einem sanften Rot überzogen, was zu einer Verwechslung mit dem Sommertypen führen kann. Allerdings können die gold- und niemals graubraunen Sommersprossen des Frühlingstyps zur Differenzierung genutzt werden. Eine weitere Schwierigkeit bei seiner Analyse liegt in der Abgrenzung des Frühlings- zum Herbsttyp, da dieser ebenfalls über einen golden Hautton verfügt (vgl. Kap. 5.3.4). Der Frühlingstyp erhält bei Sonneneinwirkung schnell und intensiv eine rötliche honig- oder goldbraun Gesichtsfarbe, der Herbsttyp dagegen nimmt nur schlecht Farbe an. Ebenso unterscheidet sich der rötliche Unterton der Lippen des Frühlingstyps von den zart-bläulichen Lippen des Sommer- und Wintertyps. (Vgl. JACKSON 1992, S. 55 und WATERMAN/ ZINGEL 1994, S. 15)

5.3.2.2 Die Haarfarbe

Überwiegend ist die Haarfarbe der Frühlingstypen blond, wobei das Farbenspektrum von Flachs- und Gelb- zu Rotblond bis hin zu hellem Goldbraun reicht. Selten haben sie rote oder dunkelbraune Haare. Allen Farbschattierungen ist ein Goldton, der auch ins leicht Rötliche übergehen kann, gemeinsam. Selbst mittelbraune Haare weisen einen goldgelben oder rötlich-goldenen Unterton auf. Die Goldtöne werden durch eine Pigmentmischung der Haare hervorgerufen, in der gelb-rote und grau-braune Anteile dominieren und golden glänzen. Die Anzahl der Pigmente ist jedoch geringer als beim ebenfalls warmen Herbsttyp. Dadurch entsteht eine hellere Wirkung und die Haare werden nicht dunkler als honig- oder goldbraun. Ergrauen die Haare des Frühlingstyps, harmoniert das Grau anfänglich nicht mit dem goldenen Unterton der Haut. Sind diese Übergänge endgültig abgeschlossen, wirkt die Farbe wieder wie auf den Teint abgestimmt. (Vgl. JACKSON 1992, S. 55 und WATERMAN/ ZINGEL 1994, S. 15)

5.3.2.3 Die Augenfarbe

Die Augenfarben der Frühlingstypen sind vielfältig. Vorherrschend sind die Farben Blau, Grün, Petrolblau oder Wasserblau. Dazu kommen oft noch goldene Flecken auf der Iris. Ein goldfarbener Kranz umschließt die Pupillen und lässt sie weich erscheinen. Die Iris kann auch klar und unbefleckt die Pupille umringen. Die blauen Augen des Frühlingstypen können für den Betrachter stahlgrau wirken, da weiße Speichen, die von der Pupille ausgehen, diesen Eindruck erwecken. Auch Personen mit braunen Augen hat der Frühlingstyp vorzuweisen. Diese braune Augenfarbe tendiert dann zu Topasfarben oder Goldbraun. Grün, Gold und Goldbraun sind Nuancen der haselnussbraunen Augen des Frühlingstyps. (Vgl. JACKSON 1992, S. 55ff. und WATERMAN/ ZINGEL 1994, S. 16)

5.3.2.4 Typische Kleiderfarben

Der Frühlingstyp ist farblich gesehen der zarteste Farbtyp unter den Jahreszeiten. Die Kleiderfarben sollten klar, warm (gelb) und frisch sein und Accessoires sowie Schmuckstücke in Goldtönen gehalten werden. (Vgl. JACKSON 1992, S. 35)

Zu den typgerechten Farben zählen (vgl. JACKSON 1992, S. 35):

• Eierschalen	• warmes Hellgrau	• leuchtendes Gelbgrün
• Gelbbeige	• helles Marineblau	• Apricot
• warmes Hellbeige	• klares Goldgelb	• Hellorange
• Gold-Camel	• Sonnengelb	• Pfirsich
• Honiggold	• Lindgrün	• Lachsrosa
• Goldbraun	• Grasgrün	• Flamingo
• warmes Pastellrosa	• Klatschmohn	• zartes Lapisblau
• Koralle	• Orangerot	• intensives Lapisblau
• warmes, kräftiges Rosa	• Veilchenblau	• Kornblumenblau
• zartes Aquamarin	• intensives Aquamarin	• Mintgrün

5.3.3 Der Sommertyp

5.3.3.1 Der Hautton

Der Hautton des Sommertyps ist durch einen kühlen Unterton gekennzeichnet und wirkt „in der Regel rosig überhaucht" (JACKSON 1992, S. 47). Dieser bläuliche Unterton lässt die Person „sehr edel und fragil" (WATERMANN/ ZINGEL 1994, S. 19) erscheinen. Zusätzlich wird dies noch durch die teilweise sehr helle Haut unterstützt, die den Teint „fast durchsichtig" erscheinen lässt, und an den hellsten Körperstellen sind „kleine rosafarbene Kreise unter der Haut zu sehen" (JACKSON 1992, S. 47). Der Sommertyp kann unterschiedliche Hauttönungen aufweisen: eine Gruppe hat eine „stark rosafarbene" (JACKSON 1992, S. 47), eine andere „eine helle bis dunkle rosabeige Haut"(JACKSON 1992, S. 47); wieder andere weisen einen „blaß-gelblichen-beigen Hautton" (JACKSON 1992, S. 47) auf. Bei letztgenanntem Typ, ist der blaue Unterton schwer zu identifizieren, jedoch ist gerade für ihn das Tragen der Sommerfarben wichtig. Ist der Hautton ziemlich hell und leicht grau, ist dies die Haut von einem „farbigen Vertreter der Sommerpalette" (JACKSON 1992, S. 47). WATERMANN/ ZINGEL beschreiben die charakteristische Haut einmal als blasse, ebenmäßige Porzellanhaut oder aber als gut durchbluteten Teint mit feinen Gefäßen, die deutlich durchschimmern und so einen

„kühlen Roséton" (WATERMANN/ ZINGEL 1994, S. 19) hervorrufen. Ebenfalls kann der Sommerteint durch einen hellen und kühlen Oliventon gekennzeichnet sein.
Die Haut des Sommertyps bräunt im Vergleich zum Herbsttyp intensiv und stellt so ein charakteristisches Merkmal für die Unterscheidung beider Typen dar, die sich vom Hautton sehr ähneln können (vgl. JACKSON 1992, S. 47). Eine weitere Eigenart ist die markante, hellgraubraune oder aschbraune Färbung der Muttermale oder Sommersprossen, die keine gold- oder rotbraune Töne aufweisen (vgl. WATERMANN/ ZINGEL 1994, S. 19). Auch sind die Lippen in einem zarten, eher kühlen Rosé gehalten. (Vgl. JACKSON 1992, S. 47 und vgl. WATERMANN/ ZINGEL 1994, S. 19)

5.3.3.2 Die Haarfarbe

Der Sommertyp profitiert von seiner Haarfarbe, denn „nur sie bringt Leben" (JACKSON 1992, S. 47) in das Gesicht. Im Kindesalter ist das Haar „überwiegend blond, entweder weißblond, aschblond oder dunkelaschblond" (JACKSON 1992, S. 47). Mit zunehmendem Alter bekommt es einen gräulichen Ton, die „Mausfarbe" (JACKSON 1992, S. 47). Oft resultiert daraus der Wunsch nach seiner Veränderung durch Färben, Tönen oder Strähnen. Die Haarfarbe der Sommertypen können im braunen Spektrum von hell bis dunkel reichen, jedoch ist ein Aschton bezeichnend für die Gruppe. Dabei führen Sonnenstrahlen zu Veränderungen, so dass im Winter die Haare bräunlich-, im Sommer dagegen hellblond sind. Ebenso können rötliche Schimmer oder ein warmer, goldener Haarton entstehen. Dies kann zu einer Verwechslung mit dem warmen Herbsttyp führen. Aus diesem Grund sollte der Farbton des Haaransatzes genauer betrachtet werden, um mögliche Irrtümer auszuschließen. Das Ergrauen der Haare im Alter geschieht beim Sommertyp oft frühzeitig, aber auf „elegante Weise" (JACKSON 1992, S. 47). Der ältere Sommertyp hat weiche blaugraue oder aber perlweiße Haare. (Vgl. JACKSON 1992, S. 47)

5.3.3.3 Die Augenfarbe

Die Farbe der Augen beim Sommertyp sind „blau, grün, aquamarin, grau oder von einem sanften Haselnußbraun" (JACKSON 1992, S. 47). Ein „graubrauner Reifen um die Pupille" (JACKSON 1992, S. 47) überwiegt bei den blauen oder grünen Augen. Typisch für den Sommertyp ist die weiße Struktur, das „wolkig verhangene" (JACKSON 1992, S. 47) der Iris sowie das Fehlen klarer, durchscheinender Farben. Grau oder ein sanfter graugefärbter Ring der Iris erzeugen eine gedämpfte Erscheinung. In seltenen Fällen gibt es Sommertypen, die „leuchtende, tiefblaue Augen" (JACKSON 1992, S. 47) haben. Der Kontrast zur Iris durch das Augenweiß des Sommertyps ist nur gering, denn es ist „eher cremig als schneeweiß" (JACKSON 1992, S. 47). (Vgl. JACKSON 1992, S. 47)

5.3.3.4 Typische Kleiderfarben

Der Sommertyp sollte bevorzugt Pastelltöne tragen. Weiche und neutrale Farben sowie Rosa und Blau sind die wichtigsten Anhaltspunkte für den Kleiderkauf. Accessoires sowie Schmuckstücke sollten in Silbertönen gehalten werden. (Vgl. JACKSON 1992, S. 68 und S. 31)

Zu den typgerechten Farben zählen (vgl. JACKSON 1992, S. 31):

- Wollweiß
- Rosabeige
- Kakaobraun
- Rosabraun
- Helles Blaugrau
- Taubenblau
- Rauch-Marineblau
- Graublau
- Puderblau
- Himmelblau
- Vergissmeinnichtblau
- Lapisblau
- Pastellaquamarin
- Pastellgrün
- mittleres Blaugrün
- dunkles Blaugrün
- blasses Zitronengelb
- Puderrosa
- Pastellrosa
- Pink
- Dunkelrosa
- Wassermelone
- Kirschrot
- Weinrot
- Flieder
- Orchidee
- Malve
- Himbeerrot
- gedämpftes Lila
- Pflaumenblau

5.3.4 Der Herbsttyp

5.3.4.1 Der Hautton

Auffällig ist der goldene Hautunterton des Herbsttyps, der in drei Untergruppen eingeteilt wird. Zum einen existiert ein heller Typ, der sich durch einen elfenbein- oder hellpfirsichfarbenen Hautteint auszeichnet. Zum anderen die echten Rothaarigen, die einen hellen bis dunklen Hautton aufweisen und häufig mit Sommersprossen übersät sind. Die dritte Untergruppe ist die beigegoldene Brünette, deren Hautton von einem mittleren Beige bis hin zu einem tief Bronze reichen kann. Herbsttypen können im allgemeinen sehr blass wirken, zumal ihnen im Gegensatz zum ebenfalls warmen Frühlingstyp die rosigen Wangen fehlen. Das Bräunen in der Sonne fällt ihnen schwer und meist sind Rötungen das Ergebnis eines Sonnenbads. Gemeinsam ist den warmen Frühlings- und Herbsttypen der goldene Unterton der Sommersprossen und der Muttermale, die niemals einen aschfarbenen Unterton aufweisen. Wenn die Herbsttypen über einen rötlichen Teint verfügen, so hat er keinesfalls eine blaue Färbung, wie die kalten Jahreszeiten Sommer und Winter. Die Lippen des Herbsttypen sind in einem warmen, kräftigen Rot gehalten. (Vgl. JACKSON 1992, S. 51)

5.3.4.2 Die Haarfarbe

Die Haarfarbe der Herbsttypen verfügt über starke Farben und grenzt sich dadurch zu den Frühlingstypen ab. Die Herbsttypen verfügen über typische rötliche oder goldfarbene Schattierungen der Haare. Das Haar ist kastanienbraun oder kupferrot, aber auch rotblond oder karottenfarben sowie dunkelgoldblond oder von einem warmen Braun geprägt. In der Kindheit haben die Personen hellere Haarfarben, die im Alter nachdunkeln. In seltenen Fällen ist der Herbsttyp aschblond, eine Verwechslung mit dem Sommertyp liegt hier sehr nahe. Aber auch pechschwarze Haare können bei ihm vorhanden sein. Das Ergrauen der Haare bei rothaarigen Menschen geschieht mittels eines gelben Tons, der nicht mit der Haut harmoniert. Beim Färben sollte auf warme, rötlich-goldene Reflexe Wert gelegt werden, damit die Farbe mit der Haut übereinstimmt. (Vgl. JACKSON 1992, S. 51)

5.3.4.3 Die Augenfarbe

Eine der häufigsten Augenfarben der Herbsttypen ist das Goldbraun. Es kann das ganze Spektrum von Dunkelbraun bis Topasfarben ausfüllen. Ebenso sind grüne Augen vertreten, mit orangenen oder goldfarbenen Strahlen, die von der Pupille zum äußeren Rand der Iris reichen. Goldene, braune oder schwarze Flecken auf der Iris sind prägnant für den Herbsttypen. Bei den dunklen Vertretern der Herbstpalette sind die haselnussbraunen Augen mit Goldbraun, Grün und Gold durchzogen, doch können sie auch türkisfarbene oder stahlblaue Augen haben, die wiederum einen petrolblauen Ring um die Pupillen herum aufweisen. (Vgl. JACKSON 1992, S. 51f.)

5.3.4.4 Typische Kleiderfarben

Der Herbsttyp sollte beim Einkauf auf warmfarbene Kleidung achten und Accessoires sowie Schmuckstücke in Goldtönen halten (vgl. JACKSON 1992, S. 69 und S. 33).

Zu den typgerechten Farben zählen (vgl. JACKSON 1992, S. 33):

• Cremeweiß	• Kürbisgelb	• Khaki
• Sand	• Terrakotta	• Olivgrün
• Kaffeebraun	• Rost	• Jadegrün
• dunkles Schokoladenbraun	• kräftiges Abricot	• Flaschengrün
• Mahagoni	• Lachs	• Türkis
• Camel	• Orange	• Petrolblau
• Gold	• Zinnoberrot	• dunkles Lapisblau
• Bronze	• Tomatenrot	• Senf
• Maisgelb	• Limonengrün	• Erbsengrün

5.3.5 Der Wintertyp

5.3.5.1 Der Hautton

Beim Wintertyp ist der „bläuliche oder bläulichrosige Unterton" (JACKSON 1992, S. 43) nicht immer leicht zu erkennen. Doch sind „kühler, bläulicher Un-

terton und die Ebenmäßigkeit der Hautfarbe" (WATERMANN/ ZINGEL 1994, S. 27) charakteristisch. Innerhalb des Wintertyps gibt es eine Aufteilung in den Typ `Schneewittchen´ und den Typ `Südländerin´. Entsprechend der Märchenfigur der Gebrüder Grimm ist der Teint des Schneewittchen-Typs edel und mit Porzellan vergleichbar. Die Haut ist sehr hell und wirkt dadurch transparent und klar. In seltenen Fällen wird sie „von einem kühlen, rosigen Hauch auf den Wangen belebt" (WATERMANN/ ZINGEL 1994, S. 27). Durch Sonneneinfluss bekommt die Haut einen „zarten, olivigen Braunton" (WATERMANN/ ZINGEL 1994, S. 27).
Die Haut des südländischen Typs hat einen kühlen, leicht olivenfarbenen Ton, der eine Verwechslung mit anderen Jahreszeiten leicht ermöglicht, wobei die falsche Zuordnung zum dunklen Herbsttyp öfters vorkommt. Jedoch sind die Goldtöne, die diesem zugeordnet werden, für den Wintertyp nicht geeignet, denn die darauf basierenden Töne verstärken die gelbliche Wirkung der Haut. Hingegen sind kühle und klare Farben für das Verschwinden des gelblichen Tons heranzuziehen (vgl. JACKSON 1992, S. 43). Eine weitere Unterscheidung des Wintertyps von dem des Herbsttyps ist die „Pigmentierungsfähigkeit der Haut" (WATERMANN/ ZINGEL 1994, S. 27). Der Wintertyp bräunt rasch bei Sonneneinwirkung. Seine Lippen sind „eher bläulich als gelblich" (WATERMANN/ ZINGEL 1994, S. 27).

5.3.5.2 Die Haarfarbe

Wintertypen haben meist dunkle Haare, deren Spektrum „dunkelbraun, schwarzbraun oder Tiefschwarz mit natürlich-bläulichem Glanz" (WATERMANN/ ZINGEL 1994, S. 29) umfasst.
In der Kindheit kann die Haarfarbe des Wintertyps noch „weißblond" (JACKSON 1992, S. 43) sein, die sich später ins Dunkle verfärbt, verbunden mit einem kühlen, bläulichen oder aschfarbigen Unterton. In seltenen Fällen, können auch rote Farbreflexe zu finden sein. Eine Verwechslung mit dem Herbsttyp liegt dann nahe. Im Alter ergrauen die Haare im Vergleich zu anderen Typen schneller und werden häufig graumeliert oder silbergrau. Selten ist dagegen ein naturblonder Wintertyp im Erwachsenenalter (vgl. JACKSON 1992, S. 44), der dann jedoch sehr auffällig in seiner Erscheinung ist. Beim Färben oder Tönen der Haare ist darauf zu achten, dass der kühle, bläuliche Ton erhalten bleibt oder verstärkt wird.

5.3.5.3 Die Augenfarbe

Charakteristisch für die Augen des Wintertyps ist die intensive Färbung, die von schwarzbraun, grün, blau, nussbraun, graublau, graugrün oder dunkelblau bis braun mit rosigem Schimmer reicht. Weiße Flecken auf der Iris bei grünen und blauen Augen oder aber ein grauer Rand sind kennzeichnende Eigenschaften. Nussbraune Augen hingegen sind um die Pupille herum gesprenkelt und können nach außen sogar grünlich oder bläulich sein. Bei grünen Augen kann auch eine gelbe Nuance auftauchen, die sich wie ein Kranz von der Pupille aus bis zum äußeren Rand der Iris abzeichnet. Die intensive Färbung der Iris lässt das Augenweiß klar leuchten und wird dadurch verstärkt. Dieser Kontrast ist auch eine abgrenzende Eigenschaft der Augen des Wintertyps von denen des Sommertyps, dessen Unterschied zwischen Augenweiß und Iris nicht so stark ist. (Vgl. JACKSON 1992, S. 44)

5.3.5.4 Typische Kleiderfarben

Klare Farben und eindrucksvolle Kontraste unterstreichen den Wintertyp. Die Kleiderfarben sollten klar, blau und lebendig, eisig und leuchtend sein. Accessoires sowie Schmuckstücke sollten in Silbertönen gehalten werden. (Vgl. JACKSON 1992, S. 66 und S. 29)

Zu den typgerechten Farben zählen (vgl. JACKSON 1992, S. 29):

- Schneeweiß
- Hellgrau
- Mittelgrau
- Anthrazit
- Schwarz
- Graubeige
- Marineblau
- kräftiges Blau
- Eisgrün
- Eisgelb
- Eisaquamarin
- Eisviolett
- Eisrosa
- Eisblau
- Königsblau
- kräftiges Türkisblau
- Lagunenblau
- Zitronengelb
- Turmalingrün
- Intensivgrün
- Smaragdgrün
- Tannengrün
- Shocking Pink
- helles Zyklam
- dunkles Zyklam
- Lila
- Dunkelviolett
- leuchtendes Weinrot
- Dunkelrot
- Scharlachrot

5.3.6 Erweiterte Farbsysteme

Aus der Klassifikation der vier Jahreszeiten entwickeln sich weitere Konzepte, die ein vielfältigeres Einteilungsschema ausgearbeitet haben.
Bei anfänglicher Betrachtung scheinen die Konzepte sehr verschieden. Zum einen finden die Autorinnen unterschiedliche Benennungen für ihre ausdifferenzierten Farbtypen, zum anderen decken sich die unterschiedlichen Erklärungsansätze, die zu neun bzw. zwölf neuen Farbtypen führen, nicht. Die beiden verschiedenen Ansätze werden in diesem Kapitel beschrieben.

5.3.6.1 Fließfarben

Doris POOSER überarbeitete als erste das Schema der Vierjahreszeiten-Typologie (vgl. POOSER 1990). Sie baut auf den Erkenntnissen von JACKSON (vgl. JACKSON 1992) auf und erweitert diese, indem sie innerhalb jeder Jahreszeit Abstufungen vornimmt.
POOSER begründet und rechtfertigt die einfache Jahreszeitenpalette von JACKSON, da es zuerst nötig war, eine Basis für die Farbberatung zu schaffen,

um auf eine logische und leichtverständliche Farbanalyse zurück zu greifen, und damit eine breite Leserschaft zu erreichen. Diese Farbanalyse dient nun als Grundlage, jedoch bietet die erweiterte Palette eine feinere Abstufung des Farbtyps. (Vgl. POOSER 1990, S. 163)

Die Notwendigkeit der Differenzierung wird POOSER bewusst, als bei Beratungen zwei Farbberaterinnen unterschiedliche Ergebnisse bei ihr erzielen. Eine analysiert sie als Frühlingstyp, wobei POOSER mit den Farben, die zur Verfügung stehen, nicht immer zufrieden ist, die andere Typberaterin wiederum ordnet sie dem Herbsttyp zu. POOSER will jedoch nicht auf ausgewählte Frühlingsfarben verzichten, da sie sich darin sehr wohl fühlt und sucht für diese Zusammenstellung eine logische Erklärung. Sie kann mit Hilfe der vorgegebenen Richtlinien für die Haut-, Haar- und Augenfarbe feststellen, dass die Farbe ihrer Haut sowohl bei der Frühlings- als auch der Herbstpalette wiederzufinden ist. Ihr persönliches Kolorit hat demnach Anteile zweier Jahreszeiten. Diese Tatsache, dass Menschen Vertreter einer Jahreszeit sind, daneben aber noch zu einer weiteren tendieren können, sollte auch auf andere Personen zutreffen.
Es beginnt eine intensive Auseinandersetzung mit den einzelnen Farbgebungen der jeweiligen Jahreszeit, mit dem Ergebnis, dass sich jede Farbe im Grundton, in der Intensität und in der Klarheit unterscheidet (vgl. POOSER 1990, S. 191).

Der *Grundton* (Unterton) der Farbe, der Blau oder Gelb bzw. Gold sein kann, entscheidet darüber, ob sie kalt oder warm wirkt[10]. Ist der Grundton Blau, wirken die Farben kalt, warm hingegen sind sie, wenn dieser Gelb bzw. golden ist.

Die Intensität einer Farbe wird durch die darin enthaltenen weißen und schwarzen Anteile bestimmt, wobei verschiedene Abstufungen des Grautons für mehr Helligkeit bzw. Dunkelheit sorgen. „Wenn Sie Weiß zu Rot geben, erhalten Sie Rosa, und wenn Sie Schwarz hinzufügen, entsteht Kastanienbraun. Beide, Rosa und Kastanienbraun, sind Rottöne von unterschiedlicher Intensität." (POOSER 1990, S. 165)

Das Merkmal der *Klarheit* der Farben differenziert wie leuchtend oder gedämpft diese sind. Die Farben erscheinen gedämpfter und weicher, wenn Grau beigemengt wird, womit verschiedene Abstufungen erreicht werden. Doch auch die reinen Farben weisen unterschiedliche Leuchtkraft auf, die beispielsweise bei Rot stärker ist als bei Blaugrün (vgl. POOSER 1990, S. 166).

[10] Kalt-Warm-Kontrast (vgl. ITTEN 1975, S. 45ff.)

Die Merkmale der Farben, also entweder der Unterton, die Intensität oder die Klarheit, sind ein zusätzliches Kriterium der differenzierten Zuordnung. „Jetzt hatte also jeder nicht nur eine Jahreszeit, sondern auch eine erweiterte Jahreszeit" (POOSER 1990, S. 192). Es gilt, das ausgeprägte, charakteristische Merkmal zu finden, das Auskunft über die zusätzlich verwendbaren Farben gibt. Diese sind in sechs `Fließfarbenkarten´ zusammengestellt (vgl. POOSER 1990, S. 140ff.).

Ist der blaue *Unterton* das auffälligste Merkmal bei der Erscheinung, so kommen die kühlen Fließfarben für die Person in Betracht. Diese Palette reicht von den dunkelsten und lebhaftesten Farben des Winters zu den weichsten und gedämpftesten Farben des Sommers (vgl. POOSER 1990, S. 149). Ist der gelbe Unterton das kennzeichnende Merkmal, bekommen die warmen Farben Bedeutung. Die Fließfarbenkarte der warmen Frühlings- und Herbstfarben erstreckt sich von den dunkelsten und gedämpftesten des Herbstes bis zu den hellsten und klarsten Tönen des Frühlings (vgl. POOSER 1990, S. 142).

Ist die *Intensität* der Farbgebung das prägnante an der Person, kann zwischen Hell und Dunkel differenziert werden. Die dunklen Farben der Fließfarbenkarte umfassen die Töne des Herbsts und des Winters, die vom dunkelsten Blau bis zum gedämpftesten Goldton gehen (vgl. POOSER 1990, S. 144). Die hellen Farben der Karte, die Töne des Frühlings und des Sommers, reichen vom stärksten Blau bis zum kräftigsten Gold (vgl. POOSER 1990, S. 146).

Wird die *Klarheit* als charakteristisches Merkmal der persönlichen Farbgebung festgestellt, so kann diese einmal in die gedämpfte und ein andermal in die leuchtende Richtung gehen. Die gedämpften Farben des Sommers und des Herbstes reichen vom dunkelsten Blau bis zum tiefsten Gold (vgl. POOSER 1990, S. 148). Die Palette zeigt die leuchtesten Farben des Winters und Frühlings, vom dunkelsten Blau bis hin zu den hellsten, goldenen Farben (vgl. POOSER 1990, S. 150).

Ein Beispiel soll die Zuordnung nach POOSER verdeutlichen: Sieht ein Wintertyp in seinem Kolorit die Klarheit seiner Farben im Vordergrund stehen und ist diese leuchtend, so bedient er sich bei den leuchtenden Farben des Winters und kann auch die leuchtenden Fließfarben des Frühlings mitverwenden, um ein ausgewogenes Erscheinungsbild zu erzielen.
Folgende Tabelle (Tab. 3) wird die oben aufgeführten Inhalte stichwortartig darstellen:

Tabelle 3: Fließfarben (vgl. POOSER 1992, S. 140ff.)

Jahreszeit	tendiert zu	Fließfarben
Frühling →	Sommer	helle Fließfarben
Frühling →	Herbst	warme Fließfarben
Frühling →	Winter	leuchtende Fließfarben
Sommer →	Frühling	helle Fließfarben
Sommer →	Herbst	gedämpfte Fließfarben
Sommer →	Winter	kühle Fließfarben
Herbst →	Frühling	warme Fließfarben
Herbst →	Sommer	gedämpfte Fließfarben
Herbst →	Winter	dunkle Fließfarben
Winter →	Frühling	leuchtende Fließfarben
Winter →	Sommer	kühle Fließfarben
Winter →	Herbst	dunkle Fließfarben

5.3.6.2 Die Helligkeit

Ein weiteres Konzept stellt Beatrix Isabel LIED vor. Für sie gehört die starre Zuordnung in die vier Jahreszeitentypologie inzwischen der Vergangenheit an: „Bei der Überlegung, dass wir Milliarden Menschen auf der Welt sind und jeder einmalig ist, liegt auf der Hand, nicht alle Menschen in vier Farbtypen aufteilen zu können." (LIED o. J.)
Sie schafft eine neue Einteilung und erweitert die Abstufung auf neun Typen.

Für ihre Differenzierung sind die verschiedenen Ausprägungen der Hautpigmentierung ausschlaggebend. Die Unterscheidung nach heller, mittlerer und dunkler Pigmentierung bildet das erste Kriterium ihrer Einteilung. Weiter wird zwischen warmen und kalten Typen sowie Mischtypen mit warmen als auch kalten Farbanteilen unterschieden. Diese beiden Unterscheidungsmethoden schaffen letztlich neun Farbtypen.

5.4 Der Körper

Die Auseinandersetzung mit den Formen und Maßen des Körpers ist der zweite Schritt einer Typberatung. Die Merkmale und die Proportionen der Körperteile sind wichtige Kriterien bei der Auswahl der Kleidung. Erkenntnisse der Körpervermessung werden dafür genutzt, dass der Schnitt sowie die Auswahl von Passform und Stil einen harmonischen Eindruck für Betrachter und Träger schaffen.

Beim Betrachten der Kleidung fixiert das menschliche Auge die Saumlinien der Textilien. Durch eine Veränderung dieser Linienführung lassen sich optische Korrekturen an `fehlerhaften´ Proportionen vornehmen. Eine objektive Untersuchung der Körpermaße ist Voraussetzung für Veränderungsvorschläge seitens der Typberaterinnen. Ein Metermaß gibt sachlich und realistisch die Werte wieder, jedoch spielt Körpergewicht bei der Einteilung in die verschiedenen Körperformen kaum eine Rolle. (Vgl. JACKSON 1986, S. 91)

Die Beratungskonzepte unterscheiden sich in der Anzahl ihrer differierenden Körperformen. Zudem treten aufgrund biologischer Gegebenheiten geschlechtsspezifische Unterschiede auf. Eine Trennung der Betrachtung in zwei Abschnitte - Körpervermessung bei Frauen (5.4.1) und Körpervermessung bei Männern (5.4.2) soll dieser Aufteilung gerecht werden.

5.4.1 Körpervermessung bei Frauen

5.4.1.1 Körperformen der Frauen

Die Körperformen werden durch die Vermessung mit Hilfe eines metrischen Systems festgestellt, wobei von der Breite der Schultern, Oberarme, Hüfte und Oberschenkel Maß genommenen wird.
Die Körpervermessung führt, je nach Autorin, zu unterschiedlichen Bezeichnungen der einzelnen Formen. Ebenso differiert die Anzahl der Körperformen je nach Autorin. So arbeitet FAUST mit vier (vgl. FAUST 1999, S. 42ff.), POOSER mit sechs (vgl. POOSER 1990, S. 32ff.) und SPILLANE mit sieben verschiedenen Körperformen (vgl. SPILLANE 1994, S. 100ff.).

Die verschiedenen Bezeichnungen und Formen werden nach Autoren gegliedert angeführt:

FAUST hat mit der Einteilung der Körperformen in vier Grundmodelle die einfachste Klassifikation gewählt (vgl. FAUST 1999, S. 42ff.). Diese Einteilung des Körpers orientiert sich am Gesamterscheinungsbild, das durch die Ausprägung von Schultern, Taille, Hüfte und Oberschenkeln bestimmt wird. Diese vier Grundmodelle zeigt die untenstehende Abbildung (Abb. 1).

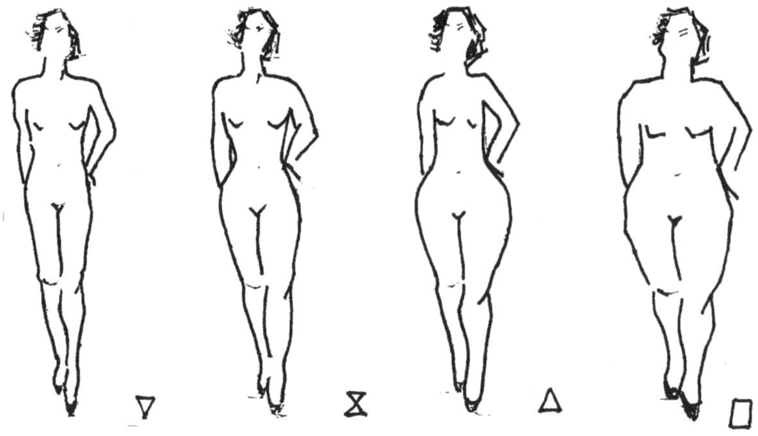

Abbildung 1: Körperformen (vgl. FAUST 1999, S. 42f.)

a) Typ ∇

Der ∇ Typ zeichnet sich durch sichtbar breite Schultern im Vergleich zur schmaleren Hüfte aus. Hängende Schultern oder breitere Oberarme machen Polster, trotz vorhandener kräftiger Schulterbetonung, notwendig. Die Gesamterscheinung des Figurtyps ist - auch bei unterschiedlichen Kleidergrößen - gekennzeichnet durch breite Schultern, relativ wenig Taille, schmale Hüften und schlanke Beine. Kleidungsstücke, die gerade geschnitten oder nach unten schmaler werden, kaschieren die Taille und betonen die Vorzüge. Der gerade Schnitt von Jacken empfiehlt sich ebenfalls bei sehr hohem Taillensitz. Die Kombination von breitem und kurzem Oberkörper erfordert eine optische Verlängerung nach unten. Diese Täuschung wird durch streckende Linien möglich wie zum Beispiel durch lange Schalkragen oder Steppnähte. Accessoires wie schmale Schals erhöhen diesen Effekt zusätzlich. Ein schmaler Schnitt für Hosen und Röcke ist ideal für den Typ ∇. (Vgl. FAUST 1999, S. 44)

b) Typ X

Bei Typ X ist der Oberkörper geringfügig breiter als die Hüfte. Eine ausgeprägte Taille ist charakteristisch für diesen Figurtypus, der zierlich bis vollschlank sein kann. Eine Jacke mit geradem Schnitt würde die ausgebildete Taille nicht zur Geltung bringen. Vorteilhaft sind dagegen taille-betonte oder kurze Jacken mit zusätzlicher Akzentuierung durch einen Gürtel. Endet der Jackensaum im Oberschenkelbereich, so wird die breiteste Stelle des Körpers noch zusätzlich betont, da die Schnittlinie die Betrachtung auf die Unterbrechung lenkt. Die Wahl des gleichen Stoffes und der gleichen Farbe, zum Beispiel mit einem Kostüm oder Hosenanzug, kann diesem Phänomen entgegenwirken und die Figur ausgewogener erscheinen lassen. (Vgl. FAUST 1999, S. 42)

c) Typ Δ

Die Δ Körperform verfügt über eine markante Ausbildung der Hüfte im Vergleich zu den Schultern. Bekräftigt wird diese Erscheinung häufig noch durch eine schmale Taille. Die Schultern dieses Figurtyps müssen betont werden, um ein ausgewogenes Körperbild zu erzielen. Taillierte Blazer und Jacken legen den Schwerpunkt auf die Schultern und erzielen ein Gleichgewicht der Figur im Gegensatz zu gerade-geschnittenen, weiten Jacken, die die Figur verhüllen. Die Betonung der Taille ist beim Typ Δ eine diffizile Angelegenheit. Die Figur erscheint zu kompakt, wenn die Betonung der Taille durch die Kleidung fehlt. Bei einer Überbetonung der Taille erscheinen die Hüften durch die schmale Taillenführung noch breiter. Breite Hüften und Oberschenkel können durch fließende Stoffe mit leichtem Fall kaschiert werden. Dezente Musterungen und streckende Linien für den Unterkörper wirken harmonisch auf die gesamte Erscheinung. (Vgl. FAUST 1999, S. 44)

d) Typ

Frauen mit molliger Figur, deren Maße von Schulter, Hüfte und Taille wenig Differenz aufweisen und dazu noch stabil wirken, gehören zum Typ . Weiche, fließende Stoffe, die den Körper sanft umspielen und keine unvorteilhafte Körperformen nach außen abzeichnen können, sind für diesen Figurtyp passend und vorteilhaft. Eine Ausdehnung der Körpergröße in die Längsrichtung kaschiert diese Form zusätzlich. Dazu sind streckende Linien, wie fallende Schals, langgeschnittene Revers und durchgezogene Knopfleisten zu wählen, um die Figur optisch zu verlängern. (Vgl. FAUST 1999, S. 44)

POOSER beschreibt die Körper der Frauen mit Hilfe von sechs Typen (vgl. POOSER 1990, S. 32ff.). Sie versucht durch geometrische Figuren - wie Quadrate, Dreiecke, Rechtecke, Ellipsen, Ovale oder Kreise - die Körpersilhouette nachzuempfinden und zu kategorisieren, wobei das Körpergewicht kaum eine Rolle spielt. Bei der Betrachtung der Figur bezieht POOSER den Kopf in die Körperform mit ein. Er wird ebenfalls mit geometrischen Formen - Raute, Rechteck, Ellipse oder Kreis - beschrieben. Durch Schattenwurf auf die Wand oder durch die Betrachtung im Spiegel wird der Körpertyp ermittelt.

Die drei Grundkörpertypen: geradlinig, rundlich und abgerundet werden in einem weiteren Schritt nochmals unterschieden und so erhält man letztendlich sechs Typen für die Körperanalyse. Im nächsten Abschnitt wird auf diese Abstufung genauer eingegangen:

a) Geradlinige Körpertypen

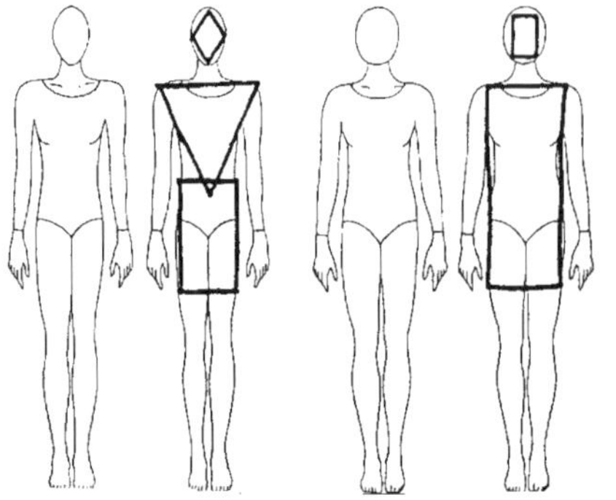

Abbildung 2: Geradlinige Körper (POOSER 1990, S. 40)

Die Körper der geradlinigen Typen (Abb. 2) sind meist großgewachsene und schlanke Gestalten. Die Hüfte ist flach und schmal und nicht sonderlich ausgeprägt, die Brüste sind klein und geben dem Körper nur geringe Kurven. Die breiten Schultern sind häufig kantig und unterstreichen die eckige Figur. Die Gesichtszüge dieses Typs sind eckig. „Eine lange, schmale Nase, hohe Wangenknochen, ein quadratisches oder spitz zulaufendes Kinn und rautenförmige oder rechteckige Gesichtszüge geben oft den Eindruck von geraden Linien" (POOSER 1990, S. 34). Bei diesem Körpertyp wird zwischen \`betont geraden´ und \`geraden´ Formen unterschieden. Ziehen rautenförmige oder dreieckige Formen eine scharfe Linie, so gehört der Körper in die Kategorie \`betont gerade´. Quadratische und rechteckige Linien ordnen die Gestalt dem \`geraden´ Körper zu. (Vgl. POOSER 1990, S. 34)

b) Abgerundete Körpertypen

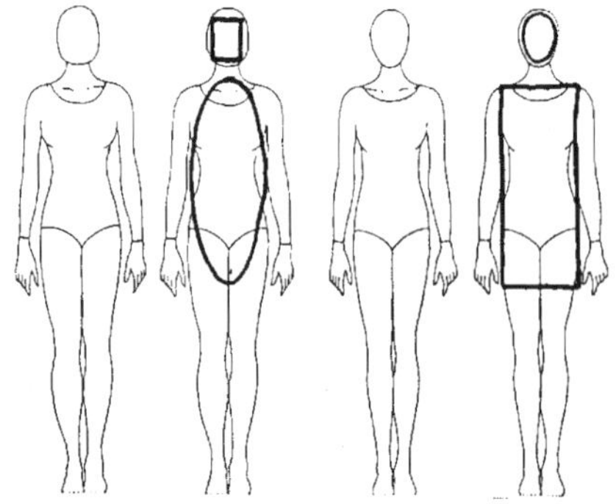

Abbildung 3: Abgerundete Körper (POOSER 1990, S. 40f.)

Die abgerundeten Körpertypen (Abb. 3) nehmen eine Zwischenstellung zwischen den geradlinigen und kurvigen Körperformen ein. Die abgerundeten Körpersilhouetten zeichnen sich durch gerade und gekrümmte Linien aus.

Tendieren bei der abgerundeten Figur die geraden Linien, so besitzt dieser abgerundete Typ zusätzlich rundliche Gesichtszüge. Ist die Tendenz des Körpers eher rundlich, so bildet die Körperform eine langgezogene Ellipse. Im Kontrast dazu stehen geradlinige Gesichtszüge. Frauen dieser Kategorie haben oft Probleme mit der Zuordnung ihres Körpertyps. (Vgl. POOSER 1990, S. 36)

c) Rundliche Körpertypen

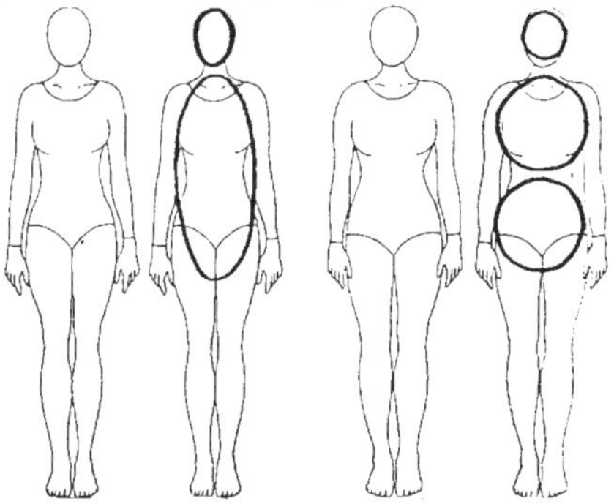

Abbildung 4: Rundliche Körpertypen (POOSER 1990, S. 41)

Die Körperformen des rundlichen Typs (Abb. 4) sind gekrümmt, haben weiche, fließende Linien oder aber sichtbare Rundungen aufzuweisen. „Die Figur ist rundlich, mit geschwungenen Hüften, betonter Taille und vollem Busen.“ (POSSER 1990, S. 34)

Das Ausmaß der Krümmung entscheidet darüber, ob der Körper eher eine Ellipse darstellt und somit in die Gruppe der leicht kurvigen eingeteilt wird, oder ob die Rundungen als kreisförmig beschrieben werden können und so eine Zuordnung zu den kurvigen Typen erfolgt. Die Gesichtsform ist rund oder oval, aber auch herz- oder birnenförmig. Kreisförmige Augen, volle Lippen und rundliche Wangen unterstützen die kurvige Erscheinung der rundlichen Körpertypen. (Vgl. POOSER 1990, S. 34)

SPILLANE beschreibt die Körperformen, die durch den Knochenbau, der Verteilung der Muskeln und des Fettgewebes um die Knochen bedingt werden, anhand von sieben Figuren (vgl. SPILLANE 1992, S. 100ff.). Sie bietet somit das am breitgefächerteste Angebot in der Analyse an. Die zusätzliche Betrachtung der Seitenansicht bewirkt eine dreidimensionale Ergänzung der Analyse. Auch bei dieser Einteilung spielt das Gewicht eine untergeordnete Rolle.

a) Das umgekehrte Dreieck

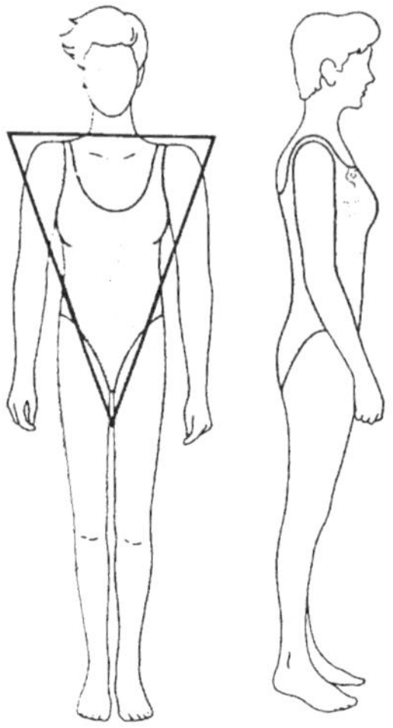

Abbildung 5: Das umgekehrte Dreieck (SPILLANE 1992, S. 102)

Der breite Schulterbereich im Kontrast zu den schmalen Hüften ist kennzeichnend für die umgekehrte Dreiecksform (Abb. 5). Der breite Bereich kann durch sportliche Aktivitäten hervorgerufen werden oder Veranlagung bedingt die eckige, athletische Figur. Aber auch eine kräftige Oberweite ist für die Form verantwortlich.

Eine Hervorhebung des Schulterbereichs ist ungünstig, da die Größe bereits wirkt. Auf Polster oder Epauletten sollte daher verzichtet werden. Auch die Betonung der großen Oberweite durch Accessoires ist unvorteilhaft. Um die Erscheinung harmonischer zu gestalten, sollte die Struktur der Stoffe für die Oberteile fest und engwebig sein, um so ein Gleichgewicht zur unteren Körperhälfte zu schaffen. (Vgl. SPILLANE 1992, S. 107)

b) Die gerade Körperform

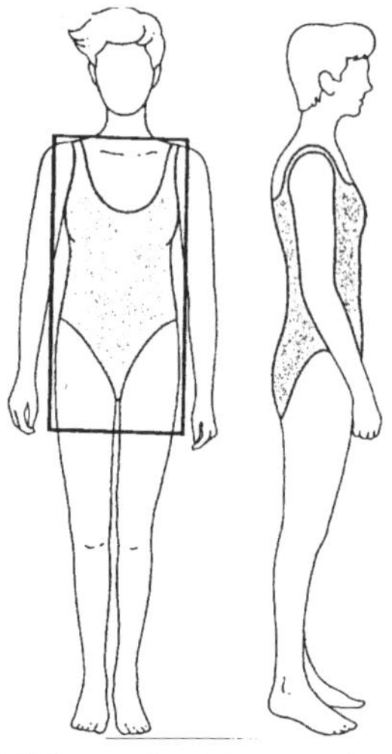

Abbildung 6: Die gerade Körperform (SPILLANE 1992, S. 102)

Die Breite der Hüfte und Schulter sind bei diesem Körpertyp (Abb. 6) etwa gleich groß. Die Taille ist nur geringfügig ausgeprägt und weist höchstens 15 cm weniger im Umfang als die Hüftweite auf. Die Hüfte selbst ist flach und hat keine Kurven. Kennzeichnend für diese Körperform ist das flache Gesäß. Gerade Abnäher und flache Falten bei Röcken und Hosen können die Unausgewogenheiten kaschieren. Enggewebte Stoffe für Jacken und Blazer, die nur leicht tailliert sind, haben ebenfalls eine positive Wirkung auf die Erscheinung. Die gerade Körperform ist nicht nur bei schlanken, sondern auch bei kräftig gebauten Frauen möglich. (Vgl. SPILLANE 1992, S. 109)

c) Die abgerundete und gerade Körperform

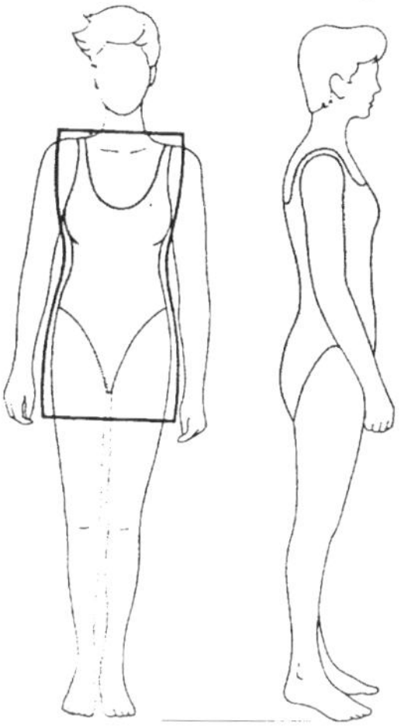

Abbildung 7: Die abgerundete und gerade Körperform (SPILLANE 1992, S. 102)

Der abgerundete und gerade Körpertyp (Abb. 7) ist durch eine sichtbare Taille - das Taillenmaß sollte um mindestens 18 cm den Hüftumfang unterschreiten - gekennzeichnet, aber ansonsten der geraden Körperform sehr ähnlich. Somit gelten auch hier die Vorschläge hinsichtlich der Kleiderwahl, die auch für den geraden Typ empfohlen werden.
Mit zunehmendem Unterschied zwischen Hüft- und Taillengröße werden Gürtel und Röcke bzw. Hosen mit leichtem Fall wichtiger. Die Hervorhebung der Taille ist für diese Körperform besonders vorteilhaft. (Vgl. SPILLANE 1992, S. 111)

d) Die eckige Birnenform

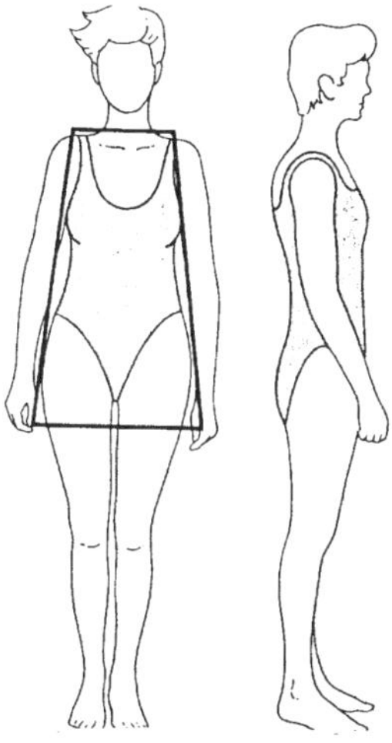

Abbildung 8: Die eckige Birnenform
(SPILLANE 1992, S. 102)

Generell sind schmale Schultern und eine breitere Hüfte bezeichnend für die eckige Birnenform (Abb. 8), bei der es auch eckige und kurvige Abwandlungen gibt. Die eckige Birnenform weist schmale Schultern auf, die jedoch nicht abfallend, sondern gerade wirken. Ebenso typisch sind flacher Bauch und Po. Polster zum Ausgleich schmaler Schultern sowie Puffärmel, Epauletten, Tücher und Schals, die über die Schultern hängen, wirken optisch ausgleichend für die Birnenform des Körpers. Hohe, spitze Revers an Jacken haben den selben Effekt. Beim Kauf von Hosen und Röcken sollte nicht der Fehler begangen werden, die Textilien der Taillengröße entsprechend zu kaufen und dabei die Hüftweite außer Acht zu lassen. Unvorteilhaft wirken diese Kleidungsstücke, wenn sie über dem Körper spannen. (Vgl. SPILLANE 1992, S. 113)

e) Die kurvige Birnenform

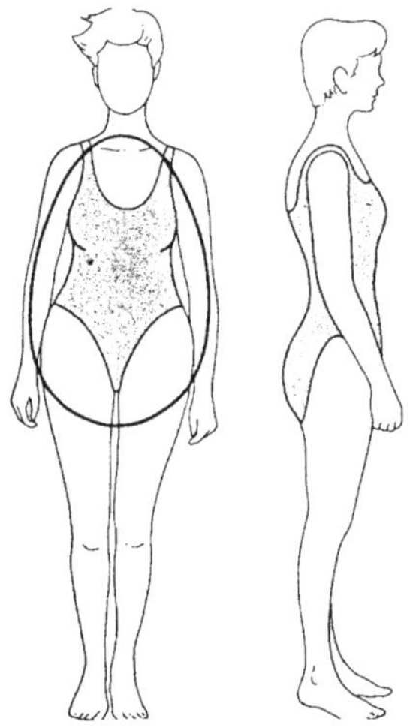

In der Frontalansicht unterscheidet sich die kurvige Birnenform (Abb. 9) kaum von der eckigen. Lediglich die Schultern sind kurvig und abfallend. Bei der Seitenansicht werden die kurvigen Umrisse deutlicher. Der Po ist rundlicher und Falten in der Kleidung lassen die Hüfte noch mächtiger erscheinen. Daher sollte ein weicher Faltenwurf in diesem Bereich und gekrümmte Schulterpolster, die eine Harmonie der Körperform optisch wieder herstellen, gewählt werden. Große, breite Halsausschnitte vergrößern ebenfalls den Schulterbereich und sollten großzügig geschnitten sein, um den Oberkörper zusätzlich zu betonen. (Vgl. SPILLANE 1992, S. 115)

Abbildung 9: Die kurvige Birnenform (SPILLANE 1992, S. 103)

f) Die Sanduhr-Form

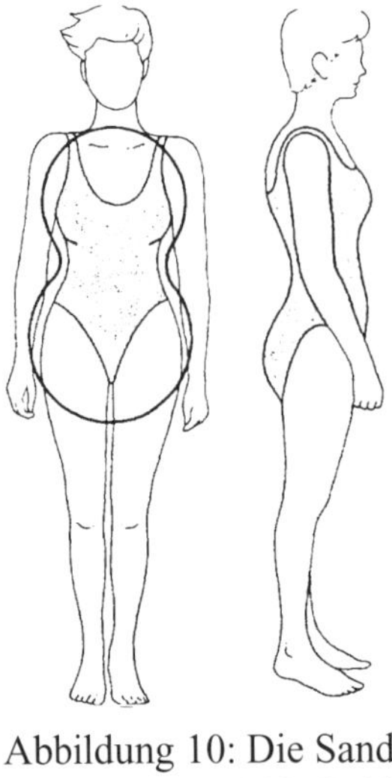

Typisch für die Sanduhr-Form (Abb. 10) sind die Kurven der Körpersilhouette. „Die Schulterlinie ist weich, die Taille deutlich umrissen, die Hüften rundlich, Po und Busen betont (nicht unbedingt groß) und kurvig." (SPILLANE 1992, S. 117)

Eine Betonung der Taille ist bei dieser Figur besonders wichtig, um nicht noch fülliger zu wirken. Das Taillenmaß beträgt mindestens 25 cm weniger als das der Hüfte. Die Kleidung sollte bei diesem Typ weich fallen, lockere Ärmelformen, abgerundete Revers und weiche Falten unterstreichen die sehr weibliche Form. Bei einer ausgeprägten Oberweite wirken locker herunterhängende Oberteile nicht vorteilhaft und sollten gemieden werden. Ebenso sind Streifen und Karos, die keine Kurven im Muster aufweisen, für die Sanduhr-Form nicht zu empfehlen. (Vgl. SPILLANE 1992, S. 117)

Abbildung 10: Die Sanduhr-Form (SPILLANE 1992, S. 103)

g) Die runde Körperform

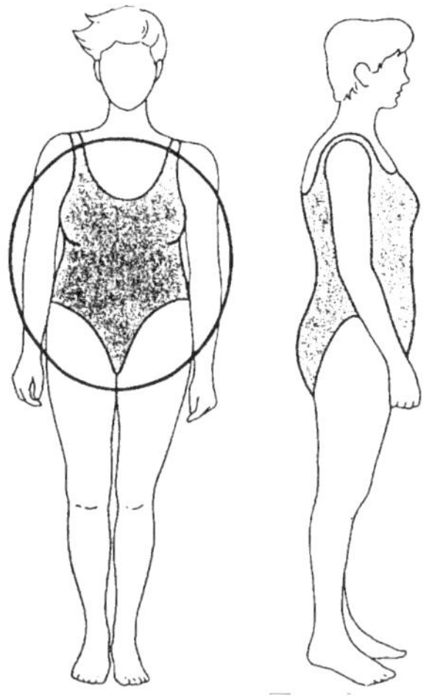

Abbildung 11: Die runde Körperform (SPILLANE 1992, S. 103)

Eine füllige Sanduhr-Form entspricht der runden Körperform (Abb. 11). Um von der Taille abzulenken, sollte eine lockere, unstrukturierte Kleidung gewählt werden, die nicht eng anliegt. Durch Jacken, die eine tiefe Taille haben oder auf Länge geschnitten sind, wird die Betonung der Taille ebenfalls weg genommen. Das Hervorheben der Schulterlinie sollte im Mittelpunkt stehen. „Oberteile, Jacken und Kleider sollten in einer einfachen, unstrukturierten, geraden Linie von den Schultern herabfallen. Hüten Sie sich vor zu starren Falten, Strukturen, Stoffen und Mustern, da diese Sie schwerer erscheinen lassen." (SPILLANE 1992, S. 119)

Schulterpolster lenken, wie Ausschnitte mit weichem Kragen, von der breiteren Körpermitte die Aufmerksamkeit des Gegenübers auf das Gesicht. (Vgl. SPILLANE 1992, S. 119)

5.4.1.2 Proportionen bei Frauen

Die Proportionen des menschlichen Körpers beschreiben die Maßverhältnisse seiner einzelnen Teile untereinander und im Verhältnis zum Ganzen. Die Größenverhältnisse sind durch die Erbanlagen gesteuert und können nicht verändert werden, im Gegensatz zu den Formen, die durch sportliche Aktivitäten gebildet und verändert werden können.

POOSER geht davon aus, dass der Körper für den Betrachter harmonisch und ausgewogen wirkt, wenn der Körper in vier gleich große Teile aufgeteilt werden kann (vgl. POOSER 1990, S. 108).
Der erste Teil reicht vom Kopf bis zu den Achselhöhlen, der zweite von da weiter bis zum Beinansatz (Schritt), der dritte wiederum vom Beinansatz bis zum Knie und der letzte Teil schließlich, geht von den Knien bis zu den Fußsohlen.

Die Vermessung wird durch die Betrachtung im Spiegel oder durch das Anzeichnen der Umrisse auf einem an der Wand befestigten Papier vorgenommen. Dabei sollten die Schultern, die Achselhöhlen, die Taille und der Schritt markiert werden.

Nach der Kennzeichnung der Abstände auf dem Papier beginnt die Vermessung der Proportionen. Ideal ist es, wenn der Beinansatz genau in der Körperhälfte liegt. Die Knie wiederum sollten sich in der Mitte der Beine befinden. Die Taille bildet den Mittelpunkt zwischen Schritt und den Achselhöhlen. Auf ihrer Höhe sollte der Ellenbogen enden, der wiederum die halbe Strecke zwischen den Armen markiert.

Entsprechen die Körperproportionen nicht dem Ideal, so kann durch Kleidung ein Ausgleich geschaffen und der optische Eindruck erweckt werden, harmonischer proportioniert zu sein.

Figur mit kurzer Taille
Sind die Beine zu lang im Verhältnis zum kürzeren Rumpf, so kann ein kurzer Rock, der über der Oberschenkelmitte endet, den Blick auf die sowieso dominierenden Beine zusätzlich verstärken. Deshalb sind lange Röcke mit Schlitz oder scharfen Falten, aber auch Hosenröcke oder Röcke mit Details am Saum vorteilhaft und unterstützen das harmonisch wirkende Aussehen. Niedrige Absätze oder flache Schuhe sollten für die Figur mit zu kurzem Rumpf im Verhältnis zu den langen Beinen ausgewählt werden, um die Beine optisch nicht zu dehnen. Weiterhin sollte beachtet werden, dass die Aufmerksamkeit weg von dem kürzerem Rumpf hin zu den langen Beinen oder zum Gesicht gelenkt wird. Gürtel und sonstige Accessoires im Taillenbereich sollten daher nicht verwendet werden. Lange Jacken, die unterhalb der Hüfte enden, strecken den gesamten Körper und kaschieren die kurze Taille. (Vgl. SPILLANE 1992, S. 122ff.)

Figur mit langer Taille
Bei diesem Figurtyp sind die Beine kürzer als der Rumpf. Hier gilt es, den Oberkörper hervorzuheben und die Taille zu betonen. Dazu können Gürtel um die Taille oder auffällige Knöpfe im Oberkörperbereich gewählt werden. Aber auch kurze Jacken und Blazer kaschieren die vorhandene Disharmonie. Für diesen Proportionstyp ist wichtig, viel Bein zu zeigen. Mit kurzen Röcken können die Beine optisch verlängert werden. Unterstützend dabei können Schuhe mit hohen Absätzen sein, die den Eindruck von langen Beinen vermitteln. (Vgl. SPILLANE 1992, S. 124)

5.4.2 Körpervermessung bei Männern

5.4.2.1 Körperformen bei Männern

JACKSON bietet eine Figur-Checkliste für Männer an und versucht, Größe, Gewicht, Verhältnisse der Schultern zur Hüfte, zur Beinlänge, zur Taille, zum Hals, zu den Armen, zum Rücken und zum Gesäß in ihren speziellen Ausprägungen zu definieren (vgl. JACKSON 1986, S. 91ff.). Auf Grundlage dieser Messungen wird eine Einteilung in die drei Grundfiguren (Abb. 12) erleichtert. Die Grundfiguren unterscheiden sich im Verhältnis Schulterbreite zu Hüftbreite. Die Schultern können breiter, identisch oder schmaler als die Hüfte sein, dadurch entstehen drei Grundtypen:

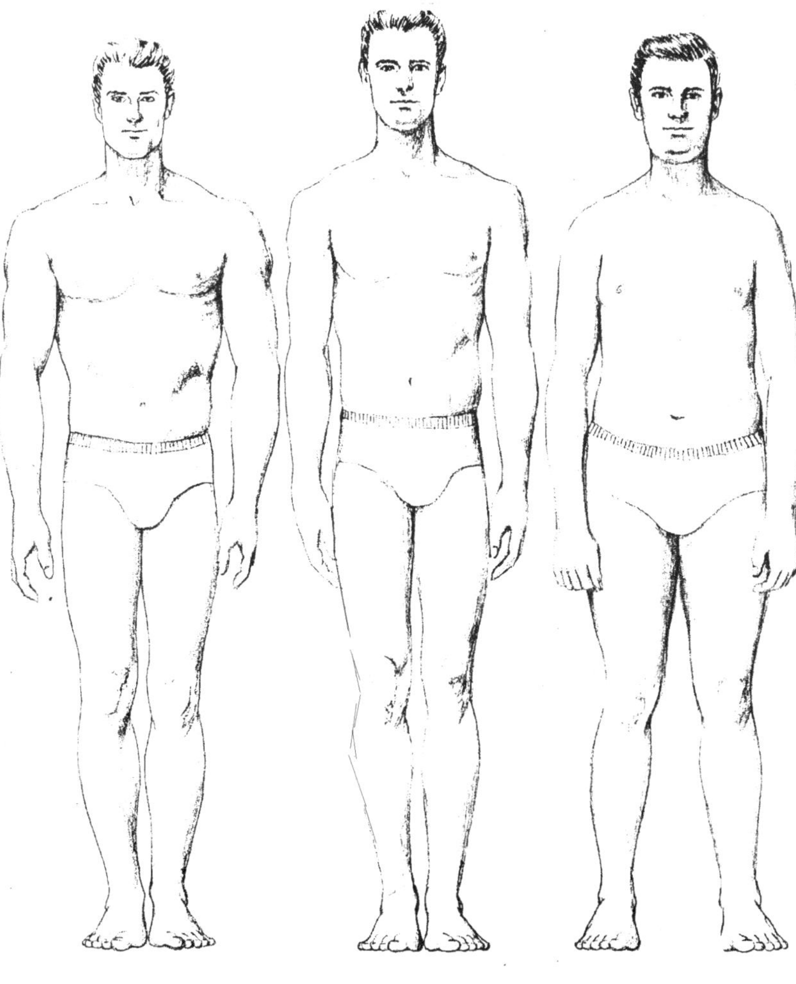

Abbildung 12: Grundfiguren für männliche Körperformen (JACKSON 1986, S. 93)

Die Körperform der Männer wird durch die Schultern beeinflusst. Als Berechnungsgrundlage gilt der Höhenunterschied zwischen der Halswurzel und dem äußeren Ende der Schulter. Können weniger als fünf Zentimeter Differenz festgestellt werden, handelt es sich um eckige, sind mehr als fünf Zentimeter Unterschied zu messen, um stark abfallende Schultern. Fünf Zentimeter Höhenunterschied zwischen Halswurzel und Schulterende sind kennzeichnend für eine durchschnittlich abfallende Schulter. (Vgl. JACKSON 1989, 91ff.)

SPILLANE unterscheidet vier Grundformen des männlichen Körpers, das umgekehrte Dreieck, den geraden Körper, den birnenförmigen Körper und den apfelförmigen Körper (vgl. SPILLANE 1994, S. 60ff.).

a) Das umgekehrte Dreieck

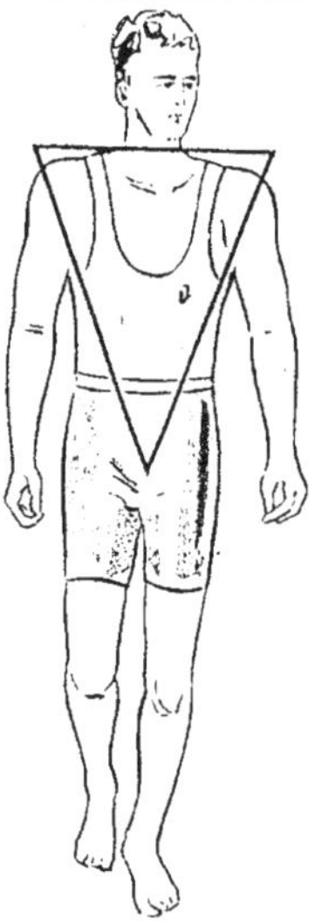

Die Körperform des umgekehrten Dreiecks (Abb. 13) hat im Vergleich zu den schmaleren Hüften breitere Schultern und bildet eine athletische Figur, die muskulös und in ihrer Statur auffallend und dramatisch wirkt. Diese Silhouette sollte auch durch die Kleiderwahl betont werden, wobei darauf zu achten ist, dass die breiten Schultern nicht stärker, zum Beispiel durch die Wahl von Polstern, in den Vordergrund treten. Eng geschnittene Hosen stehen diesem Typ hervorragend und unterstreichen das meist flache Gesäß. Dicht gewebte Stoffe stehen dieser Körperform besser als lockere Formen. (Vgl. SPILLANE 1994, S. 60f.)

Abbildung 13: Das umgekehrte Dreieck (SPILLANE 1994, S. 61)

b) Der gerade Körper

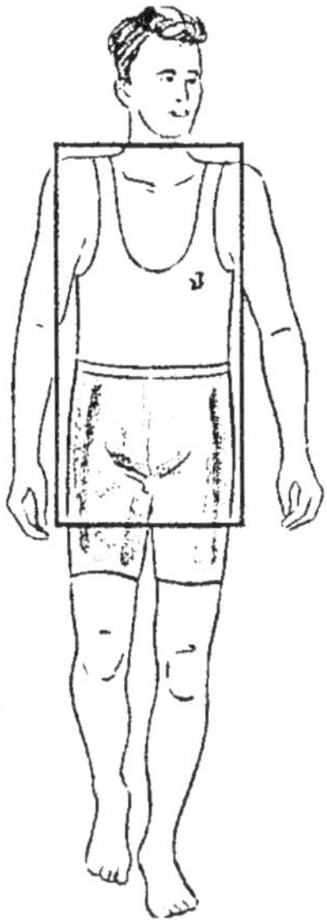

Beim geraden Körper (Abb. 14) bilden die äußeren Enden der Schultern und Hüften eine Linie. Dies erweckt beim Betrachter den Eindruck eines rechteckigen Körpers. Durch gezielte Auswahl von Jacken und Jacketts mit breiten Schultern oder Schulterpolstern kann eine männlichere Gestalt optisch vorgetäuscht werden. (Vgl. SPILLANE 1994, S. 61f.)

Abbildung 14: Der gerade Körper (SPILLANE 1994, S. 61)

c) Der birnenförmige Körper

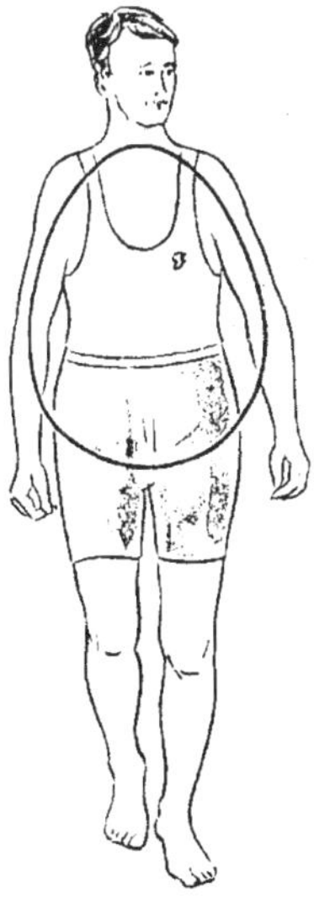

Der Eindruck einer Birnenform (Abb. 15) entsteht durch die fehlenden Muskelpartien im Schulterbereich. Die schmalen Schultern im Vergleich zur breiteren Hüfte unterstreichen diese Form zusätzlich. Harmonischer wird die Erscheinung durch eine Akzentuierung des Schulterbereichs. Zum Beispiel durch Polster oder breite Krawatten, die einen Kontrast zum schmalen Oberkörper bilden. Ein schmale Krawatte würde diesen Effekt nicht erzielen. Spitze Revers haben ebenfalls eine verbreiternde Wirkung auf den Schulterbereich und schaffen so einen Ausgleich zur breiten Hüfte. (Vgl. SPILLANE 1994, S. 62f.)

Abbildung 15: Der birnenförmige Körper (SPILLANE 1994, S. 61)

d) Der apfelförmige Körper

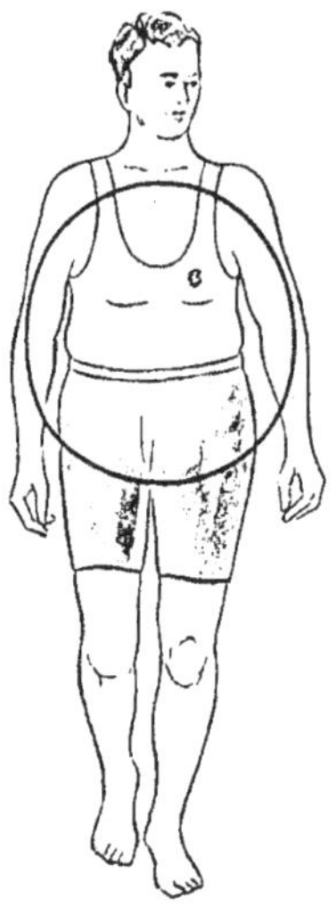

Der apfelförmige Körper (Abb. 16) hat eine runde Silhouette. Dieser Umriss entsteht durch eine relativ breite Brust, einen rundlichen Rücken und abgerundete Schultern. Darüber hinaus ist der Bauchansatz charakteristisch für diese Körperform, die häufig bei stattlichen und übergewichtigen Männern zu finden ist. Einreihige Jacketts wirken ausgleichend auf die Erscheinung. Krawatten mit einem auffälligen Muster sollten gemieden werden, da sie die Aufmerksamkeit zusätzlich auf den Oberkörper lenken. (Vgl. SPILLANE 1994, S. 63f.)

Abbildung 16: Der apfelförmige Körper (SPILLANE 1994, S. 61)

5.4.2.2 Proportionen bei Männern

Die Körperproportionen der Männer erscheinen - wie bei den Frauen - für den Betrachter des westlichen Kulturkreises am harmonischsten, wenn der Körper vier gleich große Abschnitte aufweist. Auch hier sollte der Bereich zwischen Boden und Knien, zwischen Knien und Schritt, zwischen Schritt und Achselhöhlen und schließlich zwischen Achselhöhlen und Kopf jeweils das identische Maß aufweisen.

Nur wenige Männer verfügen über eine ideale Proportion, aber auch hier kann mit Hilfe der Kleiderwahl eine Korrektur vorgenommen werden. (Vgl. SPILLANE 1994, S. 64f.)

Langer Oberkörper, kurze Beine

Ist der Oberkörper im Verhältnis zu den kürzeren Beinen länger, so sind kurze Jacketts vorteilhaft, die knapp unter dem Gesäß enden und somit den oberen Bereich nicht zusätzlich verlängern. Das Auge des Betrachters wird auf die Knöpfe gelenkt, aus diesem Grund sollte ein Blazer gewählt werden, dessen Knopfleiste weit oben an der Taille beginnt. Schwierig sind Hosen, die am Ende des Hosenbeins einen Umschlag haben, da die waagrechte Linie die Beine optisch verkürzt. (Vgl. SPILLANE 1994, S. 64f.)

Lange Beine und Arme, kurzer Oberkörper

Durch die langen Arme und Beine ist die Statur dieses Typs prägnant und muss entsprechend zur Geltung gebracht werden. Ein ausgewogenes Bild schaffen längere Jacketts, die den kurzen Körper optisch strecken. Die langen Arme werden durch doppelte Manschetten kaschiert und wirken dadurch weniger auffallend. Weite Hosen verstecken die zu langen Beine, die durch enganliegende Hosen zusätzlich betont werden. Ein Umschlag an den Hosenenden verkürzt außerdem die langen Beine, und lässt das Gesamtbild harmonischer erscheinen. (Vgl. SPILLANE 1994, S. 64f.)

Innerhalb der Körpervermessung gibt es unterschiedliche Ansätze, die Körperformen einzuteilen. LIED gibt zu bedenken, dass das steigende Längenwachstum - besonders in Europa und Amerika - auch zu einer Veränderung der Idealfigur geführt hat: „Noch vor 20 Jahren galt es als ideal, wenn die Schulterbreite 2 cm mehr als die Hüftbreite betrug und die Beinlänge der Hälfte der Körperlänge entsprach. Heute haben vor allem jüngere Frauen wesentlich längere Beine." (Lied 1993, S. 76)

Das Körperideal ist demnach auch dem Wandel der Zeit unterworfen und nicht unveränderlich.

Der Körper hat innerhalb der Typberatung eine große Bedeutung. Seine Konstitution beeinflusst die Kleiderwahl insofern, als die Typberatung versucht, `körperliche Mängel´ durch entsprechende Kleidung einem gesellschaftlichen Ideal anzupassen.

5.5 Der Stil

Kleidung stellt für Menschen eine Möglichkeit dar, sich auszudrücken, darzustellen, den anderen ein Bild von sich zu geben. Darauf geht die Typberatung ein, und versucht mit Hilfe der Stilanalyse den Kunden die verschieden Kleidungsstile bewusst zu machen und zu unterscheiden. Die Kleidungsstile verfügen über typische Elemente, die in der jeweiligen Ausführung wieder zu finden sind.

Während der Großteil der Typberatungsliteratur auf sechs Stiltypen, die dennoch unterschiedlich bezeichnet werden, zurückgreift, findet LIED ganze 46 Stilrichtungen (vgl. LIED 1993, S. 140ff.). Die sechs gängigen Stiltypen, die die befragten Typberaterinnen im Handlungsfeld ihrer Beratung einsetzen, werden in diesem Kapitel ausführlich vorgestellt.

5.5.1 Der Jahreszeitentyp und seine Stilzuweisung

JACKSON ist der Überzeugung, dass bereits die Einteilung in die verschiedenen Jahreszeiten einen entscheidenden Hinweis auf den Kleidungsstil der Person

gibt (vgl. JACKSON 1992, S. 77ff.): So ist der Wintertyp durch die ausdrucksvolle Farbgebung der Haut, Augen und Haare eine von Natur aus dramatische Erscheinung. Die Palette, die ihm zur Verfügung steht, weist knallige und intensive Farben auf. Musterungen mit starken Kontrasten werden ihm empfohlen.
Der Sommertyp dagegen hat in seiner Palette die pastellfarbigen, gedeckten Töne: Flieder, Altrosa und verwaschenes Blau. Diese Farben spiegeln die innere Ruhe und konservative Art des Sommertypen wider. Die zarten Töne der Palette korrespondieren mit den Charaktereigenschaften des Menschen dieser Farbkategorie, die als feminin und elegant sowie gelassen und anmutig beschrieben werden.
„Sommertypen sind feminine Frauen, die diesen Zug ruhig durch ihr Äußeres unterstreichen dürfen. Fast allen Sommer-Frauen stehen beispielsweise sehr romantische Sachen (Rüschen, Jabots, Mozart-Look), auch wenn viele von sich selber sagen, dass sie nicht den geringsten Hang zu romantischen Mode haben." (JACKSON 1992, S. 78f.)

Warm und freundlich sind die Farben des Herbsttyps. Ihm wird ein natürliches und ungezwungenes Wesen unterstellt, das überdies sportlich und lässig ist.
Lisa SCHNEIDER bestätigt den Zusammenhang von Farbtyp und Charaktereigenschaft ebenfalls. Sie verbindet mit dynamischen, erdverbundenen Herbsttypen, die „allen Widrigkeiten des alltäglichen Lebens mit ganzer Kraft und in voller Energie die Stirn bieten" (SCHNEIDER 1994, S. 114), viel Selbstvertrauen und Entschlossenheit. Die Palette der frischen und jugendlichen Farben dieses Typs verleihen der Personengruppe ein ebensolches Aussehen.

Die einseitige Betrachtung, die Stilzuweisung von der Farbzuordnung abhängig zu machen, wird durch die Berücksichtigung der Tatsache erweitert, dass auch Gesichtszüge und Körpergröße sowie Knochenbau eine entscheidende Rolle für die persönliche Stilfindung im Rahmen der Typberatung spielen: „Sie sind eine einsachtzig große Frühlingsdame, von sportlicher Statur, die als Mannschaftsführerin eines Handballteams fungiert. Sie mögen zwar über ein zartes, jugendliches Kolorit verfügen, mädchenhafte Rüschen würden aber Ihrem Erscheinungsbild sicher nicht entsprechen." (JACKSON 1992, S. 78)

In der Praxis werden die Stilanalysen nicht aufgrund der Farbtypzugehörigkeit vorgenommen. Hauptsächlich werden individuelle Charaktereigenschaften und körperliche Merkmale für die Stilzuweisung herangezogen.

Eine Auseinandersetzung mit dem Körper und dessen Erscheinung ist die Grundvoraussetzung für die Wahl eines der sechs Stile, die im Handlungsfeld Typberatung verwendet werden.

5.5.2 Stilrichtungen bei Frauen

a) Der klassische Typ

Der klassische Typ verkörpert, gut proportioniert und mit regelmäßigen Gesichtszügen, die zeitlose Eleganz. Qualitativ hochwertige Materialien sind charakteristisch für das sehr gepflegte Gesamtbild der konservativ aber doch modebewussten klassischen Frau. Der perfekte Schnitt der Kleidung, die dezenten Stoffmuster sind figurbetont und unterstreichen das Understatement dieses Stils. Der klassische Typ hat Sinn für Förmlichkeit und liebt das harmonisch Ausgewogene. Edle Stoffe in geradliniger Linienführung betonen die aufrechte Körperhaltung. Bekräftigt wird das Wesen durch die gepflegte Frisur und das zurückhaltende Make-up. (Vgl. JACKSON 1992, S. 84ff. und vgl. SPILLANE 1992, S. 178ff.)

b) Der dramatische Typ

Der dramatische Stil fällt durch das exotische und modische Auftreten auf. Die Kleidung hat dunkle und ausdrucksvolle Farben, also Schwarz als Kontrast zu den Primärfarben. Auch die extremen Farben innerhalb der Jahreszeitenpalette finden hier Platz. Für das Auftreten ist eine große und sehr schlanke Figur von Vorteil. Breite und knochige Schulter sowie andere kantigen Körperteile unterstreichen den dramatischen Auftritt. Markante, ausgeprägte Gesichtszüge eignen sich hervorragend für das auffällige Make-up des dramatischen Typs. Lange Beine, schmale Hüften und eine insgesamt knabenhafte schlanke Figur sind für den theatralischen Auftritt Voraussetzung. Zierliche Frauen kleiden sich vorteilhafter, indem sie nicht durch die Schnitte der Kleidung, sondern durch die Farbgebung dramatisch wirken. Ist die Figur für diesen Typ zu kurvig und breit, kann mit Accessoires ein raffiniertes Aussehen erreicht werden. (Vgl. JACKSON 1992, S. 79 und vgl. SPILLANE 1992, S. 184)

c) Der natürliche Typ

Die Erscheinung des natürlichen Typs hat ein schlichtes, ungezwungenes Äußeres. Die große und sportliche Figur ist weniger dem modischen Trend zugetan, als vielmehr der bequemen Kleidung, die einen großzügigen Bewegungsfreiraum zulässt. Charakteristisch für ihn sind weit auseinander stehende Augen und ein kantiges Kinn. Der Stil umfasst lässige bis elegante Kleidung. Die Stoffe sind naturbelassen, am besten grob in ihrer Struktur und in schlichten Farben gehalten. Grelle, auffällige oder gar Neonfarben sind fehl am Platz. Der Schmuck ist schlicht und unauffällig in der Erscheinung. Dezent ist auch das aufgetragene Make-up. Die Haare fallen natürlich, aufwendige Frisuren und Haarstylingprodukte werden gemieden. (Vgl. JACKSON 1992, S. 81 und vgl. SPILLANE 1992, S. 175)

d) Der romantische Typ

Der romantische Typ unterstreicht mit der Kleiderwahl seine feminine Form. Dies gelingt ihm am besten mit figurbetonter Kleidung, falls die Körperform kurvig ist, wie die der Sanduhr-Form (vgl. Kap 5.4.1.1). Der romantische Typ sollte die Balance zwischen Luxus und Übertreibung finden, um seinen extravaganten Stil zu unterstreichen. Dazu eignen sich besonders fließende, kostbare Stoffe mit weichem Schimmer, die zu verführerischen Kleidungsstücken verarbeitet werden. Hierzu bieten sich Samt, Seide und Spitze an. Die farbenfrohe Kleidung lenkt die Aufmerksamkeit auf das Gesicht, das mit aufwendigem Make-up und Liebe zum Detail geschminkt ist. Der gewählte Schmuck sollte ein Hauch von Luxus verbreiten, aber die feine Linie unterstreichen. Tiefe Ausschnitte und die Betonung der Taille erfordern eine gewisse Reife der Trägerin. (Vgl. JACKSON 1992, S. 81f. und vgl. SPILLANE 1992, S. 181ff.)

e) Der jugendliche Typ

Diese Stilrichtung eignet sich für junge Frauen mit einer zierlichen, mädchenhaften Figur. Dieser romantische, sehr feminine Typ findet seine Entsprechung im zarten Kolorit des Frühlings. Zarte, natürliche Stoffe akzentuieren die zarten Farben des Hauttons. Zierliche, feine Drucke, feine weiche Stoffe sollten für die Kleider ausgewählt werden, wobei dezent aufgetragenes Make-up und unauffälliger Schmuck diese feine Linie unterstützen. Locken oder welliges Haar weisen auf den femininen Typ hin, der sich im Laufe der Jahre zum romantischen oder klassischen Typ hinwendet. (Vgl. JACKSON 1992, S. 83f.)

f) Der knabenhafte Typ (Gamin)

Frauen, die dem knabenhaften Typ zugeteilt werden, sind oft von kleiner Statur. Trotz des leichten Knochenbaus wirken sie kompakt und stabil. Das ewig junge Aussehen entspricht dem lebhaften offenen und freundlichen Wesen der Personen, die sich trotzdem durchsetzen können. Der Kleidungsstil ist durch klare, gerade Schnitte gekennzeichnet, die mit frechen Details - zum Beispiel großen, auffälligen Knöpfen - die flotte Erscheinung unterstreichen. Ebenso sind die Muster zierlich und klar. Hier bieten sich Streifen und Karos sowie einfache geometrische Muster an. Um das knabenhafte Aussehen zu betonen, sollte der Schmuck sehr dezent getragen werden. Auch das Make-up wird auf ein Minimum beschränkt. Den letzten Schliff geben die kurzen Haare, die den maskulinen Touch unterstreichen. (Vgl. JACKSON 1992, S. 84f.)

5.5.3 Stilrichtungen bei Männern

a) Der klassische Typ

Der im klassischen Stil gekleidete Mann erscheint gegenüber seiner Umwelt schlicht. Dazu verwendet er qualitativ hochwertige Materialien. Die Körperproportionen sind ausgewogen und dies spiegelt sich in der Kleiderwahl wider. Extreme körperliche Ausprägungen oder kantige Gesichtszüge findet man beim klassischen Stil nicht. Der Typ ist eher konservativ und unterstreicht sein Aussehen durch einen kurzen und gepflegten Haarschnitt. Zweiteilige Anzüge, die konventionell aber nicht langweilig aussehen müssen, haben Abnäher und einen leichten Fall. Die Muster der Stoffe sind dezent und die Kontraste der Farbmuster gemäßigt. Einfarbige Hemden und fein strukturierte Muster charakterisieren das zurückhaltende Image des klassischen Stils. Die Kleidung, die in der Freizeit getragen wird, ist auch durch Schlichtheit gekennzeichnet, darüber hinaus ist die Kleidung adrett und ordentlich gepflegt. (Vgl. JACKSON 1986, S. 168ff.)

b) Der dramatische Typ

Männer, die den dramatischen Stil vertreten, sind sowohl in ihrer Persönlichkeit als auch in ihrem Modeempfinden stilsicher, aufgeschlossen und bestimmt. Details liegen ihnen am Herzen und sie favorisieren starke Kontraste bei der Farbwahl. Die Körperformen des dramatischen Typs sind groß und schlank, dadurch erhält die Erscheinung eine elegante, gestreckte Linie, die eine geeignete Projektionsfläche für modische Einzelheiten bietet. Das Auftreten des dramatischen Typs strahlt eine Souveränität aus, die sich durch die gezielte Kleiderwahl unterstreichen lässt. Ein moderner, leicht taillierter Anzug mit klar umrissenen Schulterformen bietet sich für ihn an. Die Farbe Weiß ist ein starker Kontrast zu farbigen Jacketts und der Gegensatz betont die auffällige Linie des dramatischen Typs. Pointiert wird dies mit einer auffälligen Krawatte und mit Schmuck, der bei dieser Stilrichtung etwas gewagter ausfallen darf. (Vgl. JACKSON 1986, S. 154)

c) Der natürliche Typ

Der Körperbau des natürlichen Typs ist überwiegend kräftig und athletisch. Auseinanderliegende Augen, eine kantige Kinnpartie und ein burschikoses Auftreten charakterisieren diesen Typ. Darüber hinaus sind Sommersprossen und eine matte Haarfarbe spezifisch. Er vermittelt durch lässige Kleidung, wie Jeans und Pulli, und einer schlichten Frisur einen natürlichen und handfesten Eindruck. Bei Hemden eignen sich die groben Webarten aus Naturfasern eventuell mit Karomusterung. Schmuck stört das Gesamtbild des natürlichen Typs und sollte daher sehr selten getragen werden. (Vgl. JACKSON 1986, S. 163ff.)

d) Der romantische Typ
Der romantische Typ hat oft einen Hang zum Luxus und zur Extravaganz. Ein sattes Ton-in-Ton-Image, das Wohlstand vermittelt, unterstreicht die leicht theatralische Komponente des romantischen Typs, der prinzipiell ein Interesse an Mode und Körperpflege hegt. Er ist von mittlerer Körpergröße und seine Proportionen sind kräftig, doch nicht athletisch. Sein oft welliges Haar ist immer in einem gepflegten Zustand. Ausdrucksvolle Gesichtszüge sind bezeichnend für den romantischen Typ, der durch die Kleidung hervorgehoben werden kann. Modische, figurbetonte Anzüge aus weichen anschmiegsamen Stoffen entsprechen seiner Art. (Vgl. JACKSON 1986, S. 159ff.)

e) Der knabenhafte Typ
Die Körpergröße des knabenhaften Typs ist klein, und er wirkt wie ein Energiebündel auf seine Mitmenschen. Seine Gesichtszüge spiegeln, wie seine Figur, Jugendlichkeit wider. Auch die Kleidung ist frisch, flott und formell. Dezente Musterungen und gemäßigte Kontraste heben diesen Stil hervor, der die jugendliche Ausstrahlung adrett und figurbetont wieder gibt. (Vgl. JACKSON 1986, S. 172ff.)

Grundsätzlich orientieren sich die Fachbücher der Typberatung bei der Einteilung der Kleidungsstile an der Vorgängerin JACKSON (vgl. JACKSON 1992). Allerdings gibt es bei WÄLDE und bei SPILLANE eine Differenzierung: Erste (vgl. WÄLDE 1995) führt zusätzlich den sportlichen und den zarten Stil ein. Zweite (vgl. SPILLANE 1992) beschreibt den kreativen Typ und die Vertreterin des EuroChic. Dafür verzichten beide auf den knabenhaften und den jugendlichen Typ, die bei JACKSON zu finden sind.

Interviews mit Typberaterinnen zeigen, dass in der Praxis die Beratenen einen Haupt- und einen Ergänzungsstil zugewiesen bekommen. So ist es ihnen möglich aus meist zwei verschiedenen Richtungen eine individuelle Kombination herzustellen. Diese persönliche Zusammenstellung soll ihren Typ individuell unterstreichen und Einfluss auf die Garderobenauswahl nehmen.

5.6 Die Garderobe

Die Typberatung geht abschließend auf die Garderobe der beratenen Person ein, überprüft die vorhandenen Kleidungsstücke und gibt Anregungen für den Neukauf. Da die Farbberatung den jeweiligen Farbtyp zuordnet, die Körpervermessung die Proportionen und Problemzonen erkennt und die Stilberatung den letztendlich zugehörigen Stil bestimmt, sind die Anregungen für den Neukauf der Kleidung exakt auf die zu beratene Person zurecht geschnitten.
Außerdem wird entschieden, welche Kleidungsstücke den Typ nicht unterstreichen und sofort oder schrittweise aussortiert werden sollten. Farben, die nicht

mit der jahreszeitlichen Zuordnung übereinstimmen, können zwar immer noch getragen werden, nur nicht unmittelbar in Gesichtsnähe. Kleidungsstücke oder Accessoires aus der eigenen Farbpalette können mit unpassenden Kleidungsstücken kombiniert werden und die `falsche´ Kleidung ein wenig kaschieren.

Beim Neukauf von Kleidung wird den Beratenen empfohlen, sich nur noch Textilien zu kaufen, die den jeweiligen Farben der Jahreszeit, dem Körperbau und dem Stil entsprechen.

Die Beratung stellt eine Checkliste auf, anhand derer die Inhalte einer notwendigen Grundgarderobe überprüft werden. Diese beinhaltet Textilien für jede Gelegenheit, die in den Farben des jeweiligen Jahreszeittyps gehalten sein sollten. Der identifizierte Stil spielt eine wichtige Rolle und es ist erstrebenswert, dass er in allen Kleidungsstücken erkennbar ist.
Allerdings verläuft die Garderobenplanung in der Praxis weniger mittels Checkliste. Die Beratenen bringen häufig einen Koffer voller Kleider mit in die Beratung, und die Stücke werden hinsichtlich Farbe und Stil beurteilt. Die Kunden sollen anhand ihrer Kleidung verstehen lernen, warum manches gut und manches unpassend für ihr typgerechtes Styling ist.

Durch die harmonische Komposition der Farben und dem gleichbleibenden Stil entsteht bei konsequentem Kauf eine typgerechte Garderobe, bei der sich die einzelnen Teile untereinander gut kombinieren lassen. JACKSON verspricht dadurch finanzielle Einsparungen für die Beratenen, da Fehlkäufe (fast) auszuschließen sind (vgl. JACKSON 1992, S. 142). Außerdem kann durch gezielten Einkauf eine Menge Zeit gewonnen werden. Eine Liste, die einen Überblick über die bereits vorhandene Garderobe schafft und Hinweise auf fehlende Stücke gibt, wird einmal für Frauen (vgl. JACKSON 1992, S. 142ff.) und ein andermal für Männer (vgl. JACKSON 1986, S. 77ff.) entwickelt. ERDTMANN trägt ebenfalls Vorschläge für die Garderobe zusammen (vgl. ERDTMANN 1985, S. 55).

Die Basisgarderobe orientiert sich am Lebensstil der beratenen Person und versucht ein Minimum an Textilien zu beschreiben, die in den Neutral- oder Basisfarben der jeweiligen Palette angeschafft werden sollten, damit die Kombinationsmöglichkeiten so variabel wie möglich sind. Die Akzentfarben der jeweiligen Jahreszeitenpalette werden dann für die modischen Zukäufe verwendet. Folgende Tabelle gibt einen Überblick über die Neutral- und Basistöne der einzelnen Jahreszeiten (Tab. 4).

Tabelle 4: Neutralfarben und Basistöne (JACKSON 1992, S. 144)

	Frühling	Sommer	Herbst	Winter
Neutralfarben	Eierschale Klares Beige Camel Helle Goldbrauntöne Klares Goldgelb Warmes Hellgrau Helles Marineblau	Wollweiß Rosabeige Rosabraun Rauch-Marine-Blau Blaugrau	Cremeweiß Sand Camel Dunkelbraun Gold Bronze Olivgrün	Weiß Schwarz Marineblau Grau Graubeige (Taube)
Basistöne	Klatschmohn Orangerot Korallenrot Lapisblau (Rost)	Weinrot Himbeerrot Graublau Dunkles Blaugrün Kirschrot Wassermelone	Flaschengrün Moosgrün Orangerot Zinnoberrot Rost	Weinrot Dunkelrot Scharlachrot Kräftiges Blau Intensivgrün Smaragdgrün Tannengrün

5.6.1 Garderobe der Frauen

Die Basisgarderobe einer Frau enthält Jacke, Rock, Hose, Kleid sowie Blusen für diverse Anlässe und dazu sind noch Pullover sowie Cocktailhose oder -rock bzw. -kleid erforderlich. Außerdem sollte die Garderobe einen lässigen Rock, eine lässige Hose und lässige Bluse enthalten, aber auch, für die Schmutzarbeiten, alte, strapazierfähige Arbeitskleidung. Zum Überziehen für die kalten Temperaturen einen Mantel und für die wärmen Zeiten einen lockeren Tagesmantel. Ein eleganter Ausgehmantel rundet die Grundgarderobe ab. (Vgl. JACKSON 1992, S. 147ff.)
Die Anzahl der jeweiligen Kleidungsstücke ist hierbei nicht auf ein einzelnes Stück beschränkt. Für die Checkliste ist nur relevant, dass mindestens je ein Textil vorhanden ist, um eine notwendige Basis zu besitzen.

Jacke: Das Fundament der Grundgarderobe ist die Jacke oder der Blazer, deshalb ist die Farbauswahl hier besonders relevant. Ein unifarbener Neutralton aus der jeweiligen Jahreszeitenpalette bietet sich an. Als Basisstück der Garderobe sollte die Jacke oder der Blazer einwandfrei verarbeitet und aus wertvollem Material geschneidert sein. Wolle oder Wildleder sind geeignete Rohstoffe für eine Winterjacke. Für den Sommer wird Baumwolle, Leinen oder Seide empfohlen. Schlichte Knöpfe und Nähte erhöhen die Möglichkeiten der Kombination mit weiteren Kleidungsstücken.

Rock/ Hose: Der Rock und die Hose sollten auch in den Neutraltönen der jeweiligen Jahreszeit angeschafft werden. Das kann einmal die gleiche Farbe wie der Blazer sein, aber auch im Kontrast zu dieser stehen. Einfarbige Textilien sind in diesem Fall vorzuziehen, besonders beim Kauf von nur einer Hose oder einem Rock.

Kleid: Ein Kleid für den Tag ist in Neutral- oder Basisfarben besonders geeignet, wenn es schlicht und ohne all zuviel Details gearbeitet ist. Erst wenn weitere Kleider gekauft werden, kann auf Akzente durch Farben, Formen und Schnitte Wert gelegt werden. Als Stoffe bieten sich Woll- oder Jerseystoffe an, auch Baumwolle und Seide.

Bluse I: Diese Bluse ist ein Kompromiss zwischen den beiden folgenden Typen. Sie sollte nicht zu streng, aber auch nicht zu lässig sein, damit sie sich für Kombinationen mit Hosen, Röcken und Jacken eignet. Es genügen hier die Neutral- oder Basisfarben der jeweiligen Jahreszeit. Als Material wird seidenähnlicher Polyesterstoff, Seide oder Jersey empfohlen.

Bluse II: Für die legeren Gelegenheiten wird eine lässige Bluse mit Musterung oder in auffälligen Akzentfarben vorgeschlagen. Hierzu eignen sich auch gröbere Materialien wie Baumwolle oder Leinen.

Festliche Bluse: Eine Bluse für festliche Anlässe aus elegantem Material und mit raffinierten Details gehört ebenso in den Kleiderschrank jeder Frau. Ein modischer Schnitt und glänzender, aber auch ein transparenter Stoff ist für die festliche Bluse geeignet.

Pullover: Ein weiteres wichtiges Element der Grundgarderobe ist der Pullover, der je nach Temperatur ein dickerer mit Rollkragen oder ein kurzlärmeliger, dünner Sommerpullover sein kann. Die Basisfarben bieten für den Anfang ein sicheres Auftreten.

Cocktailhose, -rock oder -kleid: Für festliche Anlässe, ist ein außergewöhnlicher und feiner Stoff für die Cocktailhose oder den -rock zu wählen. Beim Kauf sollte darauf geachtet werden, dass die Farbe der Hose oder des Rocks mit der festlichen Bluse harmoniert. Ein geeignetes Kleid für eine Einladung ist meist raffinierter und femininer, aber nicht sehr vielseitig verwendbar und lässt sich auch nicht so leicht kombinieren, wie eine Hose oder ein Rock. Cocktailkleider in den Akzentfarben sollten auch erst gewählt werden, wenn ein Kleid in der Basisfarbe in der Grundgarderobe vorhanden ist.

Lässige Hose oder lässiger Rock: Diese Kleidung hat die Aufgabe, den alltäglichen Anforderungen der Trägerin gerecht zu werden. Bequemer Schnitt und strapazierfähiges Material, wie zum Beispiel Baumwolle, sind hier edlen Stoffen vorzuziehen. Die Farben können etwas auffälliger gewählt werden und auch Musterungen im Stoff eignen sich für die lässige Hose oder den lässigen Rock.

Lässige Bluse: Passend zur lässigen Hose oder zum lässigen Rock braucht die Grundgarderobe eine lässige Bluse. Baumwolle oder Jerseystoffe eigenen sich für die Ansprüche, die an dieses Textil gestellt werden.

Alte Arbeitskleidung: Selbst bei der Arbeitskleidung sollte darauf geachtet werden, ausschließlich die Farben der eigenen Palette zu verwenden. In den meisten Fällen verfügt man über genügend Kleidung, die in diese Kategorie fällt.

Mantel: Für die kalte Jahreszeit wird ein einfarbiger Mantel aus Wolle empfohlen. Ein schlichtes, klassisches Design sorgt dafür, dass das Textil jahrelang getragen werden kann, ohne altmodisch zu wirken. Da die finanziellen Aufwendungen für einen Mantel im Vergleich zu anderen Kleidungsstücken doch höher sind, ist es ratsam ein Stück zu erwerben, das über mehrere Jahre hinweg passend ist.

Lässiger Tagesmantel: Für den täglichen Gebrauch ist ein leichter, lässiger Tagesmantel nützlich. Er sollte auch für Regentage brauchbar sein und bietet sich für den täglichen Gebrauch in den Neutral- oder Basisfarben an.

Ausgehmantel: Abschließend ist für die Abendgarderobe ein Ausgehmantel für eine gepflegte Erscheinung notwendig. Modische Details und Akzentfarben sind hier angebracht, um ein modebewusstes Auftreten zu unterstreichen.

5.6.2 Garderobe der Männer

JACKSON hat auch für Männer eine Checkliste erstellt, anhand derer die Garderobe zu Hause überprüft werden kann (vgl. JACKSON 1986, S. 77ff.).
Die elementare Grundausstattung wird einmal für warme ein andermal für kalte Witterung aufgestellt.
Grundsätzlich beinhaltet diese notwendige Garderobe, auch bei unterschiedlichstem persönlichen Umfeld, Anzug, Sportjacke oder Blazer, Hose, Hemden, Krawatten, Gürtel und Schuhe. Weiterhin sollte die Basisgarderobe für den Freizeitbereich eine Hose, ein Hemd, Pullover und kurze Hosen und einen legeren Gürtel sowie alte Kleidung für Schmutzarbeiten oder Freizeitaktivitäten haben. Zu guter Letzt sollten ein eleganter Ausgehmantel, ein Trenchcoat und eine Jacke nicht fehlen.

Die Anzahl der einzelnen Kleidungsstücke kann variieren und wird überwiegend durch die finanziellen Möglichkeiten bestimmt.

Anzug: Der dreiteilige Anzug, bestehend aus Hose, Jackett und Weste, sollte einen konservativen Schnitt haben, um ihn bei jeder Gelegenheit tragen zu können. Auch die Farbe des Anzugs ist am vielseitigsten verwendbar, wenn ein dunkler Naturton gewählt wird. Für die kälteren Jahreszeiten bietet sich ein Woll- oder Wollgemisch-Gewebe an. Für die wärmeren Jahreszeiten werden leichtere Gewebe und hellere Farbnuancen empfohlen.

Sportjacke/ Blazer: Eine unifarbene Jacke ist zur Kombination mit den anderen Kleidungsstücken vorteilhafter als eine mit bunter Musterung. Hier wird für die kühlere Jahreszeit ein Wollgemisch oder Kordstoff empfohlen und für wärmere Temperaturen ein Baumwollgemisch oder Leinenstoff.

Hose: Die Hose für die formellen Anlässe ist aus den entsprechenden dunkleren Neutralfarben der jeweiligen Palette zu wählen. So greifen die warmen Frühlings- und Herbsttypen zu braunbeigen oder braunen Stoffen und die kühlen Sommer- und Wintertypen zu Grautönen. Um die Kombinationsmöglichkeiten zu verbessern, ist eine einfarbige Hose einer gemusterten vorzuziehen. Die Materialwahl wird von den Witterungsumständen beeinflusst, wobei Wolle oder Wollgemische für kalte Temperaturen und Baumwolle für die wärmeren Jahreszeiten empfohlen werden. Die Hose sollte zur Sportjacke oder zum Blazer passen und möglichst schlicht sein, damit sie zu jeder Gelegenheit getragen werden kann.

Hemd I: Der erste Hemdtyp ist für den täglichen Gebrauch. Hier bietet sich der Weißton der jeweiligen Palette an oder aber ein Hellblau für den Frühlings- und Sommertyp. JACKSON schlägt vor, ein eher lässig wirkendes, grobes Baumwollgewebe für das Hemd mit einem Buttom-down-Kragen auszuwählen oder eines aus merzerisierter Baumwolle mit einem einfachen Kragen, das einen konservativeren Eindruck vermittelt (vgl. JACKSON 1986, S. 79).

Hemd II: Der zweite Hemdtyp ist für elegante Anlässe. Ein weißes, merzerisiertes Baumwollhemd gibt das nötige gepflegte Erscheinungsbild, das durch einen einfachen Kragen weiter unterstützt wird. Bei farbigen Hemden sollte der gewählte Farbton mit dem Anzug oder dem Sportsakko in Einklang stehen, um dem festlichen Anlass zu genügen.

Hemd III: Der dritte Hemdtyp ist für ungezwungene, legere Gelegenheiten. Eine farbliche Abstimmung zum Anzug und zur Sportjacke bzw. zum Blazer sollte dennoch gewährleistet sein. Neben dezenten Unitönen kann hier auch auf Musterungen und mehrfarbige Hemden zurückgegriffen werden.

Krawatten: Für die Grundgarderobe werden drei verschiedene Krawattentypen vorgeschlagen: Zum einen eine unifarbige, die zu allen gewählten Farben vom Anzug über die Blazer bis hin zu den Hemden passt. Ein dunkler Basiston gilt als gute Lösung. Zum anderen sollte die zweite Krawatte ein sich wiederholendes Muster haben. Die Farbe des Hintergrundes kann ein Rot aus der jeweiligen Palette sein, ebenso eigenen sich hierfür auch dunkle oder leuchtende Farben. Die dritte Krawatte sollte dezent sein oder breite Streifen haben. Die Farbe der Streifen sollte sich idealerweise in den Farben des Anzuges und des Hemdes wiederfinden.

Gürtel: Ein wertvoller Ledergürtel unterstreicht das harmonische Aussehen. Ein dunkler Farbton aus der eigenen Palette passt hier bestens. Den wärmeren Jahreszeitentypen Frühling und Herbst werden goldene Metallteile empfohlen, den kühleren dagegen silberne.

Schuhe: Für formelle Anlässe sind elegante Lederschuhe zum Schnüren oder Slipper in neutraler Farbe passend. Man greift hierzu am geeignetsten auf die Farbe des Gürtels zurück, der mit den Farben der Kleidung abgestimmt ist.

Freizeithose: Für diesen Bereich sollte die Hose aus Kord, Baumwolldrillich oder einem Baumwoll-Polyester-Gemisch sein. Eine strapazierfähige Jeans ist vielseitig in der Freizeit verwendbar und kann gut durch ihre neutrale Färbung mit andersfarbigen Kleidungsstücken kombiniert werden.

Freizeithemd: Der persönliche Geschmack bestimmt die Musterungen und Farben der Freizeithemden. Auffällige Farben aus der jeweiligen Palette können hierfür gewählt werden, aber auch ausgefallene Schnitte oder Musterungen. Ein langärmeliges Polo- oder Flanellhemd für kühlere Jahreszeiten und ein kurzärmeliges Polohemd für den Sommer sind angemessen.

Pullover: Der Pullover sollte in neutralen Farben gehalten werden, so dass er sich mit der Freizeithose und der eleganten Hose kombinieren lässt. Eine neutrale Farbwahl stellt auch sicher, dass er zu den Hemden passt. Dies wird relevant, wenn der Pullover durch V-Ausschnitt oder offenen Rundkragen die Sicht auf die Hemden darunter ermöglicht.

Shorts: Eine kurze Hose für die heißen Sommertage sollte ebenfalls in der Grundgarderobe des Mannes enthalten sein. Ihre Länge ist abhängig vom persönlichen Geschmack, dem Alter und den Beinen und kann entweder ganz kurz gewählt werden oder so, dass die Hose erst unterhalb der Knie endet. Unifarbene Shorts lassen sich leichter kombinieren, aber auch ein Karomuster wird für die kurze Hose vorgeschlagen. Dann aber sollte sich eine Farbe des Musters in den Hemden wiederfinden.

Freizeitgürtel: Die persönliche Note kann im Gürtel zum Ausdruck gebracht werden. Hier sind, bei all den unterschiedlichen Modellen, die Vorlieben des Trägers zu berücksichtigen.

Lässige Schuhe: Bequeme Freizeitschuhe für den täglichen Gebrauch bieten dem Träger den nötigen Komfort und zusätzlich einen sicheren Halt. Turnschuhe oder lässige Boots sind hier für die Garderobe zu empfehlen.

Alte Kleider: Für Schmutz- und Gartenarbeiten sollte der Kleiderschrank immer ein paar Kleidungsstücke bereit halten, die nicht zu schade für diese Tätigkeiten sind. Auch hierbei ist auf die richtige Farbauswahl Wert zu legen.

Eleganter Ausgehmantel: Da die Anschaffung eines Mantels meist hohe Ausgaben erfordert, ist es besser, sich nicht für einen Mantel mit modischen Details zu entscheiden, sondern für ein klassisches Stück, sowohl hinsichtlich der Farbe als auch im Schnitt, um den Mantel möglichst lange tragen zu können. Modische Akzente werden durch Besätze am Kragen gesetzt.

Trenchcoat: Am besten orientiert sich die Farbe des Trenchcoats an den Marine- oder Beigebrauntönen der jeweiligen Palette. So kann die vielseitig verwendbare Jacke bei geschäftlichen Anlässe getragen werden und gleichzeitig Schutz vor Regen bieten. Beim Kauf ist darauf zu achten, dass das Innenfutter herausgenommen werden kann. Das gewährt einen physiologischen Bekleidungsschutz für breite Temperaturdifferenzen.

Jacke: Da die Jacke in Gesichtsnähe ist, sollte hier besonders darauf geachtet werden, dass die Farben aus der jeweiligen Palette entnommen sind. Die Dicke der Jacke richtet sich nach den klimatischen Gegebenheiten und es ist von Nutzen, sich für wärmere und kältere Tage eine Auswahl von mindestens zwei Stück zu besorgen.

Neben dieser notwendigen Grundgarderobe gibt es noch weitere Textilien, die unabdingbar für den täglichen Gebrauch sind. Dazu gehören Kleidungsstücke für kühle Temperaturen, wie zum Beispiel eine Mütze, ein Schal und Handschuhe sowie persönliche Wäsche, Socken, ein Pyjama und Hausschuhe. Accessoires vervollständigen die gepflegte Garderobe, sofern die Stücke sich in einem einwandfreien Zustand befinden und zur persönlichen Note passen. So sollten die Geldbörse, der Schirm und die Manschettenknöpfe den Farben der Jahreszeit entsprechen, um das harmonische Erscheinungsbild zu unterstreichen. Werden Schmuckstücke angeschafft, so ist Gold für die Frühjahrs- und Herbsttypen, aber Silber für die Sommer- und Wintertypen zu empfehlen.

Die beschriebene Grundgarderobe ist die notwendige Basisausstattung für jeden Mann. Wird ein Schwerpunkt auf die geeignete farbliche Zusammenstellung gelegt, so erhöhen sich die Kombinationsmöglichkeiten unter den verschiedenen Kleidungsstücken. Nur wenige Teile ermöglichen dann eine ganze Reihe unterschiedlicher Garnituren. Selbstverständlich beeinflusst das persönliche Umfeld die Garderobe und den zusätzlichen Erwerb von Kleidungsstücken und Accessoires am meisten. (Vgl. JACKSON 1986, S. 71ff.)

5.7 Grenzen und Leistungen der Typberatung

Bevor nun auf die Grenzen und Leistungen der Typberatung eingegangen wird, soll nochmals darauf verwiesen werden, dass es zwei Möglichkeiten der Typberatung gibt: die Beratung durch eine ausgebildete Typberaterin und das eigenständige Einordnen lediglich mit Hilfe der Literatur.

Farbberatung, Körpervermessung und Stilberatung haben nur einen begrenzten Absolutheitsanspruch. Doch die hohen Auflagezahlen der Typberatungsbücher scheinen einen Hinweis auf das große Interesse in der Bevölkerung hinsichtlich der typgerechten Erscheinung zu geben.

5.7.1 Grenzen und Leistungen der Farbberatung

In der Typberatungsliteratur fallen die vorgestellten Farbsysteme sehr unterschiedlich aus: Die Anzahl der vorgegeben Farbvorschlägen ist verschieden, die Summe variiert zwischen 21 und 31, wobei einige Autorinnen den Schwerpunkt auf die Rottöne, andere wiederum auf die Blautöne setzen. Legt man die Paletten einer Jahreszeit aus verschiedenen Büchern nebeneinander, sind für den außenstehenden Leser die Gemeinsamkeiten nicht immer nachvollziehbar. Geht man davon aus, dass gerade in der Literatur großen Wert auf feinste Farbnuancen gelegt wird, kann der Absolutheitsanspruch der Farbpaletten nicht aufrecht erhalten werden. Auch weisen die Bücher nicht wie die Typberaterinnen während der Beratung darauf hin, dass es gilt, den Farbton und nicht die exakte Farbnuance zu treffen. Versuchen die Leser aufgrund der dort abgedruckten Skalen Kleidungsstücke zu kaufen, wird es schwer, wenn nicht sogar unmöglich, genau diese Farbnuancen zu erhalten. (Vgl. HENSS 1994, S. 192ff.)

Die Individuen werden bei der Farbberatung auf ihre optische Erscheinung reduziert. „Das Problem besteht darin, daß die psychische Harmonie mit einer Farbe nicht immer identisch ist mit der physischen Harmonie.“ (FABER 1990, S. 75)
In der Literatur wird sehr wenig auf Charakter, Persönlichkeit und bevorzugte Farbpräferenzen der Leser geachtet. Jede Jahreszeitenfarbe hat den gleichen Stellenwert und passt demnach für jeden Vertreter, egal welche Vorlieben er hat. Die optisch günstigen Farben müssen nicht die persönlich bevorzugten sein. (Vgl. HENSS 1994, S. 192)

Der Vorwurf an die Typberatung, dass „die Warm-Kalt-Dimension eine Schlüsselstellung ein[nimmt], die Farbhelligkeit hingegen bleibt völlig unberücksichtigt“ (HENSS 1994, S. 193), kann nicht aufrecht erhalten werden, denn die differenzierten Farbsysteme von SPILLANE (vgl. SPILLANE 1992 und vgl. Kap.

5.3.6.1) und LIED (vgl. LIED o. J. und vgl. Kap. 5.3.6.2) beachten sehr wohl die Helligkeit einer Person bei der Zuordnung eines Farbtyps.

Die Farbberatung versucht, die Ästhetik der Farben ins Zentrum zu stellen. Dabei dienen Hautton, Augen- und Haarfarbe als Ausgangspunkt für die Wahl der Kleiderfarbe, so dass der bekleidete Körper für Träger und Betrachter zu einer farblichen Einheit wird, „Körper- und Kleiderfarbe ergänzen sich zu Farbkombinationen" (HENSS 1994, S. 193).
Der Erfolg der Farbberatung bezeugt ebenso wie die hohen Auflagen, dass die Beratenen und Leser zufrieden oder zumindest wissensdurstig auf diesem Gebiet sind.

Den Menschen fällt es schwer, im Gegensatz zu ITTENs Malschülern, für sich selbst die harmonischen Farben auszuwählen: „Denn wenn man einen intuitiven Zugang zu den eigenen Farben hätte, brauchte man keine Farbberatung und könnte mit Leichtigkeit und ohne Anweisung die idealen Farben auswählen, die sowohl optisch als auch emotional am besten zur eigenen Persönlichkeit passen." (HENSS 1994, S. 193)

Typberaterinnen und Autorinnen sind sich in der Farbzusammenstellung jedoch nicht immer einig. Aus diesem Grund kommt es zu Differenzierungen innerhalb der Farbsysteme (vgl. Kap. 5.3.6). Die Typberaterinnen müssen sich deshalb für ein Farbsystem entscheiden. Häufig wird diese Entscheidung mit der Wahl der Ausbildungsschule getroffen, denn die dort gelernten Systeme werden später in der Praxis angewendet. Deshalb kann es durchaus vorkommen, dass sich Typberaterinnen widersprechen: Bestätigt ein Teil der befragten Typberaterinnen, dass die Übergänge zwischen kalter und warmer Farbgebung *„schon mal fließend sein können"*[11], lehnt der andere Teil diese Möglichkeit als *„schlichtweg falsch ab"*[12]. Ein einheitliches und objektives Farbsystem existiert nicht.
Ebenso versichern die interviewten Typberaterinnen sofort zu erkennen, wenn Personen in den falschen Farben gekleidet sind, wollen sich aber auf eine spontane Analyse des Farbtyps in keinem Fall einlassen. Kann aber schon das geschulte Auge nicht auf Anhieb die richtigen Farben an Personen erkennen, so stellt sich doch die Frage, ob es ungeübten Betrachtern überhaupt auffällt, wenn jemand die falsche Kleiderfarbe trägt.

---

[11] Auszug aus Interview Nr.: 4

[12] Auszug aus Interview Nr.: 5

5.7.2 Grenzen und Leistungen der Körpervermessung

Bei FAUST (vgl. FAUST 1999, S. 42ff.) und POOSER (vgl. POOSER 1990, S. 32ff. und vgl. Kap. 5.4.1) werden die Körperformen lediglich zweidimensional beschrieben, doch der Körper ist ein dreidimensionales Gebilde und bedarf deshalb einer räumlichen Betrachtung, damit alle seine wichtigen Merkmale in die Typenanalyse einfließen.
SPILLANE bietet als einzige Autorin eine dreidimensionale Ansicht des Körpers und stellt sieben weibliche Formen vor (vgl. SPILLANE 1992, S. 100ff.). Bei Männern verzichtet die Autorin jedoch auf eine dreidimensionale Betrachtung und unterscheidet die männlichen Körper in nur vier zweidimensionale Gestaltungsformen, bietet also bloß eine reduzierte Einteilungsmöglichkeit im Gegensatz zur differenzierteren weiblichen Körpervermessung an (vgl. SPILLANE 1994, S. 60ff.).
Kleidung und Accessoires werden aufgrund der Körpergestalt zugewiesen. Es geht darum, Mängel und Disproportionen, die nicht dem vorherrschenden Schönheitsideal entsprechen, durch entsprechende Schnittführung der Kleidung auszugleichen. Dabei nehmen die Autorinnen keine Rücksicht auf die persönlichen Vorlieben oder den individuellen Geschmack der Leser. Das dominierende Schönheitsideal steht im Vordergrund. Die Harmonisierung des äußeren Erscheinungsbildes wird ohne Bezugnahme auf die Identitätsaspekte der Individuen vorgenommen.

Durch die Kleidung wird der Körper für den Betrachter, aber auch für den Träger, manipuliert, indem versucht wird, eine Stimmigkeit mit dem Schönheitsideal zu erreichen. Dabei handelt es sich nur um eine Pseudostimmigkeit, denn der Körper entspricht diesem Ideal trotzdem nicht. Betonte Körperteile lenken den Blick des Betrachters weg von den Disproportionen und damit reicht die Pseudostimmigkeit scheinbar für den Betrachter und den Träger aus. Der Referenzpunkt ist das vorherrschende Schönheitsideal, das kulturell geprägt und Wechseln unterworfen ist.

Die Auswahl der Kleidung wird durch die Körperformen eingeschränkt, wenn der Beratene die Vorschläge der Analyse berücksichtigt. Ein runder Figurtyp wird keine geraden und streng geschnittenen Kleidungsstücke tragen können. Sehr gerade Figurtypen haben kaum die Möglichkeit weite und fließende Kleidungsstücke zu tragen, wenn sie sich an die Tipps der Autorinnen halten und typgerecht auftreten wollen.

Bei der Körpervermessung wird der enge Zusammenhang von Kleidung und Körper berücksichtigt und dies erscheint bedeutend, denn beide stehen in einem engen Beziehungsgefüge (vgl. Kap. 4.3). Bei der Betrachtung des

Gegenübers verschmelzen die beiden Komponenten, doch auch für den Träger wird der bekleidete Körper zu einer Einheit. Erst mit dieser Einheit vergegenwärtigt und konstruiert sich der Mensch für sich selbst und gegenüber anderen. Diese Tatsache scheint auch die Typberatung aufzugreifen und umzusetzen.

5.7.3 Grenzen und Leistungen der Stilberatung

Widersprechende Aussagen machen die Autorinnen auch hinsichtlich der Stilzuweisung. So behaupten manche, dass sie mit der jahreszeitlichen Einordnung entschieden wird. Beispielsweise sprechen die intensiven und klaren Farben des Wintertyps für eine lebhafte Erscheinung und somit für einen dramatischen Stil, oder aber die Pastelltöne des Sommertypen für ein feminines und romantisches Äußeres. Einige Autorinnen gehen sogar noch einen Schritt weiter und weisen den Jahreszeiten aufgrund ihrer individuellen Farbgebung, bestimmte Charakterzüge zu (vgl. Kap. 5.5.1). Jedoch ist fraglich, ob die Augen- oder Haarfarbe über die Identität einer Person entscheidet.
Sommertypen, die von sich behaupten „nicht den geringsten Hang zur romantischen Mode“ (SCHNEIDER 1994, S. 78f.) zu haben, wird trotzdem empfohlen, Kleidung mit Rüschen und feminine Röcke zu tragen. Es scheint nicht der Charakter oder die Persönlichkeit ausschlaggebend für die Stilzuweisung zu sein, sondern die individuelle Farbgebung des Körpers.
Die andere Gruppe der Autorinnen nimmt Abstand von dieser Zuteilung und stellt zusätzlich die Körpergröße und –form in den Mittelpunkt der Betrachtung für die Stilanalyse, geht aber auch nicht weiter auf die Identität der Individuen ein.
Neben der Identität werden auch die kurzfristigen Stimmungslagen nicht berücksichtigt oder erwähnt. Dabei entscheiden diese oft über die alltägliche Kleiderwahl.

Darüber hinaus sind die unterschiedlichen Bezeichnungen und die sehr unterschiedliche Anzahl der Stiltypen für Leser der Fachliteratur verwirrend. Sie müssen die Einteilung in die verschiedenen Stilgruppen selbst leisten, während dazu bei einer Typberatung ein persönlicher Fragebogen ausgefüllt wird. Eine anschließende Besprechung mit der Typberaterin gibt zusätzliche Hilfestellung bei der Wahl des Stils. Dies bietet für die Stilberatung eine andere Ausgangslage, da hier die eigene Persönlichkeit der Beratenen in viel größerem Maße Einfluss nehmen kann.

Die eindeutige Zuweisung zu einer einzigen Stilgruppe wird in der Praxis nur sehr selten vorgenommen. Während einer individuellen Typberatung wird ein Haupt- und ein Nebenstil der Person ermittelt, die in unterschiedlicher Gewich-

tung vertreten sein können. In einigen Fällen werden auch mehr als zwei Stiltypen zugewiesen, bei einer durchschnittlichen Anzahl von sechs Stiltypen entsprechen aber drei Stilzuweisungen bereits fünfzig Prozent der angebotenen Stiltypen.
In der Literatur wird nicht darauf eingegangen, dass eine Person einen Haupt- und Nebenstil hat. Ein Beweis mehr, dass Leser zu einem eingeschränkteren Ergebnis gelangen als Kunden einer Typberatung.

Im Handlungsfeld Typberatung soll das Beziehungsgefüge Kleidung und Identitätsarbeit beleuchten werden. Deshalb werden Typberaterinnen und Beratene in narrativen Interviews aufgefordert, über ihre Erfahrungen zu berichten. Das folgende Kapitel gibt einen Überblick über das methodische Vorgehen in der Arbeit.

6. Methodisches Vorgehen

Das folgende Kapitel erläutert das methodische Vorgehen innerhalb der vorliegenden Arbeit. Dabei wird zuerst die Datenerhebung (vgl. Kap. 6.1), danach die Datenaufbereitung (vgl. Kap. 6.2) und schließlich die Datenauswertung (vgl. Kap. 6.3) beschrieben. Die Datenerhebung geschieht mit Hilfe narrativer Interviews, im Anschluss daran werden die Daten durch eine Transkription aufbereitet. Schließlich werden jene mittels der qualitativen einleitend allgemeine Angaben zum methodischen Vorgehen gemacht, anschließend erfolgt die Erläuterung der konkreten Umsetzung im Rahmen dieser Arbeit.

6.1 Das narrative Interview als Methode der Datenerhebung

Zur Datenerhebung werden narrative Interviews verwendet. Die Methode des narrativen Interviews gehört zur qualitativen Sozialforschung. Im Anschluss an eine Begriffsklärung (6.1.1.1) werden die Merkmale des narrativen Interviews beschrieben (6.1.1.2). Das darauf folgende Kapitel erläutert die notwendigen Vorbereitungen, die einem narrativen Interview vorausgehen müssen (6.1.1.3). Die Beschreibung der Phasen des narrativen Interviews (6.1.1.4), die Auseinandersetzung mit den Kompetenzen, die der Interviewer und der Interviewte bei dieser Methode benötigen (6.1.1.5), und die Grenzen und Leistungen des narrativen Interviews (6.1.1.6) schließen die Überlegungen zur Datenerhebung ab.

6.1.1 Das narrative Interview

6.1.1.1 Begriffsklärung

Narrativ bedeutet „erzählend, in erzählender Form darstellend" (DUDEN FREMDWÖRTERBUCH 1997, S. 542). Folglich ist nicht jede Kommunikationsform eine Narration: Dazu bedarf es einer allgemeinen Struktur, das heißt, eines Aufbaus der Szene, eines sequentiell erzählten Geschehens und einer retrospektiven Deutung und Bilanzierung des Ereignisses (vgl. LAMNEK 1995b, S. 70). Das narrative Interview macht sich diese Form der erzählenden Darstellung, die auch im Alltag der Individuen eine bedeutende Rolle einnehmen kann, zunutze.

„Im narrativen Interview wird der Informant gebeten, die Geschichte eines Gegenstandsbereiches, an der der Interviewte teilgenommen hat, in einer Stegreiferzählung darzustellen. (...) Aufgabe des Interviewers ist es, den Informanten dazu zu bewegen, die Geschichte des in Frage stehenden Gegenstandsbereiches als eine zusammenhängende Geschichte aller relevanten Ereignisse von Anfang bis Ende zu erzählen." (Hermanns 1991, zit. nach FLICK 1998, S. 116)

Neben dieser oben aufgeführten allgemeinen Struktur, die jede Narration auszuweisen hat, gibt es noch weitere Merkmale, die ein narratives Interview auszeichnen. Diese sollen im folgenden Kapitel ausführlich erläutert werden.

6.1.1.2 Merkmale des narrativen Interviews

Die Methode des narrativen Interviews basiert auf der Methodologie qualitativer Forschung, gehört zu den qualitativen Interviewformen und wird folglich auch durch allgemeine Merkmale qualitativer Interviews geprägt.

Die Interviewmethode von der diverse Formen existieren, ist nach LAMNEK (vgl. 1995b, S. 35) auf dem besten Wege, die bedeutsamste qualitative Methode zu werden, denn es ist ein geringerer Aufwand, Personen zu einem Interview heranzuziehen, als eine teilnehmende Beobachtung vorzunehmen. Dies führte in den letzten Jahren innerhalb der qualitativen Forschung zur Bevorzugung der Interview-Methode; obgleich die teilnehmende Beobachtung als qualitative Methode par excellence galt.

Zudem sprechen drei weitere Gründe für die häufige Verwendung des qualitativen Interviews: Erstens hat sich die qualitative Forschung intensiv mit Auswertungsverfahren in Form von Textinterpretationen befasst. Zweitens werden die Daten im Zustand des Entstehens aufgezeichnet und geben somit eine authentische Erhebung wieder, die dann auch für eine größere Gruppe von Forschern als Datengrundlage dienen kann. Drittens sind Kontrollmöglichkeiten durch die Vorlagen der Transkriptionen und der Interpretationen für Außenstehende gegeben. Diese Kontrollierbarkeit weist den qualitativen Interviews methodisch und methodologisch einen hohen Status zu. (Vgl. LAMNEK 1995b, S. 35)

Die hohe Anzahl der Forschungsprojekte und Publikationen spiegeln die Wichtigkeit und Akzeptanz der qualitativen Forschungsrichtung in den letzten Jahren wider. Es ist die Rede von einer neu erstarkenden qualitativen Sozialforschung (vgl. LAMNEK 1995b, Buchrücken).
„Qualitative Forschung gewinnt besondere Aktualität für die Untersuchung sozialer Zusammenhänge, da die Pluralisierung der Lebenswelten in modernen Gesellschaften - im Sinne der `neuen Unübersichtlichkeit´ (Habermas 1985), der zunehmenden `Individualisierung von Lebenslagen und Biographiemustern´ (Beck 1986) oder der Auflösung alter sozialer Ungleichheiten in die neue Vielfalt der Milieus, Subkulturen, Lebensstile und Lebensweisen (Hradil 1992) - eine neue Sensibilität für empirisch untersuchte Gegenstände erforderlich macht." (FLICK 1998, S. 9)

Ein Ziel der qualitativen Forschung ist es, durch offene Fragestellungen, die kein vorgegebenes Antwortschema haben, den Befragten zu eigenen Antwortformulierungen zu animieren. Im narrativen Interview wird dazu die notwendige `Face-to-face-Situtation´ hergestellt. Damit wird eine persönliche Kommunikation und eine Vertrauensbasis zwischen dem Fragenden und Befragten geschaffen. Die Datenerhebung durch das narrative Interview erfolgt in Form von Alltagsgesprächen. Der Eindruck einer künstlichen Interviewsituation soll dabei möglichst minimiert werden, damit während der Befragung zum Teil auch sehr persönliche Informationen gewonnen werden können.

Subjektive Sicht- und Handlungsweisen der Befragten sollen durch die qualitative Interviewführung analysiert werden (vgl. FLICK 1998, S. 123). Deshalb werden hauptsächlich nicht- oder halbstandardisierte Fragestellungen verwendet. Nicht-standardisierte oder offene Interviews sind dadurch gekennzeichnet, dass sie ohne Fragebogen oder festes Frageschema durchgeführt werden. Bei der Arbeit mit qualitativen Interviews wird ein offenes Frageschema bevorzugt, das subjektive Ansatzpunkte der Individuen zulässt. Außerdem sind weder die Reihenfolge noch die Formulierung der Fragen im Voraus streng vorgegeben. Den Definitionsraum des Gesprächs bildet lediglich ein bestimmtes Rahmenthema. Zwischenfragen oder Aufforderungen zur Präzisierung seitens des Interviewers sind möglich. (Vgl. LAMNEK 1995b, S. 43ff.)
Interviews können grundsätzlich mit Einzelpersonen oder Gruppen geführt werden. Das narrative Interview findet im Allgemeinen als Einzelinterview statt, damit die subjektiven Gedankengänge und der Erzählfluss des Einzelnen nicht von weiteren Interviewteilnehmern unterbrochen werden.

Grundlage narrativer Interviews ist das „Prinzip der Offenheit" (HOFFMANN-RIEM 1980, zit. nach FLICK 1998, S.63), welches das Erfassen des zu erforschenden Gegenstandes als vorläufig ansieht, denn erst durch die intensive Auseinandersetzung mit dem Forschungsgegenstand erhält man darüber detailliertere Informationen. Problematisch sind daher Vorabformulierungen von Hypothesen. „Damit ist aber jedoch keineswegs gemeint, daß auf die Festlegung und Formulierung von Fragestellungen verzichtet werden sollte." (FLICK 1998, S. 63) Jedoch müssen diese Fragestellungen relativ offen formuliert werden, damit sie dem Forschungsprozess nicht im Wege stehen.

Um dem Prinzip der Offenheit gerecht zu werden, werden narrative Interviews überwiegend mündlich geführt. So besteht die Chance, durch nachhakende Fragen seitens des Interviewers komplexere Zusammenhänge zu erfassen, als dies durch die schriftliche Interviewform möglich wäre. Ein weiteres Argument für die mündliche Datenerfassung ist die Tatsache, dass viele Menschen nicht in der Lage sind, komplexe Inhalte in schriftlicher Form wieder zu geben.

Der Kommunikationsstil narrativer Interviews ist weich bis neutral, das heißt, dass das Gespräch einen unpersönlich-sachlichen Charakter annehmen sollte. Dies hebt eine soziale Distanz zwischen den Gesprächspartnern hervor. Trotzdem gilt es „ein Vertrauensverhältnis zum Befragten zu entwickeln, indem er [der Interviewer] der Person des Befragten (nicht den Antworten) seine Sympathie demonstriert" (GRUNOW 1978, zit. nach LAMNEK 1995b, S. 57). Eine Vertrauensbasis zwischen Interviewer und Interviewtem ist im Rahmen narrativer Interviews besonders bedeutsam, da die Individuen ihre Erfahrungen, Erlebnisse und Empfindungen einer unbekannten Person gegenüber wiedergeben sollen. Eine angespannte Atomsphäre ist für die Gesprächssituation kontraproduktiv, da sich die Befragten in diesem Fall verschließen und in der Regel keine detaillierte Auskunft geben.

6.1.1.3 Vorkehrungen für das narrative Interview

Die Vorbereitungen der Interviews beginnen mit der Auswahl der zu befragenden Personen, die infolge der zugrundeliegenden Frage- und Themenstellung ausgesucht werden. Der nächste, wesentlich diffizilere Schritt ist, sich dieser begrenzten Personengruppe so weit anzunähern, dass die Aussichten auf eine Befragung erfolgreich scheinen und die gewünschten Personen zu einem Interview bereit sind.

Im Anschluss an die Personenauswahl werden die Rahmenbedingungen für die Interviews reflektiert. Um authentische Informationen durch den Befragten zu erhalten, ist es von Vorteil, für das narrative Interview eine natürliche Situation im alltäglichen Milieu des Befragten herzustellen. Das verwendete Vokabular sollte von Seiten der Interviewpartner umgangssprachlich benutzt werden. (Vgl. LAMNEK 1995b, S. 65ff.)
Da der Befragungsort entscheidende Impulse für die Antworten liefert, müssen die räumlichen Rahmenbedingungen sorgfältig ausgewählt werden. Denn nur eine vertrauliche und entspannte Atmosphäre schafft die Voraussetzung für eine gelungene Datenerhebung.

Häufig scheuen sich Menschen, ein Interview zu geben, da sie eine Verbindung zu den Befragungen Prominenter in den Medien herstellen und sich als `einfache Menschen´ dazu nicht in der Lage sehen. Auch die Tatsache, dass sich die Wissenschaft für die eigenen, privaten Belange und Lebensgeschichten interessiert, kann letztlich zu Hemmungen bei den Befragten führen. Eine Einführung in die Forschungsabsichten beim ersten Kontakt des Interviewten mit dem Interviewer können diese Zurückhaltung mindern. Eine Vorabinformation über das Forschungsvorhaben ist auch deshalb notwendig, da während des narrativen Interviews generell keine Gegenbefragung des Interviewers durch den Befragten üblich ist.

Entscheidend ist auch, dass die Befragten im Forschungsprozess als Interviewpartner gesehen werden, um authentische Informationen gewinnen zu können. Angaben über die Forschungsabsichten und Hintergründe der Arbeit machen das Interview zum gemeinsamen Arbeitsprozess von Interviewer und Interviewtem. Neben diesen Angaben ist dem Interviewten auch der Zeitaufwand anzugeben, der voraussichtlich benötigt wird, um die gewünschten Daten zu sammeln.

Für den ersten Kontakt sollte ein Schriftstück vorbereitet werden, das die Rechte des Befragten fixiert. Dieser `Basisvertrag´ soll die Anonymität der befragten Person gewährleisten, zudem soll der interviewten Person das Recht eingeräumt werden, nachträglich Korrekturen am Gesprächsprotokoll vornehmen zu können.

6.1.1.4 Phasen des narrativen Interviews

Das narrative Interview kann in fünf verschiedene Phasen eingeteilt werden (vgl. LAMNEK 1995b, S. 70ff.):

In der *Erklärungsphase* wird dem Befragten die Funktionsweise eines narrativen Interviews erläutert. Jene versteht sich als Aufwärmphase für die beiden Gesprächspartner, die sich gewöhnlich erst zu diesem Zeitpunkt näher kennen lernen. Der Interviewer versucht, eine Atmosphäre des Vertrauens aufzubauen und dem Befragten das Gefühl zu vermitteln, dass seine Aussagen für das Forschungsvorhaben von großer Bedeutung sind.

Die Phase der *Einleitung* dient der Eingrenzung des relevanten Lebensabschnittes, in welchem das für die Fragestellung bedeutsame Ereignis stattgefunden hat. Damit der Befragte in den Zugzwang des Erzählens gerät, muss die erzählgenerierende Eingangsfrage einen deutlichen Hinweis auf den erzählenden Verlauf des Interviews geben. Darüber hinaus muss die Eingangsfrage die explizite Aufforderung zu einer detaillierten Darstellung enthalten. (Vgl. FLICK 1998, S. 117)

In der darauf folgenden *Erzählphase* soll der Befragte möglichst nicht unterbrochen werden. Dabei fällt dem Interviewer zwar die Rolle des Zuhörers zu, er sollte dem Interviewpartner jedoch signalisieren, dass er sich in die erzählte Geschichte und in die Perspektive des Erzählers hineinversetzt (vgl. FLICK 1998, S. 117). Es ist wichtig, dass der Erzähler selbst die Erzählung beendet. Im Gegensatz zur Alltagskommunikation soll in dieser dritten Phase ein Kommentieren oder Nachfragen durch den Interviewer weitgehend ausbleiben.

Unklare Passagen oder weitere Details können in der *Nachfragephase* geklärt werden. Hier kann der Interviewer die für ihn offen gebliebenen Fragen oder Widersprüchlichkeiten durch Rückfragen klären.

In der letzten Phase, der *Bilanzierungsphase*, können vom Interviewer direkte Fragen nach den Beweggründen der Erlebnisse gestellt werden (vgl. LAMNEK

1995b, S. 72). Dabei kann der Befragte unter Berücksichtigung seiner Erzählungen versuchen eine Bilanz aus seinen Erfahrungen zu ziehen.

Die oben beschriebenen fünf Phasen können sich im Laufe des narrativen Interviews wiederholen:
„Diese Einfachstruktur [hier beschrieben durch die fünf Phasen des narrativen Interviews (Anm. des Verf.)] kann sich natürlich spiralförmig im Sinne einer Addition der Phasen weiterentwickeln, wenn nach Abschluß eines Gegenstandsbereiches ein neuer Topic angesprochen wird, indem der Interviewer wieder mit einer deskriptiven, in das zu Erzählende hineinführenden, erzählgenerierenden Frage beginnt." (LAMNEK 1995b, S. 72)

Ein narratives Interview kann die aufgeführten Phasen somit mehrmals durchlaufen. Die Anzahl der erzählgenerierenden Fragen vom Interviewer entscheiden dabei über die Häufigkeit der Phasenwiederholungen.

6.1.1.5 Kompetenzen der Interviewpartner beim narrativen Interview

Die Befragungssituation im narrativen Interview erfordert bestimmte Kompetenzen bei beiden Interviewpartnern.
Der Interviewer muss mit dem Gegenstand der Befragung bestens vertraut sein. Eine Standardisierung der Fragen - abgesehen von einem Leitfaden mit „erzählgenerierenden Fragen" (GIRTLER 1974, zit. nach LAMNEK 1995b, S. 71) - ist bei narrativen Interviews nicht vorgesehen. Die daraus resultierende offene Fragestellung erlaubt es in der Regel nicht, dass die qualitative Forschungsarbeit von Hilfskräften ausgeführt wird.
Der Interviewer muss die Fähigkeit zu einer offenen Gesprächstechnik besitzen, die sich durch Passivität und Anregung zugleich auszeichnet. Der Befragte ist durch diese Fragestellungen gezwungen, seine Antworten in verständlicher Form zu artikulieren. Dies „erfordert vom *Befragten in der Regel ein höheres Maß an intellektueller und kommunikativer Kompetenz*" (LAMNEK 1995b, S. 66; Hervorhbg. im Original), als bei geschlossenen Fragestellungen.

6.1.1.6 Grenzen und Leistungen des narrativen Interviews

Die Methode des narrativen Interviews kann sowohl für Forscher als auch für Befragte verschiedene Schwierigkeiten aufweisen:
Das narrative Interview verletzt häufig die Rollenerwartungen, weil der Interviewer seiner Rolle als Fragesteller nur sporadisch gerecht wird, da er über längere Zeiträume den Interviewten erzählen lässt und die Narration nicht unterbricht. Erzählungen im alltagssprachlichen Sinn nehmen (meist) kürzere Zeiträume in Anspruch. Eine relativ lange Erzähldauer ohne Unterbrechungen ist demnach für den Befragten eine ungewohnte Situation. Die nicht erfüllten „Situationserwartungen" (FLICK 1998, S. 121) irritieren meist beide Seiten. Rol-

lenspiele und Probeinterviews können zumindest dem Interviewer helfen, diese Schwierigkeiten zu mindern und aktives Zuhören zu trainieren. (Vgl. FLICK 1998, S. 121f.)

Ein weiteres Problem ist die narrative Kompetenz der Befragten, die zwar zu den Alltagskompetenzen gezählt werden kann, aber sehr unterschiedlich ausgeprägt ist. „Wir müssen davon ausgehen, daß nicht jeder Befragte zur erzählenden Darstellung seiner Lebensgeschichte in der Lage ist. Verschlossene, schüchterne, wortkarge oder übermäßig zurückhaltende Menschen begegnen uns nicht nur im sozialen Alltag, sondern auch in lebensgeschichtlichen Befragungen." (FUCHS 1984, S. 249)

Wie alle Forschungsmethoden stößt auch das narrative Interview nicht nur durch die in der Methode enthaltenen Schwierigkeiten auf seine Grenzen. Das Ziel der Erfassung sozialer Wirklichkeit kann nie ganz erreicht werden. Durch die Forschungsmethode kann lediglich ein bestimmter Ausschnitt individueller Lebenswirklichkeit gezeigt werden; es kann deshalb auch nur eine Annäherung an die objektive Wirklichkeit geleistet werden.

Eine wesentliche Leistung des narrativen Interviews liegt aber darin, Orientierungsmuster des Handelns von Individuen offen zu legen. Darüber hinaus leistet das narrative Interview eine retrospektive Interpretation des Handelns durch die Erzählenden (vgl. LAMNEK 1995b, S. 74).

Die „dreifachen Zugzwänge des Erzählens" (FLICK 1998, S. 123) ermöglichen, dass Ereignisse während des Interviews geschildert werden, die in einer alltäglichen Konversation vielleicht nicht thematisiert werden würden. Denn während des Interviews wird der Befragte gezwungen, eine einmal begonnene Erzählung zu beenden (Gestalterschließungszwang), das für das Verständnis Notwendige in komprimierter Form darzustellen (Kondensierungszwang) und Hintergrundinformationen und Zusammenhänge zu schildern (Detaillierungszwang) (vgl. FLICK 1998, S.123). Dies hat Auswirkungen auf die Qualität des Interviews: neue Gedanken fließen ein und werden unter verändertem Blickwinkel vom Erzählenden reflektiert.

6.1.2 Durchführung der Datenerhebung

Identität ist eine individuelle Größe, die ausschließlich beim Subjekt verankert ist. Die Fragestellung der vorliegenden Arbeit kann somit nur durch eine qualitative Vorgehensweise adäquat beantwortet werden, denn die qualitative Sozialforschung bemüht sich durch intensive Auseinandersetzung mit dem Individuum, dessen alltagstheoretisches Bewusstsein zu erschließen und zu rekonstruieren. Durch die narrativen Interviews kann die Identitätsarbeit der Befragten, hier im Handlungsfeld der Typberatung, vom Interviewer nachvollzogen und verstanden werden.

Identitätsarbeit ist ein „Passungsprozeß, bei dem vergangene, gegenwärtige und zukunftsbezogene Selbsterfahrungen unter verschiedenen Identitätsperspektiven reflektiert und zu Teilidentitäten zusammengefaßt werden" (KEUPP 1999, S. 207). Innerhalb der Identitätsarbeit nimmt die Narration einen wichtigen Stellenwert ein, dadurch, dass die Ambivalenzen und Spannungen des Individuums, die innerhalb des Identitätsprozesses auftreten, verknüpft. Die Narration spielt somit nicht nur innerhalb der qualitativen Sozialforschung, sondern auch in der alltäglichen Identitätsarbeit als bedeutsames Mittel dieser Verknüpfungsarbeit eine wichtige Rolle. (Vgl. KEUPP 1999, S. 207ff. und Kap. 6.1.1.1)
Darüber hinaus ermöglicht die Narration den Zuhörern, sich in die erzählende Person hineinzuversetzen und deren Erlebnisse und Gedanken nachzuvollziehen. Und hier setzt das narrative Interview an: Zum einen verdeutlicht sich die Identitätsarbeit für das erzählende Individuum selbst. Es möchte sich durch seine Narration seiner Umwelt verständlich machen. Gleichzeitig setzt es sich mit den eigenen Ausführungen auseinander und entdeckt dadurch neue Zusammenhänge und Erkenntnisse. Zum anderen wird die Identitätsarbeit des Befragten für den Forscher erschlossen und für die Forschungsarbeit zugänglich gemacht. Spannungen und Ambivalenzen in der Narration machen dabei die Identitätsarbeit des Individuums erkennbar. Durch die Narration des Befragten während des Interviews werden für den Forscher die vergangenen Ereignisse und gegenwärtige Konstellation der Identität nachvollziehbar.

Zur Datenerhebung innerhalb der vorliegenden Arbeit werden zwei Interviewgruppen ausgewählt: Eine Gruppe von Typberaterinnen und eine Gruppe von Personen, die sich einer Typberatung unterzogen haben.
Welche Bedeutung die Kleidung bei der Identitätsarbeit im Handlungsfeld Typberatung einnimmt, soll durch narrative Interviews mit fünf Typberaterinnen und acht Beratenen beleuchtet werden. Die größere Anzahl der Beratenen zeigt, dass der Schwerpunkt der Arbeit auf den subjektiven Erfahrungen der Individuen liegt, die nicht (ausschließlich) aus beruflichen Gründen eine Beratung mitgemacht haben, denn der Einstieg in das Berufsfeld bei den Typberaterinnen ist häufig mit der Inanspruchnahme einer eigenen Typberatung verbunden. Jedoch ergaben Voruntersuchungen zu dieser Arbeit den Hinweis, dass Typberaterinnen Einblick in eine Vielzahl von Beratenen-Biografien haben und dadurch bedeutende Erkenntnisse zum Untersuchungsgegenstand Identitätsarbeit im Handlungsfeld Typberatung beitragen können. Darüber hinaus können auch Aspekte der Identitätsarbeit der Typberaterinnen in die Forschungsarbeit mit einbezogen werden.

Die Interviewgruppe der Typberaterinnen rekrutiert sich durch Recherche im Internet und mit Hilfe von Telefonbüchern. Kriterien bei der Auswahl der Typberaterinnen sind dabei das angewendete Beratungssystem und die Tätigkeitsdauer. Es wird vermutet, dass diese beiden Aspekte Auswirkungen auf die Typberatungssituation und somit auch auf die Beratenen und deren Identitätsarbeit haben können.

Der Ort der Befragung wird von den Interviewten selbst ausgewählt. Alle Typeraterinnen wählen, mit einer Ausnahme, ihr Beratungsstudio als Interviewort aus. Dies erweist sich für die Interviews in mehrerlei Hinsicht als Vorteil. In \`ihren vier Wänden´ fühlen sich die Beraterinnen sicher und werden nicht durch fremde Räumlichkeiten vom Gespräch abgelenkt. Die Arbeitsmaterialien der Typberaterinnen sind vor Ort: Tücher, Bücher, Kosmetika und weiteres Anschauungsmaterial können während des Interviews herangezogen werden. Nur eine Typberaterin wählt ein öffentliches Café, was durch den Umstand erzwungen wird, dass sie zum Zeitpunkt des Interviews nicht mehr als Typberaterin tätig ist.

Die Auswahl der Beratenen wird größtenteils durch die interviewten Typberaterinnen vorgenommen, da diese Kontakt zu der gewünschten Personengruppe haben. Außerdem können die Typberaterinnen den Beratenen von den Erfahrungen berichten, die während des eigenen Interviews gemacht wurden, und so die mögliche Scheu vor der Mitwirkung an einem Forschungsvorhaben eventuell mildern.
Der erste Kontakt mit Beratenen ermöglicht die Verbindung zu weiteren Personen, die eine Typberatung erlebten und zum näheren Umfeld der Erstbefragten gehören. Der Vorteil dieses Verfahrens liegt darin, dass die erstbefragten Beratenen häufig, ähnlich wie die Typberaterinnen, einen guten Einblick in das zu untersuchende Milieu haben und so Verbindungen zu weiteren Beratenen aufbauen können.

Die Auswahl der Beratenen wird wesentlich durch das Alter der Personen bestimmt. Um die lebenslange Identitätsarbeit zu verdeutlichen, wird auf das mittlere Erwachsenenalter zurückgegriffen (vgl. Kap. 3.8.3). Außerdem spielt der Beratungszeitpunkt bei der Auswahl der Interviewten eine Rolle: So werden Personen ermittelt, deren Beratung bereits über zehn Jahre zurück liegt und wieder andere, die erst einige Monate vor den Interviews beraten wurden. Dadurch wird ein Vergleich geschaffen, wie sich die Beratung und gegebenenfalls die Typveränderung im Alltagsleben der Individuen über eine längeren Zeitraum auswirkt, beziehungsweise, ob sich diese Langzeitwirkung von den ersten Auswirkungen einer Typberatung unterscheidet.

Die Beratenen werden bei sich zu Hause interviewt. Dies bringt ebenfalls die oben bereits aufgeführten Vorteile mit sich: Durch das heimische Umfeld gewinnen die Interviewten Sicherheit für die Befragung. Zusätzlich können ergänzende Materialien wie Fotografien - aus der Zeit *vor* der Typberatung - und die in der Beratung erhaltenen Farbpässe gezeigt und zur Erläuterung herangezogen werden. Auch Kleidungsstücke und Accessoires können demonstriert werden und eventuell als Erzählhilfe dienen. Das persönliche Umfeld und teilweise auch das Kennenlernen weiterer Familienmitglieder helfen dem Interviewer, die Aussagen der Beratenen besser einzuordnen. Im privaten Umfeld muss darauf geachtet werden, das Interview nur dann auf Tonband aufzuzeichnen, wenn Dritte nicht (mehr) anwesend sind.

Um die Erzählbereitschaft beider Interviewgruppen zu erhöhen, wird besonderer Wert auf die erste Kontaktaufnahme und das Einführungsgespräch gelegt. In dieser ersten Erklärungsphase (vgl. Kap. 6.1.1.4) wird das Forschungsvorhaben „Kleidung – Körper – Identität" der Pädagogischen Hochschule Heidelberg geschildert.
Der erste Kontakt der Interviewpartner ist ein entscheidender Augenblick, denn für Forscher und Befragte ist die Befragungssituation ungewohnt und vielleicht auch belastend. Der Befragte steht jemandem gegenüber, der sich für seine ganz persönlichen Typveränderungen interessiert und mit Aufmerksamkeit seine privaten Erlebnisse verfolgt, aufzeichnet und verwertet. „Wie eng aufeinander verwiesen Wissenschaft und Alltagsleben sind und zugleich wie fern das System Wissenschaft im Alltag der Menschen ist" (WAHL/ HONIG/ GRAVENHORST 1982, S. 98), wird in diesem Moment besonders deutlich.
In der zweiten Phase des narrativen Interviews, der Einleitung (vgl. Kap. 6.1.1.4), werden die Interviewten auf ihre Erfahrung mit der Typberatung angesprochen.
Zur Vereinfachung der dritten Phase, der Erzählphase (vgl. Kap. 6.1.1.4) und um den Redefluss anzuregen, werden bei den Interviews mit den Typberaterinnen und den Beratenen sichere Einstiegsthemen gewählt: Diese einführenden Impulse beziehen sich auf den Ablauf der Typberatung, da beide Interviewgruppen ohne Schwierigkeiten beschreiben können, wie eine Beratung vonstatten geht. Diese Beschreibungen ermuntern die Interviewten, in ihren Erzählungen fortzufahren, weil sie durch ihre ersten Aussagen Sicherheit gewinnen.

Folgende erzählgenerierende Impulse finden bei den **Typberaterinnen**-Interviews Verwendung:

- Berufsfeld Typberatung
- Veränderungen durch die berufliche Tätigkeit
- Veränderungen durch die eigene erlebte Typberatung
- Wahrgenommene Veränderungen bei den Beratenen

Folgende erzählgenerierende Impulse finden bei den **Beratenen**-Interviews Verwendung:

- Beratungssituation
- Wahrgenommene Veränderungen bei den Beratenen selbst
- Reaktionen des Umfeldes auf die Veränderungen der Beratenen

Diese Impulse dienen als grobe Orientierung für den Interviewer. Außerdem helfen sie erzählschwachen Interviewpartnern, den Erzählfluss aufrecht zu erhalten. Prinzipiell wird jedoch versucht, der Narration freien Lauf zu lassen. Das Hauptaugenmerk liegt auf den subjektiv gesetzten Schwerpunkten der Befragten.

Unklare Aussagen bezüglich der Identitätsarbeit werden in der vierten Phase, der Nachfragephase (vgl. Kap. 6.1.1.4), geklärt. Aus dem Erzählten werden Anhaltspunkte zur Typveränderung aufgegriffen und als Impulse nochmals in den Raum gestellt. Die Nachfragephase wird stark durch die Erzählkompetenz des Interviewten beeinflusst und ist in unterschiedlichem Umfang notwendig.

Die fünfte Phase, die Bilanzierungsphase (vgl. Kap. 6.1.1.4), stellt eine Möglichkeit der Rückversicherung des Interviewers dar. Es wird gemeinsam reflektiert, ob die Aussagen der Interviewten zur Identität und zum Handlungsfeld Typberatung vom Interviewer richtig aufgefasst und verstanden werden.

Die durch die narrativen Interviews gewonnenen Daten werden durch die Transkription aufbereitet. Das folgende Kapitel beschreibt den Ablauf der Datenaufbereitung.

6.2 Die Transkription als Methode der Datenaufbereitung

6.2.1 Die Transkription

Die Tonbandaufzeichnung des Interviewverlaufs durch technische Geräte ist alltägliche Forschungspraxis und unerlässlich, um die Menge an Informationen, die während der Interviews gesammelt werden, vollständig und gesichert für eine spätere Auswertung vorliegen zu haben. Die schriftliche Fassung der Befragung - die Transkription - kann aber nur einen Ausschnitt des tatsächlich abgelaufenen Interviews wiedergeben. Das nonverbale Verhalten der Befragten und die situationsspezifischen Konstellationen, in welche das Interview eingebunden ist, werden dabei in der Regel eher vernachlässigt. Deshalb ist darauf zu achten, die zum Zeitpunkt der Datenerhebung herrschenden Umstände, in der Auswertung in Form eines Interviewerberichts zu beschreiben.

Eine Standardisierung der Transkription hat sich in der Forschungspraxis bisher nicht durchsetzen können (vgl. FLICK 1998, S. 192). Die Entscheidung für eine bestimmte Transkriptionsart ist generell von den Zielen abhängig, die mit der Forschungsarbeit verbunden sind. So streben beispielsweise Forschungsansätze mit sprachanalytischem Hintergrund ein Höchstmaß an erzielbarer Genauigkeit hinsichtlich der schriftlichen Übertragung von Äußerungen und Pausen an. In Anlehnung an die Messgenauigkeit der Naturwissenschaften erinnern diese Transkriptionsregeln an einen „Fetischismus, der in keinem begründbaren Verhältnis mehr zur Fragestellung und [zum] Ertrag der Forschung steht" (FLICK 1998, S. 192).
Bei der Transkription gilt zu bedenken, dass es für die Befragten oftmals nicht möglich ist, ihre Erfahrungen so wiederzugeben, dass diese in einer für sie tragbaren Weise verschriftlicht werden können. Dem Befragten, der bereit ist, während eines Interviews persönliche Aussagen zu machen, würde „wirklich übel mitgespielt, wenn man dies alles wörtlich wiedergeben würde, so als ob die verbreiteten Vorurteile, Meinungen, Ressentiments, Selbststilisierungen, als ob die gedankenlosen Sätze, die manchmal zuerst über die Lippen kommen, die Essenz ihrer Subjektivität wären" (GRAF 1982, S. 101).

Abgesehen von dieser Schwierigkeit, dem Interviewten mit einer Transkription gerecht zu werden, muss versucht werden, eine für den Leser verständliche und lesbare Version zu erarbeiten. Die langwierige und anstrengende Tätigkeit der Transkription verleitet dazu, die Aufgabe an Hilfskräfte, die nicht in das Forschungsvorhaben involviert sind, weiter zu geben. Die Transkriptionsarbeit ist aber ein notwendiger Zwischenschritt vor der Interpretation und somit unbedingt von der Person durchzuführen, die die Interviews führte und auswerten wird. Darüber hinaus führt die Verschriftlichung der Interviewaussagen zu einer größeren Interpretationstiefe und ermöglicht dem Interviewer einen distanzierten Umgang mit den gesammelten Materialien. Zusätzlich können im Transkriptionstext Hervorhebungen und Anmerkungen durch den Forscher vorgenommen werden.
Das gesammelte Datenmaterial kann in der schriftlichen Form an Kollegen oder andere Wissenschaftler zur Diskussion weitergegeben werden. Die Transkription hat außerdem die Aufgabe, die vorhandenen Daten zu sichern.

Nach der Durchführung der Transkription besitzen die Tonbänder mit den Interviews immer noch Qualitäten, die es sinnvoll machen, diese Datenträger aufzubewahren. Treten beispielsweise bei der weiteren Forschungsarbeit Fragen und Unklarheiten auf, kann auf die Tonträger zurückgegriffen werden.

6.2.2 Durchführung der Datenaufbereitung

Die in den narrativen Interviews mit Typberaterinnen und Beratenen gesammelten Daten, werden durch eine Transkription durch die Interviewerin aufbereitet und so für weitere Forschungsschritte zugänglich gemacht. Bei der Verschriftlichung des Datenmaterials werden nicht nur relevante Aussagen zur Identitätsarbeit, sondern das gesamte narrative Interview transkribiert.
Nonverbales Verhalten der Typberaterinnen und Beratenen, sowie situationsspezifische Konstellationen, die nicht durch die Transkription erfasst werden können, werden durch einen Interviewerbericht festgehalten.

Bei den Transkriptionen wird versucht, eine Schriftsprache für den entsprechenden Probanden zu konstruieren. Die mündlichen Aussagen der Typberaterinnen und Beratenen werden nach Möglichkeit so zu Papier gebracht, als hätten diese ihre Interviews selbst geschrieben. Zusätzlich werden Füllwörter wie `äh´ oder `hm´, Pausen, verschiedenartige Stimmlagen usw. in die Transkription mitaufgenommen. Dies ist wichtig, um möglichst viele Bestandteile des Gesprächs in die Interpretation einfließen lassen zu können und ein annähernd authentisches Bild des Interviews wieder zu geben.

Ein einfaches Repertoire an Zeichen und Hervorhebungen wird für die Stimmwiedergabe bei den Transkriptionen[13] angewendet:

- kurze Pausen: (..)
- lange Pausen: (...)
- nicht verständliche Passagen: ...
- Hervorhebungen der Stimmlage: unterstreichen
- in Klammern werden besondere Stimmungen gekennzeichnet, wie: (lacht), (lachend), (witzig), (stockend), (schnell sprechend), (langsam sprechend). (Vgl. HEINZE/ KLUSEMANN 1980, S. 125)

Die so transkribierten Daten der beiden Interviewgruppen – Typberaterinnen und Beratene – sind Ausgangspunkt für die Analysetätigkeit, die mit Hilfe der qualitativen Inhaltsanalyse stattfinden wird. Das folgende Kapitel (6.3) beschreibt die qualitative Inhaltsanalyse und erläutert deren konkrete Umsetzung im Rahmen der vorliegenden Arbeit.

[13] Die große Menge an Daten, die eine solche schriftliche Aufbereitung der Daten nach sich zieht, macht eine Darstellung im Rahmen dieser Arbeit nicht möglich. Die vollständigen Transkriptionen der narrativen Interviews können in einem Materialband nachgelesen werden.

6.3 Die qualitative Inhaltsanalyse als Methode der Datenauswertung

Das Ziel einer Inhaltsanalyse ist „die Analyse von Material, das aus irgendeiner Art von Kommunikation stammt" (MAYRING 2000, S. 11). Dabei sind nicht nur die Kommunikationsinhalte ausschlaggebend, sondern auch formale Aspekte und der latente Gehalt eines Gesprächs.
Für die Analysetätigkeit ist es wichtig, das Gesprochene durch systematisches, regel- und theoriegeleitetes Vorgehen in Textmaterial umzuwandeln – sprich, eine Transkription vorzunehmen (vgl. Kap. 6.2) - um Rückschlüsse auf bestimmte Aspekte der Kommunikation ziehen zu können (vgl. MAYRING 2000, S. 12f.). Im Anschluss daran kann die Analyse dieses Textmaterials vorgenommen werden, die dem Ablaufmodell der qualitativen Inhaltsanalyse, die im untenstehenden Kapitel (6.3.1) beschrieben wird, folgt.

6.3.1 Ablaufmodell der qualitativen Inhaltsanalyse

Eine systematische Analyse wird durch das allgemeine Ablaufmodell der qualitativen Inhaltsanalyse ermöglicht, die in elf Stufen verläuft.

Die ersten drei Stufen beschäftigen sich mit der Bestimmung und Selektion des Ausgangsmaterials:

<u>Stufe 1: Festlegung des Materials</u>
Das Material, das der Analyse zugrunde liegt, muss zuerst definiert werden. „Dieser `Corpus´ sollte nur unter bestimmten begründbaren Notwendigkeiten während der Analyse erweitert oder verändert werden." (MAYRING 2000, S. 47)
Dabei werden nur die für den Forschungsgegenstand bedeutsamen Ausschnitte und nicht die vollständig transkribierten Interviews analysiert. „Es werden nur Textstellen ausgewählt, in denen sich der Interviewpartner explizit und bewußt zum Gegenstand der Forschungsfrage äußert." (LAMNEK 1995b, S. 207)

<u>Stufe 2: Analyse der Entstehungssituation</u>
Ein zweiter Schritt der Inhaltsanalyse erläutert, von wem und unter welchen Bedingungen das Material produziert wird. In erster Linie sind dabei die Befragten und deren emotionale und kognitive Konstitution von Interesse. Die Analyse der Entstehungssituation beschäftigt sich darüber hinaus mit der Zielgruppe, in deren Richtung das Material verfasst wird und beschreibt auch die konkrete Entstehungssituation des Forschungsvorhabens. (Vgl. MAYRING 2000, S. 47)

<u>Stufe 3: Formale Charakteristika des Materials</u>
Die Form des Materials, das die Grundlage für die Inhaltsanalyse bildet, wird in einem dritten Schritt beschrieben. Da es sich hier gewöhnlich um transkribierte Interviews handelt, werden die Regeln der Transkription den Lesern erläutert. (Vgl. MAYRING 2000, S. 47)

Die vierte und fünfte Stufe der Inhaltsanalyse fokussieren die Fragestellung:

Stufe 4: Richtung der Analyse

Es wird festgelegt, in welche Richtung das Ausgangsmaterial interpretiert werden soll. Dabei können unterschiedliche Schwerpunkte gesetzt werden:
„Man kann die Analyse sowohl auf den Gegenstand des Protokolls richten (auf das Thema), als auch auf emotionale oder kognitive Befindlichkeiten des Kommunikators, auf die durch den Text repräsentierten Handlungen, aber auch auf die Wirkungen der Äußerungen auf einen potentiellen, zur Zielgruppe gehörenden Rezipienten." (LAMNEK 1995b, S. 208)

Stufe 5: Theoriegeleitete Differenzierung der Fragestellung

Die Inhaltsanalyse ist gekennzeichnet durch eine „*Theoriegeleitetheit* der Interpretationen" (MAYRING 2000, S. 52; Hervorhbg. im Original). „Dies drückt sich zunächst dadurch aus, daß die Analyse einer präzisen theoretisch begründeten inhaltlichen Fragestellung folgt." (MAYRING 2000, S. 52)
Theorie wird dabei „als System allgemeiner Sätze über den zu untersuchenden Gegenstand" (MAYRING 2000, S. 52) begriffen und stellt somit „nichts anderes als die geronnenen Erfahrungen anderer über diesen Gegenstand dar" (MAYRING 2000, S. 52). Die theoriegeleiteten Interpretationen orientieren sich an diesen Erfahrungen und versuchen so, einen Erkenntnisfortschritt zu erreichen. Die Forschungsfrage, häufig mit Unterfragestellungen, muss also zu Beginn der Analyse geklärt sein. (Vgl. MAYRING 2000, S. 52)

Die folgenden Stufen beschreiben das Ablaufmodell der eigentlichen Analysearbeit:

Stufe 6: Bestimmung der Analysetechnik

Ein Vorteil der qualitativen Inhaltsanalyse gegenüber anderen Interpretationsverfahren ist die Differenzierung in einzelne Interpretationsschritte und deren chronologische Abfolge. Die Auswahl der Analysetechnik (Beschreibung unter Stufe 8) und die Festlegung des Ablaufmodells der Analyse, machen diese für Außenstehende nachvollzieh- und überprüfbar. Dadurch soll die Wissenschaftlichkeit der Auswertungsmethode gewährleistet werden. (Vgl. MAYRING 2000, S. 53)

Stufe 7: Definition der Analyseeinheiten

Die Definition der Analyseeinheiten dient der weiteren Präzisierung der qualitativen Inhaltsanalyse. Dieser Zwischenschritt legt die Kodiereinheit, die Kontexteinheit und die Auswertungseinheit fest.
Die *Kodiereinheit* bestimmt dabei die kleinste Menge des Materialbestandteils, der ausgewertet werden darf, also der „minimale Textteil (...), der unter eine Kategorie fallen kann" (MAYRING 2000, S. 53).

Die *Kontexteinheit* dagegen legt den größten Textbestandteil fest, der unter eine Kategorie fallen kann. Eine Kategorie ist ein Textmerkmal, das der Forscher durch Lektüre der Interviewprotokolle ermittelt hat, um den Text angemessen beschreiben zu können (vgl. LAMNEK 1995b, S. 208).
Die *Auswertungseinheit* legt schließlich die Auswertungsreihenfolge der Textteile fest (vgl. MAYRING 2000, S. 53).

Stufe 8: Analyse des Materials
Anhand grundlegender Interpretationsvorgänge werden drei Grundformen des Interpretierens differenziert: die Zusammenfassung, die Explikation und die Strukturierung (vgl. MAYRING 2000, S. 56ff.). Folgende Kurzfassung (Tab. 5) gibt einen Einblick in die jeweilige Interpretationsform:

Tabelle 5: Grundformen des Interpretierens (vgl. MAYRING 2000, S. 58; Hervorhbg. im Original)

Zusammenfassung:	Ziel dieser Form der Analyse ist es, das Material so zu reduzieren, dass die wesentlichen Inhalte erhalten bleiben. Gleichzeitig wird durch Abstraktion ein überschaubarer Corpus geschaffen, der immer noch Abbild des Grundmaterials ist.
Explikation:	Zweck der Explikation ist es, zu einzelnen fraglichen Textteilen (Begriffen, Sätzen, ...) zusätzliches Material heranzutragen, das das Verständnis erweitert und die Textstellen erläutert, erklärt und ausdeutet.
Strukturierung:	Ziel der Strukturierung ist es, bestimmte Aspekte aus dem gewonnenen Material herauszufiltern, unter vorher festgelegten Ordnungskriterien einen Querschnitt durch das Material zu legen oder das Material aufgrund bestimmter Kriterien einzuschätzen.

Im Rahmen der vorliegenden Arbeit wird ausschließlich die Analysetechnik der Zusammenfassung angewendet. Diese Technik wird innerhalb der Stufe 8 (*Analyse des Materials)* ausführlich beschrieben.

Die zusammenfassende Inhaltsanalyse reduziert das Datenmaterial, sodass nur die wesentlichen Inhalte erhalten bleiben. „In diesem Verfahren werden durch Auslassungen, Generalisierungen, Konstruktionen, Integrationen, Selektionen und Bündelungen abstrakte Aussagen gewonnen, die das ursprüngliche Material paraphrasieren. Diese abstrakten Paraphrasen werden unter Kategorien subsumiert und schließlich zur Kennzeichnung und Beschreibung des Einzelfalles herangezogen." (LAMNEK 1995b, S. 209)

Einen Überblick über den Ablauf der zusammenfassenden Inhaltsanalyse gibt die unten stehende Abbildung (Abb. 17):

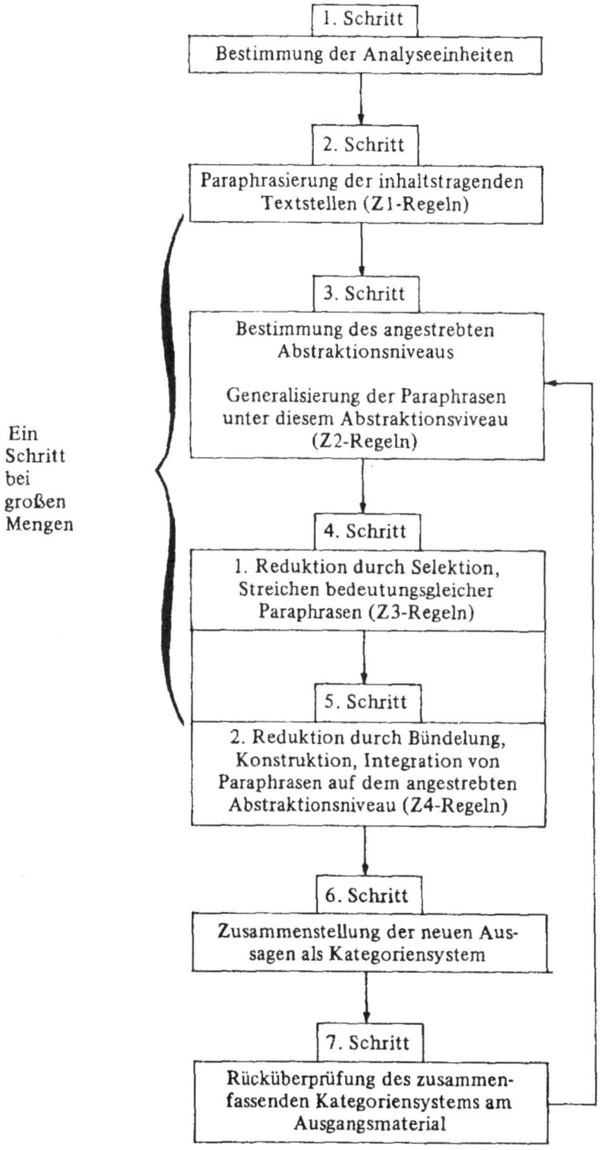
1. Schritt
Bestimmung der Analyseeinheiten
2. Schritt
Paraphrasierung der inhaltstragenden Textstellen (Z1-Regeln)
3. Schritt
Bestimmung des angestrebten Abstraktionsniveaus
Generalisierung der Paraphrasen unter diesem Abstraktionsviveau (Z2-Regeln)
Ein Schritt bei großen Mengen
4. Schritt
1. Reduktion durch Selektion, Streichen bedeutungsgleicher Paraphrasen (Z3-Regeln)
5. Schritt
2. Reduktion durch Bündelung, Konstruktion, Integration von Paraphrasen auf dem angestrebten Abstraktionsniveau (Z4-Regeln)
6. Schritt
Zusammenstellung der neuen Aussagen als Kategoriensystem
7. Schritt
Rücküberprüfung des zusammenfassenden Kategoriensystems am Ausgangsmaterial

Abbildung 17: Ablaufmodell der zusammenfassenden Inhaltsanalyse (MAYRING 2000, S. 60)

Diese Stufe 8 der qualitativen Inhaltsanalyse, nämlich die Analyse des Materials, ist wiederum in *sieben Schritte* (vgl. Abb. 17) unterteilt:
Dem *ersten Schritt*, der Bestimmung der Analyseeinheiten, geht eine Beschreibung des Materials, das durch die Fragestellung festgelegt wird, voraus. Im *zweiten Schritt* werden die einzelnen Kodiereinheiten paraphrasiert, das heißt, der Inhalt wird in einer begrenzten, beschreibenden Form wiedergegeben (vgl. hierzu die Z1-Regeln in Tab. 6). Im Anschluss daran werden, in einem *dritten Schritt*, die Paraphrasen unter dem angestrebten Abstraktionsniveau der ersten Reduktion generalisiert (vgl. hierzu die Z2-Regeln in Tab. 6). In einem *vierten Schritt* werden die inhaltsgleichen Paraphrasen gestrichen. Außerdem können bedeutungslose Paraphrasen ausgelassen und selektiert werden (vgl. hierzu die Z3-Regeln in Tab. 6). Der *fünfte Schritt* reduziert das Material erneut. Paraphrasen, die sich aufeinander beziehen oder über das Material verstreut existieren, können zusammengefasst und durch eine neue Aussage wiedergegeben werden (vgl. hierzu die Z4-Regeln in Tab. 6). Bei großen Datenmengen ist es sinnvoll, die Schritte zwei bis fünf zusammenzufassen. Der *sechste Schritt* überprüft, „ob die als Kategoriesystem zusammengestellten neuen Aussagen das Ausgangsmaterial noch repräsentieren" (MAYRING 2000, S. 61). Um den ersten Durchlauf der Zusammenfassung zu beenden, ist eine Rücküberprüfung des zusammenfassenden Kategoriensystems am Ausgangsmaterial, (*siebter Schritt*), notwendig.

Der erste Durchlauf der Zusammenfassung muss meist durch weitere Durchgänge wiederholt werden. Dies geschieht „indem das Abstraktionsniveau nun auf einer noch höheren Ebene festgelegt wird" (MAYRING 2000, S. 61), bis das Material auf die gewünschte Größe reduziert ist.

Allerdings sind die riesigen Textmengen, die bei qualitativen Interviews anfallen, nicht mit allen inhaltstragenden Textstellen zu paraphrasieren. Hier erscheint es sinnvoll und notwendig, mehrere Analyseschritte zusammenzufassen, indem die Textstellen gleich auf das angestrebte Abstraktionsniveau transformiert werden.

Die oben beschrieben Interpretationsregeln sind in der nachfolgenden Tabelle zusammengefasst (Tab. 6 nach MAYRING 2000, S. 62):

Stufe 9: Rücküberprüfung des Kategoriensystems

Der Zweck der zusammenfassenden qualitativen Inhaltsanalyse ist es „eine große Materialmenge auf ein überschaubares Maß zu kürzen und die wesentlichen Inhalte zu erhalten" (MAYRING 2000, S. 74). Dazu müssen die gebildeten Kategorien am ursprünglichen Textmaterial rücküberprüft werden und sich als annähernd repräsentativ erweisen.

Tabelle 6: Interpretationsregeln der zusammenfassenden qualitativen Inhaltsanalyse (MAYRING 2000, S. 62)

Z1:	*Paraphrasierung*
Z1.1	Streiche alle nicht (oder wenig) inhaltstragenden Textbestandteile wie ausschmückende, wiederholende, verdeutlichende Wendungen!
Z1.2	Übersetze die inhaltstragenden Textstellen auf eine einheitliche Sprachebene!
Z1.3	Transformiere sie auf eine grammatikalische Kurzform!
Z2:	*Generalisierung auf das Abstraktionsniveau*
Z2.1	Generalisiere die Gegenstände der Paraphrasen auf die definierte Abstraktionsebene, so daß die alten Gegenstände in den neu formulierten impliziert sind!
Z2.2	Generalisiere die Satzaussagen (Prädikate) auf die gleiche Weise!
Z2.3	Belasse die Paraphrasen, die über dem angestrebten Abstraktionsniveau liegen!
Z2.4	Nimm theoretische Vorannahmen bei Zweifelsfällen zuhilfe!
Z3:	*Erste Reduktion*
Z3.1	Streiche bedeutungsgleiche Paraphrasen innerhalb der Auswertungseinheiten!
Z3.2	Streiche Paraphrasen, die auf dem neuen Abstraktionsniveau nicht als wesentlich inhaltstragend erachtet werden!
Z3.3	Übernehme die Paraphrasen, die weiterhin als zentral inhaltstragend erachtet werden (Selektion)!
Z3.4	Nimm theoretische Vorannahmen bei Zweifelsfällen zuhilfe!
Z4:	*Zweite Reduktion*
Z4.1	Fasse Paraphrasen mit gleichem (ähnlichem) Gegenstand und ähnlicher Aussage zu einer Paraphrase (Bündelung) zusammen!
Z4.2	Fasse Paraphrasen mit mehreren Aussagen zu einem Gegenstand zusammen (Konstruktion/Integration)!
Z4.3	Fasse Paraphrasen mit gleichem (ähnlichem) Gegenstand und verschiedener Aussage zu einer Paraphrase zusammen (Konstruktion/Integration)!
Z4.4	Nimm theoretische Vorannahmen bei Zweifelsfällen zuhilfe!

Stufe 10: Interpretation der Ergebnisse
Die zusammengefassten Ergebnisse werden im Hinblick auf die Hauptfragestellung interpretiert. „Der Forscher soll die individuellen Darstellungen der Einzelfälle fallübergreifend generalisieren und so zu einer Gesamtdarstellung typischer Fälle anhand der Kategorien gelangen." (LAMNEK 1995b, S. 215)

Stufe 11: Gütekriterien
Den Abschluss bilden die Angaben über die Zuverlässigkeit (Reliabilität) und die Gültigkeit (Validität) der erreichten Ergebnisse (vgl. MAYRING 2000, S. 74ff.).

6.3.2 Grenzen und Leistungen der qualitativen Inhaltsanalyse

Eine Grenze der qualitativen Inhaltsanalyse besteht darin, dass es sich bei diesem Verfahren ausschließlich um eine Auswertungstechnik handelt. Sowohl die Datenerhebung als auch die Datenaufbereitung müssen durch andere Techniken geleistet werden. Darüber hinaus ist die qualitative Inhaltsanalyse nicht das geeignete Instrumentarium, Untersuchungen mit stark explorativem Charakter auszuwerten. (Vgl. MAYRING 2000, S. 116f.)

Der Ansatz der qualitativen Inhaltsanalyse ist „stark vom Ideal quantitativer Methodik geprägt" (FLICK 1998, S. 215). Speziell bei der zusammenfassenden Inhaltsanalyse ist die Verwendung der Paraphrasen, die nicht zur Erläuterung des Ausgangsmaterials eingesetzt werden, kritisch zu sehen. Denn diese Paraphrasen können nicht nur an Stelle des Ausgangsmaterials treten, die Paraphrasen können das ursprüngliche Material sogar ersetzen und damit eventuell verfälschen. (Vgl. FLICK 1998, S. 215)
Außerdem wird die individuelle Handlungsfigur „nicht in ihrer spezifischen Ganzheit und singulären Komplexität wissenschaftlich kontrolliert nachvollzogen, sondern durch analytische Kategorien unter verschiedenen Gesichtspunkten skaliert" (LAMNEK 1995b, S. 216); Fehlinterpretationen können die Konsequenz sein.

Die qualitative Inhaltsanalyse ist eine Auswertungstechnik, die versucht, dem Gegenstandsverständnis der qualitativen Sozialforschung gerecht zu werden. Die Leistung der zusammenfassenden Inhaltsanalyse liegt unter anderem darin, großen Textmengen, die bei qualitativen Befragungen entstehen, auf die relevanten Inhalte zu reduzieren und dabei die wichtigsten Inhalte der Kommunikation methodisch kontrolliert aufzuzeigen.
Eine an der „Oberfläche von Texten orientierte Auswertung" (LAMNEK 1995b, S. 216) darf nicht mit fehlendem thematischen Tiefgang verwechselt werden. Großen Textmengen zwingen zur Reduktion auf die relevanten Inhalte.
Mit Hilfe der zusammenfassenden qualitativen Inhaltsanalyse gelingt es zusätzlich, die subjektiven Sichtweisen der befragten Individuen aus den narrativen Interviews herauszuarbeiten.

6.3.3 Durchführung der Datenauswertung

Mit Hilfe der zusammenfassenden Inhaltsanalyse (vgl. Mayring 2000, S. 56ff.) werden die durch das narrative Interview gesammelten Daten der beiden Interviewgruppen ausgewertet.

Die oben aufgeführten Stufen der qualitativen Inhaltsanalyse (vgl. Kap. 6.3.1) werden nun auf das konkrete Forschungsvorhaben der vorliegenden Arbeit übertragen.

(Stufe 1: Festlegung des Materials)
Das Material, das der Inhaltsanalyse zu Grunde liegt, sind bedeutsame Ausschnitte aus den narrativen Interviews mit Typberaterinnen und Beratenen. Es werden ausschließlich Textteile verwendet, die sich mit der Identitätsarbeit der Individuen beschäftigen. Somit werden nicht die gesamten Interviewtexte der beiden Interviewgruppen als Grundlage für die Analyse herangezogen.

Bei der Interviewgruppe der Typberaterinnen sind vor allem die Passagen von Bedeutung, die das Beziehungsgefüge Kleidung und Identität thematisieren. Aber auch die Standpunkte der Typberaterinnen hinsichtlich ihrer Berufsrolle und ihrer Alltagstheorien bezüglich Kleidung sind bei der Datenauswertung von besonderem Interesse.
Spätestens zum Zeitpunkt der Ausbildung haben die Typberaterinnen selbst eine Typberatung miterlebt. Die Motivation für eigene äußere Veränderungen durch die Typberatung und deren Folgen sind ebenfalls untersuchenswert. Darüber hinaus werden Textstellen, die das Handlungs- und Arbeitsumfeld der Typberaterinnen beschreiben für die Auswertung herangezogen.
Die Typberaterinnen sind nicht nur als Multiplikatoren für ihr Kleidungs- und Identitätsverständnis zu sehen, sondern können zusätzlich einen Einblick in eine Vielzahl von Beratenen-Biografien geben. Textstellen, die über die Identität der Beratenen aus Sicht der Typberaterinnen Auskunft geben, sind daher ebenfalls Teil des zur Analyse ausgewählten Textmaterials.

Bei der Interviewgruppe der Beratenen spielen die Textpassagen, in denen von den erlebten inneren und äußeren Veränderungen durch die Typberatung berichtet wird, eine besondere Rolle. Die Motivation, die jeweils zur Inanspruchnahme einer Beratung führt, und die Veränderungen, die eine solche Beratung mit sich bringt, sind zentrale Textstellen, die in die Analyse mit einbezogen werden. Ferner werden Aussagen über die Reaktionen der sozialen Umwelt auf die Veränderungen durch die Typberatung bei den Analysen verwertet.

(Stufe 2: Analyse der Entstehungssituation)
Alle Interviews werden von der Verfasserin durchgeführt. Die befragten Typberaterinnen und Beratenen nehmen freiwillig und unentgeltlich an den narrativen Interviews teil. Die persönlichen Biografien und Erfahrungen sind bei beiden Interviewgruppen sehr unterschiedlich. Dies hat Auswirkungen auf Erzählmenge und Erzählkompetenz. Die Quantität der erzählgenerierenden Impulse innerhalb dieser Arbeit (vgl. Kap. 6.1.2) fällt deshalb auch sehr unterschiedlich aus. Einige der befragten Personen können ohne Hilfestellung

Einige der befragten Personen können ohne Hilfestellung über einen längeren Zeitraum erzählen, andere dagegen brauchen häufiger Erzählimpulse, um ihren Gesprächsfluss aufrecht zu erhalten. (Weitere Hinweise zur Entstehungssituation vgl. Kap. 6.1.2)

(Stufe 3: Formale Charakteristika des Materials)
Die narrativen Interviews beider Gruppen werden auf Tonband aufgenommen und im Anschluss daran transkribiert. Dabei werden die in Kapitel 6.2.2 beschriebenen Regeln angewendet. Die Transkription soll ein möglichst authentisches Bild der Narration wiedergeben. Aus diesem Grund gibt der Text neben dem Gesprochenen auch Pausen und Stimmungen der Interviewten wieder.

(Stufe 4: Richtung der Analyse)
Das transkribierte Material soll hinsichtlich der Fragestellung, welche Bedeutung die Kleidung bei der Identitätsarbeit im Handlungsfeld Typberatung hat, analysiert werden. Mit Hilfe der Analysen der transkribierten Texte wird versucht, Aussagen über das individuelle Verständnis der jeweiligen Befragten hinsichtlich des Beziehungsgefüges von Kleidung und Identität zu machen.

(Stufe 5: Theoriegeleitete Differenzierung der Fragestellung)
Die Erlebnisse, die die interviewten Personen bei der Typberatung und den damit zusammenhängenden inneren und äußeren Veränderung gemacht haben, werden mit der Theorie der Identitätsarbeit (vgl. hierzu Kap. 3.8) verknüpft. Dabei wird davon ausgegangen, dass Identität einen Prozess der konstruktiven Selbstverortung der Individuen darstellt (vgl. KEUPP 1999, S. 9ff.).

(Stufe 6: Bestimmung der Analysetechnik)
Um eine sinnvolle Analysetätigkeit zu ermöglichen, müssen die großen Textmengen der Transkription, die aus den narrativen Interviews mit den Typberaterinnen und Beratenen entstanden sind, reduziert werden. Aus diesem Grund wird die Analysetechnik der Zusammenfassung gewählt. Dabei wird durch die Makrooperatoren Paraphrasierung, Generalisierung, Selektion und Konstruktion eine überschaubare Analysengrundlage geschaffen. Diese Zusammenfassung erhebt den Anspruch, so nah wie möglich an ein Abbild des ursprünglichen narrativen Interviews heranzukommen.

(Stufe 7: Definition der Analyseeinheiten)
Durch die Festlegung der Analyseeinheiten wird die Präzision der Inhaltsanalyse erhöht.
Die Kodiereinheit, also der kleinste Textbestandteil, der ausgewertet wird, ist im Rahmen der vorliegenden Arbeit die Proposition. Diese Propositionen werden beim ersten Materialdurchgang als Paraphrasen der Zusammenfassung zugrunde gelegt.

Die Kontexteinheit, die den größten Materialbestandteil festlegt, ist eine Erzählphase einer Typberaterin oder einer Beratenen.
Da bei der Analysetechnik der Zusammenfassung die Auswertungseinheit mit den Kontexteinheiten zusammen fällt (vgl. MAYRING 2000, S. 62), entspricht diese also ebenfalls einer Erzählphase eines Probanden.

(Stufe 8: Analyse des Materials).
Die Reihenfolge der Zusammenfassungen gestaltet sich in der vorliegenden Arbeit folgendermaßen: Zuerst wird jedes einzelne Interview auf seine essentiellen Inhalte hinsichtlich der Fragestellung, welche Bedeutung Kleidung bei der Identitätsarbeit im Handlungsfeld Typberatung hat, überprüft und zusammengefasst. Diese Analysen des Materials werden in Kapitel 7 dargestellt. Es wird mit der Interviewgruppe der Typberaterinnen (vgl. Kap. 7.1) begonnen, im Anschluss daran werden die Analysen der Interviews mit den Beratenen (vgl. Kap. 7.2) beschrieben.

(Stufe 9: Rücküberprüfung des Kategoriensystems)
Ist die Analyse des Materials abgeschlossen, müssen die gebildeten Kategorien des analysierten Materials nochmals am ursprünglichen Textmaterial, den Transkriptionen der narrativen Interviews, überprüft werden. Kategorien wie Selbstbild, Fremdbild, innere und äußere Veränderungen werden erneut mit den Aussagen der Typberaterinnen und der Beratenen verglichen. Hierbei kann das analysierte Material über den Schritt der Generalisierung noch einmal reduziert werden.

(Stufe 10: Interpretation der Ergebnisse)
Die bis hierher erfolgte Reduktion des Datenmaterials wird im Hinblick auf die Fragestellung der vorliegenden Untersuchung interpretiert (vgl. Kap. 8). Dabei untersucht die Hauptfragestellung die Bedeutung der Kleidung bei der Identitätsarbeit im Handlungsfeld Typberatung. Die Unterfragestellungen bei der Interviewgruppe der Typberaterinnen zielen auf die Identitätsarbeit im Handlungsfeld Typberatung aus Sicht der Typberaterinnen. Dabei wird das Handlungsfeld der Typberatung und die Identitätsarbeit innerhalb dieses Handlungsfeldes aus der Perspektive der Typberaterinnen betrachtet.
Bei der Interviewgruppe der Beratenen versuchen die Unterfragestellungen die Identitätsarbeit im Handlungsfeld Typberatung aus Sicht der Beratenen zu klären. Hier wird das oben bereits genannte Schema beibehalten: Zuerst wird das Handlungsfeld der Typberatung aus Sicht der Beratenen und im Anschluss daran, die Identitätsarbeit in diesem Handlungsfeld analysiert.

Die oben aufgeführten Unterfragestellungen sind jeweils durch Kategorien unterteilt. Diese Kategorien sollen die Interpretation der Ergebnisse erleichtern und übersichtlicher gestalten.

(Stufe 11: Gütekriterien)
Als letzter Schritt der Datenauswertung werden die Ergebnisse an die beiden Interviewgruppen, also an die Typberaterinnen und die Beratenen, zurück gegeben. Die kommunikative Validierung dient dazu, dass sich die befragten Personen mit den Interpretationen ihrer Aussagen einverstanden erklären. Ein abschließendes Gespräch mit den interviewten Personen wird durchgeführt.

Im folgenden Kapitel (vgl. Kap. 7) wird die Analyse des Materials (Stufe 8) dargestellt. Dabei werden zuerst die Interviews mit der Gruppe der Typberaterinnen und im Anschluss daran die Interviews mit der Gruppe der Beratenen analysiert.

7. Analyse der narrativen Interviews

Das Kapitel zeigt die Analyse des Materials, das durch narrative Interviews mit Typberaterinnen und Beratenen gewonnen wird. Die Interviews werden hinsichtlich der Fragestellung: Welche Bedeutung hat die Kleidung bei der Identitätsarbeit im Handlungsfeld Typberatung analysiert.
Dies erfordert eine Betrachtung der einzelnen Gesprächsgruppen, einmal der Gruppe der Typberaterinnen (7.1) und ein andermal der Gruppe der Beratenen (7.2), bevor es zu einer Zusammenfassung der jeweiligen Gruppen (7.3) kommt.

Einen ersten Einblick in das Interviewgeschehen geben die Angaben der objektiven Daten der befragten Personen und Informationen zur jeweiligen Interviewsituation. Dabei ersetzen Pseudonyme die Namen der Interviewten.
Die Typberaterinnen und Beratenen beschreiben durch die narrativen Interviews, die subjekt- und situationsbezogene Aussagen zulassen, wie die Individuen mit dem alltäglichen Prozess der Identitätsarbeit aktiv und kreativ umgehen, und welche Rolle dabei ihr bekleideter Körper inne hat.

Die Kategorien zur Auswertung der **Typberaterinnen**-Interviews haben folgende Betrachtungsschwerpunkte:

- Wie gestaltet sich die Beratungssituation?

  Diese Kategorie analysiert die unterschiedlichen Beratungssituationen und gibt einen Einblick in den Arbeitsalltag der Typberatung, denn die interviewten Typberaterinnen arbeiten mit unterschiedlichen Beratungssystemen. Dabei vermitteln die Typberaterinnen (meist) unverändert das jeweilige Konzept ihrer Ausbildungsschule.

- Welche Gründe motivieren die Typberaterinnen bei der Berufswahl?

  Schlüsselerlebnisse der Typberaterinnen, die zur Durchsetzung des Ausbildungsvorhabens führen, können Einfluss auf das Beratungsgespräch nehmen, denn die Typberaterinnen geben ihre Überzeugungen und ihr Alltagsverständnis weiter und manipulieren dadurch möglicherweise die Beratenen und das Beratungsergebnis.

- Welche Veränderungen entstehen bei der Typberaterin durch ihre eigene Typenanalyse?

  Die Veränderung des Selbstbildes durch die eigene Typberatung wirkt sich möglicherweise auf die Art der Informationsdarstellung bei der Beratungstätigkeit aus.

• Wie gehen - aus Sicht der Typberaterinnen - die Beratenen selbst mit den Auswirkungen der Aussehensveränderung mittels Kleidung um?

Diese Frage analysiert die Ergebnisse der Identitätsveränderung, welche die Typberaterinnen bei ihren Kunden wahrnehmen.

• Wie gehen - aus Sicht der Typberaterinnen - die Mitmenschen der Beratenen mit den Auswirkungen der Aussehensveränderung mittels Kleidung um?

Unter diesem Punkt werden die Beobachtungen der Typberaterinnen aufgeführt. Hier beschreiben sie, welche Reaktionen die Mitmenschen der Beratenen auf die Veränderung des äußeren Erscheinungsbildes von diesen zeigen.

Die Kategorien zur Auswertung der **Beratenen**-Interviews haben folgende Schwerpunkte:

• Wie gestaltet sich die Beratungssituation?

Während der Beratung werden die Beratenen Eindrücken und Empfindungen ausgesetzt, die für die Umsetzung der Veränderungsvorschläge ausschlaggebend sein können. Dieser Abschnitt analysiert die Gedanken der Beratenen während der Typberatung.

• Welche Gründe motivieren die Beratenen eine Beratung durchzuführen?

Dieser Abschnitt untersucht die Beweggründe der Beratenen für die Durchführung der Beratung. Hier werden die Lebenssituationen analysiert, die zum Entschluss führen, eine Typenanalyse machen zu lassen.

• Welche Auswirkungen hat die Aussehensveränderung mittels Kleidung auf die Beratenen selbst?

Diese Frage analysiert das Selbstbild, das die Beratenen vor und nach der Beratung haben. Die Veränderungen des Selbstverständnisses, des Körperbewusstseins und des Selbstbilds der Beratenen werden in dieser Kategorie dargestellt. Der Einblick in diese Veränderungen ist bedeutend, da das Selbstbild ein Teilaspekt der Identität ist.

• Wie gehen - aus der Sicht der Beratenen - die Mitmenschen mit den Auswirkungen der Aussehensveränderung mittels Kleidung um?

Welches Fremdbild nehmen die Beratenen vor und nach ihrer Aussehensveränderung bei ihren Mitmenschen wahr? Unter dieser Fragstellen berichten die Beratenen über die Reaktionen der Mitmenschen. Das Fremdbild stellt, zusammen mit dem Selbstbild, die Identität eines Menschen dar.

Um für die Leser einen möglichst authentischen Eindruck des narrativen Interviews wiederzugeben, werden bei der Kurzdarstellung der Interviews vorzugsweise Zitate der Befragten verwendet. Diese Zitate sind durch kursive Schriftweise gekennzeichnet.

Durch die narrativen Interviews versuchen die Probanden, einerseits für sich selbst eine schlüssige Argumentation für den Identitätsprozess innerhalb der Typberatung zu bekommen. Andererseits versuchen die Befragten, sich dem Interviewer mitzuteilen und darzustellen.

Dieses Kapitel leistet ausschließlich eine Analyse des Datenmaterials im Sinne der qualitativen Inhaltsanalyse (vgl. MAYRING 2000, S. 56ff. und Kap. 6.3). Eine Interpretation auf Grundlage der hier durchgeführten Analysen befindet sich in Kapitel 8.

7.1 Analyse der Typberaterinnen-Interviews

Name: Deichbacher, Ria
Im Praxisfeld der Typberatung tätig seit: 5 Jahren
Ausbildungsinstitut: Color me beautiful, Salzburg
Hinweis für den Materialband: Interview Nr.: 1

Interviewerbericht:
Die Anschrift von Frau Deichbacher ist aus dem Adressenverzeichnis von Color me beautiful entnommen. Obwohl Frau Deichbacher bereits seit fünf Jahren nicht mehr als Typberaterin tätig ist, will sie gerne über ihre fünfjährige Berufserfahrung berichten. Das Besondere an diesem Gespräch ist, dass Frau Deichbacher die Berufspraxis durch den zeitlichen Abstand distanziert schildern kann. Die Befragung findet in Ermangelung eines eigenen Studios in einem öffentlichen Café statt. Die anderen Besucher werden dabei nicht als störend empfunden, im Gegenteil, sie bieten eine Vielzahl von Anschauungspersonen, an denen Frau Deichbacher nach dem Interview die Farbtypen bestimmt. Im Anschluss an das Interview - als das Tonband bereits abgeschaltet ist - findet eine intensive Auseinandersetzung über die Farb-Mischtypen statt. Leider möchte Frau Deichbacher keine Kontakte zu Beratenen knüpfen, da sie bereits zu lange aus dem Handlungsfeld ist und mit ihnen nicht mehr in Verbindung steht. Sie beendet vor fünf Jahren die Analysetätigkeit, weil diese ihr zu anstrengend wird. Hauptberuflich ist Frau Deichbacher als Chemielaborantin tätig.

Kurzdarstellung des Interviews:
- Wie gestaltet sich die Beratungssituation?
    - Eine Farbberatung dauert zwei, und die Stilberatung dauert drei

Stunden. Die beiden Beratungen werden zeitlich getrennt, da Frau Deichbacher die Aufnahme der Informationen an einem einzigen Tag als nicht empfehlenswert erscheint.

- ♦ Gearbeitet wird mit zwölf verschiedenen Farbtypen (vgl. Kap. 5.3.6), wobei die Farbanalyse auch mit vier Farbtypen durchgeführt wird.
- ♦ Jährlich werden bei einer Pflichtveranstaltung von `Color me beautiful´ Kollegen zum Austausch von Berufserfahrungen getroffen. Frau Deichbacher empfindet dies als sehr wichtig, da man als Typberaterin „*oftmals alleine arbeitet und der fachliche Erfahrungsaustausch*“ fehlt.

• Welche Gründe motivieren die Typberaterin bei der Berufswahl?

- ♦ Motiviert wird die Ausbildung zur Typberaterin durch die eigene Analyse, und weil das Feld der Typberatung „*einfach spannend und interessant*” ist.

• Welche Veränderungen entstehen bei der Typberaterin durch ihre eigene Typanalyse?

- ♦ Durch die eigene Analyse kann die Kleidung einfacher eingekauft werden, da die Farbauswahl nun sicherer ist. Ein weiterer Vorteil liegt darin, dass die gekauften Kleidungsstücke gut untereinander kombiniert werden können.
- ♦ Das Umfeld von Frau Deichbacher reagiert „*ganz arg*” auf die äußere Veränderung: „*Jaja, bei mir war es ganz arg (...) Ich habe vorher sehr viel Schwarz getragen. Und jetzt trage ich überhaupt kein Schwarz mehr. Insgesamt trage ich (..) bei mir hat es sich ganz arg geändert.*“
- ♦ Die eigene Begeisterung für die Typberatung steckt das Umfeld von Frau Deichbacher an, und viele Bekannte aus dem Freundeskreis lassen sich bei ihr beraten. Die äußerliche Veränderung und der Zugewinn an Selbstsicherheit bei den beratenen Bekannten erfreut Frau Deichbacher sehr.
- ♦ Durch die Beratung ist die Einstellung im Hinblick auf die Kleidung der Mitmenschen toleranter geworden, denn wichtig ist für Frau Deichbacher, dass der Stil der Personen stimmt und sie „*zurecht gemacht*” wirken.
- ♦ Durch die permanente Beschäftigung mit Kleidung wird diese zu etwas „*ganz Selbstverständlichem*”.

• Wie gehen - aus Sicht der Typberaterin - die Beratenen selbst mit den Auswirkungen der Aussehensveränderung mittels Kleidung um?

- ♦ Frau Deichbacher kann feststellen, dass sich mit der Beratung die Persönlichkeit verändert. „*Ja doch sicher (...)! Wenn ich weiß, ich habe etwas an, das mir steht, dann kann ich nach außen das auch ganz anders vertreten. Ich habe dann ja eine ganz andere Bestätigung.*"
- ♦ Männliche Kunden werden von Frau Deichbacher sehr ambivalent eingeschätzt: „*Männer sind entweder ganz kritisch oder sie sagen: >Ja, das mache ich auch!<*"
- ♦ Die Bestätigung, dass bestimmte Farben, Stile und Kleidungsstücke den Beratenen gut stehen, löst bei diesen Personen den Prozess aus, dass die „*Kleidungsstücke hinterher mit einem ganz anderen Selbstbewusstsein*" getragen werden.
- ♦ Allerdings vermisst Frau Deichbacher das Feedback von Seiten der Beratenen, da diese nur selten nach den Beratungsterminen in das Beratungsstudio zurückkehren.

• Wie gehen - aus Sicht der Typberaterin - die Mitmenschen der Beratenen mit den Auswirkungen der Aussehensveränderung mittels Kleidung um?

- ♦ Nach einer ausführlichen Garderobenplanung bekommt ein Beratener von seinen Kollegen ein positives Feedback. „*Das ist schon toll. Er hat ja auch dann von seiner Umwelt Resonanz gekriegt. Die haben dann gemeint: >Oh, gut siehst Du aus!< Das kam dann ja auch zurück. Das merken die anderen ja auch.*"

Name: Inge Zeusmann
Im Praxisfeld der Typberatung tätig seit: 12 Jahren
Ausbildungsinstitut: Color me beautiful, Österreich
Hinweis für den Materialband: Interview Nr.: 2

Interviewerbericht:
Die Adresse von Frau Zeusmann ist aus dem Adressenverzeichnis Color me beautiful entnommen. Die lange Berufserfahrung im Praxisfeld der Typberatung macht Frau Zeusmann zu einer interessanten Gesprächspartnerin. Darüber hinaus besitzt Frau Zeusmann seit Jahren eine Modeboutique, die ihr Einblicke in das aktuelle Modegeschehen gibt und Kontakte zu den Kunden nach einer Typberatung ermöglicht. Die Erzählbereitschaft ist sehr groß, da Frau Zeusmann aus der jahrelangen Berufserfahrung viele Erlebnisse berichten kann. Das Interview dauert zwei Stunden und wird in einem Nebenraum der Boutique geführt. Kurze Kundennachfragen unterbrechen das Gespräch, werden aber nicht als störend für den Interviewverlauf empfunden.

Kurzdarstellung des Interviews:

- Wie gestaltet sich die Beratungssituation?
  - Die zusätzliche Belastung durch die Modeboutique drängt die Typberatungstätigkeit ein wenig zurück. Auch werden die Räumlichkeiten für die Beratung auf eine „*Ecke*" in der Boutique reduziert. Öffentlichkeitsarbeit, wie Vorführungen bei Kosmetikerinnen, Volkshochschulen oder in Buchhandlungen sind Werbemaßnahmen neben der Eintragung bei `Color me beautiful´. Mund-zu-Mund-Propaganda macht das Beratungsstudio bekannt, „*es empfiehlt sich dann automatisch einfach weiter*".
  - Frau Zeusmann arbeitet mit zwölf Farbmischtypen, wobei die Helligkeit des Teints für die Zuordnung entscheidend ist. „*Die Helligkeit einer Person ist noch viel wichtiger als die Farbe.*" Auch die strenge Trennung von warmer und kalter Farbgebung ist „*schon fließend manchmal*".
  - Die Arbeit mit den Farbtüchern, welche die Farbzugehörigkeit zu den Jahreszeittypen bestimmen, ist von Vergleichen geprägt, „*denn wenn ich nur einen Teil hinlege, dann weiß ich nicht, ob es besser oder schlechter ist*". Neben der Helligkeit spielt auch der Kontrast im Erscheinungsbild einer Person eine entscheidende Rolle für die Farbauswahl.
  - Eine Farbanalyse bei Frau Zeusmann dauert zwei Stunden, anschließend kann in der Modeboutique mit den ausliegenden Kleidern geübt werden.
  - Die ersten Kurse, die von der Organisation `Color me beautiful´ angeboten werden, beschränken sich auf die vier Jahreszeitentypologien. „*Und da habe ich immer schon gesagt, das kann irgendwo nicht stimmen.*" Frau Zeusmann belegt mehrere Zusatzkurse, die sich mit den Farb-Mischtypen beschäftigen.
  - Fehleinschätzungen des Farbtyps „*könne es schon mal geben, aber das Bauchgefühl sensibilisiert*". Die Ausstrahlung eines Menschen beeinflusst ebenfalls die Farbzuordnung. „*Die Introvertierten lieben mehr so die gedeckten Farben, weil sie sich auch nicht so öffnen wollen. Und manchmal lässt man sich einfach beeinflussen, weil dann die psychologische Seite doch eine Rolle spielt, und da lässt man sich schon ganz schön verunsichern.*"
  - Bei der Stilberatung werden die Kunden vor eine Wandtafel gestellt, und die Körperumrisse werden abgezeichnet und anschließend in die Proportionen aufgeteilt. Individuelle Merkmale, wie großer oder kleiner Oberkörper, breite Oberschenkel usw. definieren dabei die Verhältnisgrößen, denn „*je weniger Busen ich habe, desto länger er-*

scheint der Oberkörper (...) also man kann da nicht so einfach mit dem Lineal durchgehen", um die Proportionen einer Person einzuschätzen.

- ♦ Da sich die Stilberatung nicht nur um die äußere Hülle des Menschen kümmert, sondern auch „*sehr persönliche Fragen*" stellt, „*kommt man irgendwie an die Seele der Menschen heran (...) eigentlich kann ich jemandem ja eine Gehirnwäsche verabreichen. Man geht da so tief rein.*"
- ♦ Die von den Beratenen geheimgehaltene Beratung drängt vermehrt an die Öffentlichkeit. „*Vor zehn Jahren, als ich angefangen habe, war man vorsichtig und alles verlief ganz heimlich, dass es ja keiner mitbekommt.*" Heute jedoch versucht jeder an der Typberatung Geld zu verdienen: die Optiker, die Friseure usw., dabei hat jede Berufsgruppe einen anderen Blickwinkel und verunsichert dadurch die Kunden, da die Analysen unterschiedlich ausfallen können. „*Ich habe die Erfahrung gemacht, man muss sich um die Person einzeln kümmern, und dann kann man eine Aussage machen.*"

• Welche Gründe motivieren die Typberaterin bei der Berufswahl?

- ♦ Frau Zeusmann möchte die Inhalte der Typberatung in ihrer Modeboutique umsetzen, um die Kunden besser beraten zu können.

• Welche Veränderungen entstehen bei der Typberaterin durch ihre eigene Typanalyse?

- ♦ Hierzu werden während des Gespräches keine Angaben gemacht.

• Wie gehen - aus Sicht der Typberaterin - die Beratenen selbst mit den Auswirkungen der Aussehensveränderung mittels Kleidung um?

- ♦ Frau Zeusmann betont, dass „*Frauen, die irgendwie ihr Leben verändern möchten, sei, dass sie geschieden sind, dass sie einen neuen Freund haben oder eine neue Arbeit angefangen haben. Genau diese Kunden kommen dann*" zu einer Typberatung.
- ♦ Die Typberatung führt bei einigen Beratenen zu einer radikalen Aussehensveränderung, jedoch gibt es auch „*Leuten, die überhaupt nichts aus sich machen*".
- ♦ Ein Teil der Kunden bekommt die Beratung in Form eines Gutscheins geschenkt, was meist eine „*sehr heikle Sache*" ist. Die Beschenkten fühlen sich unsicher und getroffen, weil ihnen damit indirekt eine Typveränderung empfohlen wird.
- ♦ Männer, die an einer Beratung teilnehmen, sind meist im Bankgewerbe oder im Außendienst tätig. Personen also, die im Berufsleben Kundenkontakt haben.

- Frau Zeusmann veranstaltet am Wochenende Kurse für Bankunternehmen. Dabei kann die Typberaterin feststellen, dass die älteren Männer sich nur wenig mit Kleidung beschäftigen, ganz im Gegensatz zu den jungen Männern. „*Aber die, die nachkommen, da merkt man, dass die sich auskennen. Ich denke da ist ein Umbruch im Gange (...).*"
- Frau Zeusmann stellt die Tendenz fest, dass mehr Wert auf die Kleidung gelegt wird und ihre Bedeutung zunimmt.
- Wenn die Typberatung positiv verläuft, dann verändern sich die beratenen Personen nicht nur äußerlich, sondern auch von innen heraus.
- Frau Zeusmann weiß von Frauen zu berichten, die sich nicht im Spiegel anschauen können, „*die gucken sich nicht an. Es gibt ganz viele, die sich nicht im Spiegel angucken können. Die sich nicht schön finden und es als Belastung empfinden, sich anzugucken. Das gibt es hier ganz oft.*"
- In der Beratung gilt es, das angeschlagene Selbstwertgefühl der Beratenen aufzubauen und das Schöne herauszuarbeiten. „*Ich habe noch nie einen Menschen vor mir gesehen, der nicht irgend etwas Schönes an sich hat.*"
- Die Tätigkeit als Typberaterin kann sehr viel Energie kosten, denn „*das [einige Kunden] sind so Energiefresser (...) die ziehen alles aus Dir raus*". Mit anderen Kunden wiederum macht die Zusammenarbeit Spaß, so dass Energie und viel Freude gewonnen werden können.
- Für Frau Zeusmann ist es wichtig, dass die Beratenen wissen, wie sie wirken und dass die getragene Kleidung nicht unbewusst ausgewählt wird. Durch den bewussten Umgang damit lässt sich die Wirkung der Kleidung effektiv einsetzen, denn der Kleidungsstil soll die Persönlichkeit unterstreichen.
- Das Stilempfinden geht bei „*manchen Frauen verloren, gerade wenn sie Kinder bekommen haben. Man hängt nur noch den ganzen Tag zu Hause rum, der Mann hat einen anderen Geschmack. Und auf einmal ist die Frau gar nicht mehr sie selbst.*"
- Als Ergebnis kann von Frau Zeusmann festgehalten werden: „*Ja, ich muss schon sagen, die [die] es ernst genommen haben, und die sich da rein gekniet haben, die haben sich schon verändert. Auch in ihrer Persönlichkeit, ja.*"

• Wie gehen - aus Sicht der Typberaterin - die Mitmenschen der Beratenen mit den Auswirkungen der Aussehensveränderung mittels Kleidung um?

- ♦ Frau Zeusmann berichtet von einigen Kundinnen, die eine extreme Typenveränderung durch die Beratung mitgemacht haben und nach der Beratung anrufen und erzählen: „>*Es ist ganz furchtbar für mich, meine Kollegen haben mich nicht mehr erkannt.*<“

Name: Schiffer, Monika
Im Praxisfeld der Typberatung tätig seit: 2 Jahren
Ausbildungsinstitut: Typcolor, Solms
Hinweis für den Materialband: Interview Nr.: 3

Interviewerbericht:
Frau Schiffer wird durch das Internet-Verzeichnis von Typcolor ausfindig gemacht und ist sehr interessiert an den Lehrinhalten der Mode- und Textilwissenschaft und deren Didaktik an der Pädagogischen Hochschule Heidelberg. Das Interview wird im Beratungszimmer der Typberaterin durchgeführt und dauert zwei Stunden. Das Gespräch ist sehr interessant, da Frau Schiffer sehr geduldig alle Materialien, die bei einer Beratung zum Einsatz kommen, zeigt und ausführlich erklärt. Dadurch können inhaltliche Fragen in Bezug auf Typberatung beantwortet werden. Auch Zeitschriften, Bücher und Informationsmappen werden angeschaut. Die Erzählbereitschaft ist groß, und die Inhalte werden sehr ausführlich und strukturiert erläutert. Aus technischen Gründen kann das Interview nicht auf Tonband festgehalten werden. Die unten aufgeführten Zitate stammen aus einem späteren Schreiben von Frau Schiffer, in dem versucht wird, die besprochenen Inhalte des Interviews zu rekonstruieren.

Kurzdarstellung des Interviews:

- Wie gestaltet sich die Beratungssituation?
  - ♦ Die Beratenen sollen, nach Ansicht von Frau Schiffer, während der Analyse ihre „*ureigene Schönheit*“ entdecken und bejahen lernen. Die in der Kindheit und Jugend angesammelten Lebenslügen, wie zum Beispiel der Gedanke, man hätte Segelfliegerohren, sollen durch die objektive Betrachtung innerhalb der Beratung überwunden werden.
  - ♦ Der Kundenkreis setzt sich vornehmlich aus Frauen nach einer Baby-Pause und Männern, die im Beruf Kundenkontakt haben, zusammen.
  - ♦ Verbindungen zu weiteren Typberaterinnen bestehen durch die alljährlichen Treffen bei Typcolor, der Ausbildungsschule.

- Welche Gründe motivieren die Typberaterin bei der Berufswahl?
  - ♦ Die Begeisterung für Kleidung ist bei Frau Schiffer schon im jungen

Erwachsenenalter stark ausgeprägt. Diese begründet sie durch die Tradition in ihrer Familie, in der die Großmutter Schneiderin und die Mutter eine „*sehr stilsichere Frau*" ist.

- ♦ Die Ausbildung an der Typberatungsschule stellt nicht nur das verlorengegangene Stilempfinden wieder her, sondern verfeinert es sogar. „*Als ich vierzig wurde, dachte ich mir, bevor ich die Midlifecrisis bekomme, mache ich etwas und meine Freundinnen meinten: Typberatung würde zu mir passen.*"

• Welche Veränderungen entstehen bei der Typberaterin durch ihre eigene Typanalyse?

- ♦ Seit der Selbstanalyse, die im Rahmen der Ausbildung vorgenommen wird, kann die eigene Garderobe viel strukturierter - „*mehr über den Kopf als nach Gefühl*" - aufgebaut werden. „*Damit bin ich auch sehr zufrieden. Fast alle Teile sind untereinander kombinierbar, so dass mit wenigen, ausgewählten Teilen eine recht große Vielfalt entstehen kann. Ich fühle mich auch zu keiner Gelegenheit unpassend angezogen.*"
- ♦ Mit Kleidung kann man - so Frau Schiffer - ein Bild erzeugen, das „*die Umwelt von mir haben soll*", denn durch Kleidung wird das „*Rollenbild und [die] Gesellschaftsschichtzugehörigkeit*" ausgedrückt.

• Wie gehen - aus Sicht der Typberaterin - die Beratenen selbst mit den Auswirkungen der Aussehensveränderung mittels Kleidung um?

- ♦ Obwohl für die Beratenen das kostenlose Angebot besteht, bei offen gebliebenen Fragen sich jederzeit zu informieren und zu vergewissern, wird der Kontakt von Seiten der Beratenen nur selten gesucht.

• Wie gehen - aus Sicht der Typberaterin - die Mitmenschen der Beratenen mit den Auswirkungen der Aussehensveränderung mittels Kleidung um?

- ♦ „*Neid*" ist eine häufige Reaktion auf die typgerechte Aufmachung.

Name: Kretz, Celeste
Im Praxisfeld der Typberatung tätig seit: 1,5 Jahren
Ausbildungsinstitut: Patavi-Schule in Düsseldorf
Hinweis für den Materialband: Interview Nr.: 4

Interviewerbericht:
Frau Kretz wird durch das Internet ausfindig gemacht. Sie erklärt sich sofort dazu bereit, ein Interview zu geben. Dieses wird in ihrem Kosmetik- und Nagel-

studio durchgeführt. Es befindet sich im Kellerzimmer ihres Wohnhauses. Frau Kretz ist sehr bemüht, Kontakt zu Beratenen herzustellen.

Kurzdarstellung des Interviews:

- Wie gestaltet sich die Beratungssituation?
  - Bisher hat die Typberaterin bei ihren Kundinnen nur Farbanalysen durchgeführt, obwohl Frau Kretz auch zur Stilberaterin ausgebildet ist.
  - Sie arbeitet mit der Einteilung nach den vier Jahreszeiten. „*Natürlich gibt es Menschen, bei denen ich denke, das könnte ein Mischtyp sein. Aber in der Schule haben wir gelernt bekommen, dass das zu vermeiden ist. Denn wenn so ein Mischtyp festgestellt wird, müssen sie auch so einen Pass haben. Denn sie können ja nicht beide Pässe mitgeben. Also man sollte bei einem Typ bleiben, denn ich habe ja nur die Farbpässe für die vier Jahreszeiten. Aber ich denke das kommt, es wird sich durchsetzen. Aber im Moment bleiben wir bei diesen vier Typen.*“
  - Der Kontakt zu den Beratenen ist auch nach der Beratung vorhanden, da die Personen zur Stammkundschaft des Kosmetik- und Nagelstudios gehören; jedoch Kontakt zu weiteren Typberaterinnen besteht leider nicht.

- Welche Gründe motivieren die Typberaterin bei der Berufswahl?
  - „*Ich habe das in erster Linie für mich gemacht. Weil ich eine Zeit lang der Überzeugung war, ich bin ein Wintertyp. Aber die Farben, die ich dafür ausgewählt habe (..) Ich habe mich darin nicht sehen können. Ich fühlte mich nicht wohl in den Sachen. Und dann hat man eben festgestellt, ich bin ein Herbsttyp. Und dann hat es mir auch Spaß gemacht und ich dachte mir (...) warum nicht. Das Kosmetikstudio hatte ich ja schon seit Jahren.*“

- Welche Veränderungen entstehen bei der Typberaterin durch ihre eigene Typanalyse?
  - Der Kleiderschrank wird nach der eigenen Typanalyse nicht komplett erneuert, aber gewisse Farben, die nicht in die Farbpalette der entsprechenden Jahreszeit gehören, werden nicht mehr getragen oder gekauft.

- Wie gehen - aus Sicht der Typberaterin - die Beratenen selbst mit den Auswirkungen der Aussehensveränderung mittels Kleidung um?
  - Der Wunsch nach mehr Selbstsicherheit ist nach Ansicht von Frau Kretz der Motivationsgrund, an einer Beratung teilzunehmen.

- ♦ Enttäuschend ist für sie die teilweise schlechte oder die nur zögerliche Umsetzung ihrer Vorschläge. Dies sieht sie darin begründet, dass die Menschen, die auf dem Land leben, nur langsam Veränderungen vornehmen.

• Wie gehen - aus Sicht der Typberaterin - die Mitmenschen der Beratenen mit den Auswirkungen der Aussehensveränderung mittels Kleidung um?

- ♦ Hierzu werden während des Gesprächs keine Aussagen gemacht.

Name: Neidhardt, Ulrike
Im Praxisfeld der Typberatung tätig seit: 2 Jahre
Ausbildungsinstitut: Typcolor, Solms
Hinweis für den Materialband: Interview Nr.: 5

Interviewerbericht:
Ein Hinweis im Internet ermöglicht den Kontakt zu Frau Neidhardt. Ihr Interesse an der Mitarbeit ist sehr groß. Aufgrund ihrer großen Erzählbereitschaft dauert das Interview über zwei Stunden. Der Erfahrungsbericht ihrer eigenen Fehleinschätzung durch eine andere Typberaterin ist von besonderer Bedeutung und dominiert den Inhalt des Interviews. Die Befragung wird im Beratungsstudio von Frau Neidhardt durchgeführt. Sie macht einen sehr entspannten und zufriedenen Eindruck und fühlt sich bei der Kommunikation sichtlich wohl.

Kurzdarstellung des Interviews:
• Wie gestaltet sich die Beratungssituation?

- ♦ Eine Farb- und Stilberatung dauert je nach Kundin dreieinhalb bis fünfeinhalb Stunden. Nach der Farb- und Stilanalyse werden gegen Ende der Beratung die mitgebrachten Kleidungsstücke der Kundinnen untersucht.
- ♦ Von einer kurzen und schnellen Einstufung der Beratenen in den jeweiligen Typ hält Frau Neidhardt aufgrund ihrer eigenen Erfahrungen nichts. Ebenso sind für Frau Neidhardt die in Zeitschriften und im Internet angebotenen Selbstanalysen kein Ersatz für eine Beratung im Beratungsstudio.
- ♦ Kontakte zu anderen Typberaterinnen bestehen *„leider"* nicht. Auch der Kontakt zu Beratenen nach der Analyse ist selten. *„Ich rufe meine Kundinnen zwar hinterher nochmals an, wie sie sich fühlen, aber ich habe so das Gefühl, dass das so eine anonyme Geschichte ist. Frauen machen das, erzählen aber nichts. Also auch ihrer Umgebung nicht. Das ist ein wohlgehütetes Geheimnis (...)."*
- ♦ Auf Wunsch werden Kundinnen auch beim Kleiderkaufen von Frau Neidhardt begleitet.

- Sie arbeitet nicht mit Mischtypen, sondern nur mit der Vier-Jahreszeiten-Typologie. „*Wenn ihnen jemand mal gesagt hat, dass es einen Mischtyp Frühling-Sommer gibt, dann ist das schlicht und einfach verkehrt.*"
- Während der Beratung versucht Frau Neidhardt, die Persönlichkeit der Beratenen aufzubauen.
- „*Mode, Modetrends, Schönheit und Körperkult*" sind nach Ansicht von Frau Neidhardt, für die Unsicherheiten der Beratenen verantwortlich zu machen. Diese Unsicherheiten sollen durch die Analyse der Farb- und Stilzugehörigkeit beseitigt werden.
- Die Rolle der Kleidung schätzt Frau Neidhardt „*sehr hoch*" ein. „*Kleider machen Leute, das stimmt halt wirklich.*" Die getragenen Kleider des Gegenübers beeinflussen das Handlungsmuster, besonders in den ersten Minuten des Kontaktes.
- Informiert werden die Kunden während der Beratung mit Hilfe von Katalogen und Zeitschriften, die auch für Frau Neidhardt eine Informationsquelle für Modetrends darstellen.
- Aus ihrer eigenen Erfahrung heraus glaubt Frau Neidhardt zudem, dass die Kunden aus der Stadt eher zu einer Typveränderung bereit sind als Kunden, die auf dem Land leben.

• Welche Gründe motivieren die Typberaterin bei der Berufswahl?

- Frau Neidhardt arbeitet zuvor als Kosmetikberaterin. Ein zusätzliches Standbein soll durch die Analysetätigkeit aufgebaut werden. Die Zusage zur Typberaterausbildung bei Typcolor wird jedoch gründlich und lange überlegt.

• Welche Veränderungen entstehen bei der Typberaterin durch ihre eigene Typanalyse?

- Bei der eigenen Farbanalyse verlässt sich Frau Neidhardt sehr auf die einschätzende Meinung ihrer Typberaterin. „*Dann haben wir also die Analyse gemacht. Und ich habe am Anfang überhaupt nichts gesehen. Ich habe mich gefragt, was sieht die?!*"
- Die „*sehr selbstbewusste*" und „*traumhaft schöne*" Typberaterin analysiert Frau Neidhardt als warmen Frühlingstyp. Darauf hin stellt Frau Neidhardt nach und nach ihre Garderobe auf die warmen Farben und auf Goldschmuck um und färbt sich die Haare entsprechend der Frühlingsfarbpalette.
- Die gelernte Verwaltungsbeamtin gibt ihren Beruf aus familiären Gründen auf und ist nebenher als Kosmetik-Beraterin tätig. Durch die Auseinandersetzung mit der Kosmetik beginn der Prozess einzu-

setzen, dass sich Frau Neidhardt nicht mehr gefällt. „*Irgendwie siehst du alt aus. Na ja gut, du gehst ja auch auf die fünfzig zu, langsam aber sicher.*"

- ♦ Frau Neidhardt wird bei ihrer ersten Typberatung als warmen Frühlingstyp eingestuft. Bei der Eigenanalyse während der Ausbildung wird jedoch festgestellt, dass sie ein kühler Sommertyp ist. „*Nach diesem Satz: >Sie sind ein Sommertyp<, war bei mir irgendwas im Ungleichgewicht. Ich war unglaublich depressiv, es hat mich unglaublich umgehauen. Ich habe irgendwo meine Persönlichkeit verloren. Ich habe also wirklich eine Zeit lang mich nicht mit mir identifizieren können. Ich konnte nicht mehr schlafen, ich habe nur noch von Farben geträumt. Es war richtig schlimm.*" Erst eine Familienfest - sechs Wochen später - beendet die Leidensphase. Die Tochter motiviert die Mutter, sich doch endlich aufzuraffen, „*und ab 1. Juli war ich ein Sommertyp. Ich war schlagartig ein neuer Mensch.*" Und dieses Gefühl der gefundenen Identität hält bis heute an. „*Ich habe innerhalb von zwei Monaten zu mir gefunden.*" Die Tätigkeit als Typberaterin wird von diesem Zeitpunkt an aufgenommen.
- ♦ Ihre eigenen negativen Erfahrungen, der Verlust der Persönlichkeit und die depressiven Stimmungen, sind für Frau Neidhardt ein notwendiger Schritt. „*Denn dieses positive Gefühl danach hätte ich nicht empfunden, wenn ich nicht so tief unten gewesen wäre.*"

• Wie gehen - aus Sicht der Typberaterin - die Beratenen selbst mit den Auswirkungen der Aussehensveränderung mittels Kleidung um?

- ♦ „*Es gibt selten jemand, der sich in Ordnung findet.*" Innerhalb der Beratung versucht Frau Neidhardt, die Kunden dazu zu bewegen „*sich in ihrer Gesamtheit*" zu betrachten. Einmaliges und Einzigartiges an der Person soll durch die Beratung herausgearbeitet und erkannt werden.
- ♦ Der Kleiderschrank der Beratenen stellt sich nach einer Beratung meistens „*im Lauf von zwei bis drei Jahren*" um. „*Seltsamerweise stellt er sich aber zwei, drei Jahre danach wieder um.*" Die ehemals bevorzugten Kleiderfarben werden dann doch wieder gekauft.

• Wie gehen - aus Sicht der Typberaterin - die Mitmenschen der Beratenen mit den Auswirkungen der Aussehensveränderung mittels Kleidung um?

- ♦ Hierzu werden während des Gesprächs keine Aussagen gemacht.

7.2 Analyse der Beratenen-Interviews

Name: Friedrich, Claudia
Alter: 39 Jahre
Beratungstermin: Juni 2001
Hinweis für den Materialband: Interview Nr.: 6

Interviewerbericht:
Der Kontakt zu Frau Friedrich wird durch die Typberaterin Frau Schiffer (vgl. Interview Nr. 3) hergestellt. Die Typberatung von Frau Friedrich wird einen Monat vor dem Interviewtermin durchgeführt. Frau Friedrich ist von Beruf Apothekerin und zur Zeit als Hausfrau mit drei Kindern tätig. Das Gespräch wird bei Frau Friedrich zu Hause durchgeführt.

Kurzdarstellung des Interviews:

- Wie gestaltet sich die Beratungssituation?
    - Bei der Farbanalyse hat sich Frau Friedrich sehr auf das Augenmaß der Typberaterin verlassen. „*Ja, dann hat sie anhand der Tücher versucht herauszubekommen, wer ich bin, und da habe ich schon gemerkt, dass ich wenig mitbekomme, welche Farben mir stehen und welche nicht, da musste es schon ganz extrem [deutlich] sein. Aber ich hätte beim Anschauen im Spiegel nicht sagen können, das ist es jetzt und das nicht*". Nach der Erklärung durch die Typberaterin können die Unterschiede aber ebenfalls nachvollzogen werden.
    - Bei einem Abend in der Gemeinde (es wird eine kurze Einführung in die Wirkung der Farben gegeben) können die Zuschauer an Frau Friedrich, die als Vorführperson fungiert, die unterschiedliche Wirkung der Farben auf das Erscheinungsbild sehen, sie selbst kann dabei allerdings nichts erkennen.
- Welche Gründe motivieren die Beratene eine Beratung durchzuführen?
    - Die Motivation für die Teilnahme an einer Typberatung ist die „*Unkenntnis in Modedingen*". Menschen im Umfeld, die passende Kleidung und passendes Make-up tragen, werden bewundert. „*Ein wesentlicher Punkt war, dass ich sehr wenig Ahnung von Mode habe und aber auch sehr wenig Wert darauf lege und schon auch bei vielen Frauen das Gefühl hatte (..) Mensch, es macht doch sehr viel aus, wenn die Kleidung zum Typ passt, und wenn man sich schminkt (...).*"
    - An einem Frauenabend in der Gemeinde wird die Typberatung präsentiert und an mehreren Personen die Wirkung von Farben demonstriert. „*Ja, und dann habe ich es meinem Mann erzählt, und*

dann hat er gesagt: >Mensch, mach das doch mal mit<. Es war einfach für mich, damit ich mehr Sicherheit bekomme bei den Fragen: Was steht mir? Was steht mir nicht? Welche Farben kann ich tragen und welche nicht?" Frau Friedrich ist von der Farbwirkung überrascht, „*das war mir so vorher nicht klar*".

- ♦ Frau Friedrich kann sich selbst nur schlecht zu den jeweiligen Farbtypen zuordnen, *„(...) deshalb war die Farb- und Stilberatung ein wesentlicher Punkt, weil ich [jetzt] weiß, diese Farben stehen mir. Ich muss es nicht unbedingt sehen, ich weiß, das ist die richtige Farbe für mich."*
- ♦ Die Unsicherheit beim Kleiderkauf soll durch die Beratung beseitigt werden.

• Welche Auswirkungen hat die Aussehensveränderung mittels Kleidung auf die Beratene selbst?

- ♦ Bedingt durch die Beratung werden einige Kleidungsstücke, die nicht der Farbpalette entsprechen, aussortiert. „*Ja also, nachdem sie [die Typberaterin] dann auch immer noch dazu erklärt hat, habe ich auch festgestellt, dass manche Farben besser wirken als andere. Ich habe vorher immer gerne weiße Blusen und schwarze Pullover getragen, also genau das Falsche. Und ich hatte nie das Gefühl, dass das jetzt gar nichts ist. Aber all die weißen Blusen werden jetzt nach und nach aussortiert (...) auch wenn es mir schwer fällt.*"
- ♦ Seit der Beratung werden Gelbtöne getragen „*da wäre ich früher nie auf die Idee gekommen, das anzuziehen*".
- ♦ Farben aus der (Herbst-)Palette, die nicht gefallen, werden jedoch außen vor gelassen und nicht gekauft.
- ♦ Überraschend bestärkt die Beratung auch das Tragen von „*klunkerhaftem Goldschmuck (...) wo ich nie den Mut hätte, [den] selbst zu kaufen (...) aber im Spiegel habe ich mir selbst sehr gut damit gefallen. Da war ich überrascht, das hätte ich überhaupt nicht erwartet (...). Also so, dieses aus dem Zurückgezogenen herausgehen, also so ein bisschen was Auffälliges tragen, das (..) nach dieser Farb- und Stilberatung war ich mir sicher, ich mache es, aber ich habe es bis jetzt noch nicht umgesetzt. Das war aber auch etwas, wo ich sehr überrascht war und wo ich dachte, Mensch ja, das kannst du durchaus machen, das passt zu dir, da brauchst du dich nicht zu verstecken. Immer zurückhaltend sein, bloß nicht auffallen. Denn ich bin eher so ein Typ, der so `unter ferner Liefen´ mitläuft, ungern im Vordergrund seht.*"
- ♦ Bei der Make-up-Umsetzung fühlt sich Frau Friedrich immer noch relativ unsicher „*da habe ich die Angst, es ist nicht so geworden, wie*

es werden müsste, und meistens wische ich es dann wieder ab".

- Die Informationen der Beratung erleichtern die Auswahl beim Einkauf. Es wird darauf geachtet, dass die Kleidung der „*Persönlichkeit*" entspricht. „*Ich merke auch, wenn ich das [die richtige Farb- und Stilwahl der Kleidung] mache, wenn ich ein Kleidungsstück habe, wo ich das Gefühl habe, Mensch, das steht mir richtig gut, dann fühle ich mich auch sehr viel wohler, obwohl ich früher keinen Wert darauf gelegt habe. Also keinen Wert ist falsch, aber weniger darauf geachtet habe.*"
- Eine radikale Änderung nach der Beratung gibt es allerdings nicht, das ist auch nicht die Absicht gewesen. „(..) *ich hätte die Farb- und Stilberatung nie mitgemacht, wenn sie meine Persönlichkeit verändert hätte.*"
- Die Umstellung der Kleidung verläuft hauptsächlich über das rationale Verständnis. „*Mir ging es so: ich hab mir bei der Stileinteilung die Frauen angeschaut, die [in den Informationsmappen] abgebildet waren und ganz schnell festgestellt, das bin ich nicht und wenn ich das anziehe, dann will ich was ganz anderes aus mir machen, als ich eigentlich bin. Ich habe es vom Kopf her eingesehen, und ich habe eine Rüschenbluse in der Hand gehabt und habe [sie] gesehen und zu mir gesagt, nein, das will ich nicht mehr anziehen. Ich hatte sie schon länger nicht mehr angezogen, aber ich hätte sie nie weg getan. Aber jetzt nach der Beratung (...).*"
- „*Ich weiß, das ist die richtige Farbe für mich. Und in diesem Punkt hat es für mich etwas gebracht. Jetzt [nach der Beratung] weiß ich, die und die Farbe kann ich gut tragen, und wenn ich jetzt was kaufe, dann weiß ich, dass ich das Teil auch nachher tragen werde, weil es einfach schön ist.*"
- Die typgerechte Kleidung gibt Frau Friedrich ein Stück Selbstsicherheit und auch ein Stück Sicherheit im Umgang mit anderen.
- Große Veränderungen im äußeren Erscheinungsbild von Frau Friedrich sind für sie noch nicht auszumachen, aber sie hofft auf eine Umsetzung der Vorschläge der Typberaterin im Lauf der Zeit. Zum Einkauf werden beispielsweise die Farbpässe schon mitgenommen.
- Für Frau Friedrich ist es wichtig „*im Auftreten sicher zu werden, zu wissen das steht dir, das passt zu dir*".

• Wie gehen - aus der Sicht der Beratenen - die Mitmenschen mit den Auswirkungen der Aussehensveränderung mittels Kleidung um?

- Unmittelbar nach der Beratung erfährt Frau Friedrich ein positives Feedback durch ihre Umwelt. „*(...) also als ich von Frau Schiffer* *nach Hause kam, hat mich auch die Nachbarin angesprochen >Mensch, du siehst heute ja so anders aus!< Und hat dann auch noch mal gesagt >Mensch, das steht dir aber gut!<“*

- ♦ Die Mitmenschen bestärken Frau Friedrich in der neuen Farbwahl. *„Aber nach der Farb- und Stilberatung habe ich mal diese [neue] Farbe [Gelbton] getragen, und dann haben mich Leute darauf angesprochen >Mensch, das steht Dir aber gut. Das hätte ich nicht gedacht, dass das eine Farbe für dich ist<. Das ist dann eine Bestätigung von außen und man bekommt das Gefühl, Mensch, das kann ich ja wirklich auch anziehen.“*
- ♦ Insgesamt sind die Rückmeldungen jedoch selten, „*es war eher so, dass viele wussten, dass ich eine Farb- und Stilberatung gemacht hatte, und ich habe so das Gefühl, die warten jetzt noch auf die große Veränderung“.*
- ♦ *„Die großen Veränderungen waren so noch nicht da (...), ich glaube, wenn ich das wirklich umsetze, dann würden mich die Leute darauf ansprechen, weil das wäre ein Ding, das die Leute so von mir nicht kennen.“*

Name: Häfner, Martina
Alter: 45 Jahre
Beratungstermin: 1991
Hinweis für den Materialband: Interview Nr.: 7

Interviewerbericht:
Die Typberaterin Frau Zeusmann (vgl. Interview Nr. 2) vermittelt die Adresse der Beratenen, die bereits vor zehn Jahren eine Typberatung mitgemacht hat. Frau Häfner ist verheiratet und hat vier Kinder, wobei das Kleinste beim Interview anwesend ist und gestillt wird. Frau Häfner ist gelernte Diplom-Betriebswirtin und zur Zeit als Hausfrau und Mutter tätig. Sie kann als flippiger, lebenslustiger Mensch charakterisiert werden.

Kurzdarstellung des Interviews:

- Wie gestaltet sich die Beratungssituation?
    - ♦ Während der Beratung liegt der Schwerpunkt auf der Zuweisung der passenden Kleiderfarben. „*Und der Stil, der geht ein bisschen unter. Das ist immer so, also, die Farben sind primär.“*
    - ♦ Bei der Farbberatung sind bezüglich der Farbe ganz überraschende Ergebnisse heraus gekommen. „*Eierschalenfarbe - also ich habe immer gedacht, dass Eierschalenfarbe mich so blass macht. Ich wäre nie auf die Idee gekommen, das zu kaufen - so Eierschalenfarbe. Aber das ist meine Opitmalfarbe.”*

- Welche Gründe motivieren die Beratene eine Beratung durchzuführen?
    - Die Stimmigkeit im Aussehen der Typberaterin Frau Zeusmann, die zeitgleich als Verkäuferin in einer Modeboutique arbeitet, überzeugen Frau Häfner, auch eine Beratung zu machen. Sie schenkt sich die Typberatung zum Geburtstag und hat dies „*eigentlich nicht bereut*".

- Welche Auswirkungen hat die Aussehensveränderung mittels Kleidung auf die Beratene selbst?
    - Kurz nach der Beratung wird noch mit der Farbpalette eingekauft. Ein radikaler Wechsel des Kleidungsstils findet aber nicht statt, „*ich bin da nicht so ein extremer Typ*". Aber einige Kleidungsstücke werden doch aussortiert.
    - Durch die Typberatung hat Frau Häfner ihren Stil verändert. *„Also bei ihr [der Typberaterin] habe ich meinen Stil entwickelt."* Dieser kann mit den Worten: „*verspielt, mit Rüschen, selbstgefärbt*" umschrieben werden.
    - Mit dem Wunschbild ihrer Typberaterin kommt Frau Häfner weniger zurecht „*das bin nicht ich*" und entwickelt im Lauf der Jahre ein eigenes Stilkonzept. Der ständige Kontakt zur Typberaterin in der Modeboutique wird jedoch nach wie vor in Anspruch genommen.
    - Durch die Beratung werden die unüberlegten Spontaneinkäufe reduziert. Auch die billigen Schnäppchen werden heute eher durch wertvollere, aber dafür wenigere Kleidungsstücke ersetzt. *„Diese Crashkaufs, die ich früher hatte, die sind weg. Oder, dass ich zu H&M gehe, das mache ich auch nicht mehr. Oder, dass ich dies und das kaufe, das mache ich auch nicht mehr, denn dann kaufe ich das Teil und dann liegt es rum. Jetzt sehe ich es einfach, und es passt einfach!" „Aber ich bin ja auch mit mir zufrieden, innerlich auch, und das strahlt man ja auch aus."*
    - Eine Beratung macht von Kleidungs-Verkäuferinnen unabhängig.

- Wie gehen - aus der Sicht der Beratenen - die Mitmenschen mit den Auswirkungen der Aussehensveränderung mittels Kleidung um?
    - Das Umfeld bestätigt die Farb- und Stilwahl durch Komplimente. *„(...) die anderen sagen bei mir immer nur: >Ach, der Pullover, der sieht ja wieder klasse aus bei dir.< Jetzt weiß ich nicht mehr, wie das vor zehn Jahren war [Zeitpunkt der Beratung]. Aber ich bin ja mit mir zufrieden."*

Name: Mähren, Ingeborg
Alter: 47 Jahre
Beratungstermin: 1998
Hinweis für den Materialband: Interview Nr.: 8

Interviewerbericht:
Frau Mähren wird durch eine Studentin der Pädagogischen Hochschule Heidelberg auf die Untersuchung aufmerksam und erklärt sich spontan zu einem Interview bereit. Das zweistündige Interview wird bei ihr zu Hause geführt. Das bewegte Leben und die Typveränderung erzählt Frau Mähren sehr offen und ausführlich, wobei sie auf den expliziten Grund ihrer Veränderung unter keinen Umständen eingehen will. Unterstützt durch Fotos wird die äußerliche Veränderung visualisert. Die erfrischende Art von Frau Mähren macht das Interview zu einem interessanten Gespräch.

Kurzdarstellung des Interviews:
- Wie gestaltet sich die Beratungssituation?
    - Hierzu werden während des Gesprächs keine Aussagen gemacht.

- Welche Gründe motivieren die Beratene eine Beratung durchzuführen?
    - Vor dem extremen äußerlichen Wandel hat bereits eine innere Veränderung bei Frau Mähren eingesetzt.
    - Eine „*Beziehungskiste*" mit dem Ehemann und das Verhältnis zu den Kindern (21, 19 und 10 Jahre alt), für die man „*regelrecht der Feind Nummer eins*" ist, führen dazu, dass Frau Mähren unglücklich wird. Eine Kur bringt die ausschlaggebende Veränderung. Hier wird sie als Mensch und nicht ausschließlich in ihrer Mutterrolle gesehen und erfährt dabei sehr viel Liebe und Zuneigung. Wieder zurück, soll der Heilungsprozess erhalten bleiben und führt Frau Mähren in ein Sportstudio. „*Und da kam die Identifizierung mit der Unterwäsche. Das ist so lustig. Es hat mich so geschockt: Als ich mich im Umkleideraum ausgezogen habe und all die jungen Mädchen gesehen habe, ich in meinem Schiesser-Feinripp und bei denen hat immer alles so zusammengepasst. Ich bin da ja mit T-Shirt und Boxer-Short hin gekommen, und ich habe gedacht: Mein Gott, das ist ja unglaublich wie ich rumlaufe. Da bin ich zum ersten Mal mit meiner Kleidung konfrontiert worden.*" Eine Freundin sortiert darauf hin den Kleiderschrank aus, und bei H&M werden „*pfiffige Klamotten*" eingekauft.

- Welche Auswirkungen hat die Aussehensveränderung mittels Kleidung auf die Beratene selbst?

- Vor ihrer Veränderung beschreibt sich Frau Mähren als „*total hausbacken*", mit langweiliger Frisur und 20 Kilo mehr Gewicht. Das alte Passfoto bezeichnet sie als „*Schandfleck*". „*Also es war schon eine schlimme Zeit.*" Vor der Typveränderung fühlt sich Frau Mähren von ihrem Umfeld trotzdem geliebt und anerkannt. „*Und manchmal frag ich mich, warum haben sie mich früher geliebt. Und jetzt lieben sie mich auch noch. Und ich bin doch schon ein anderer Mensch.*"
- Beispielsweise werden Spiegel erst nach der Veränderung in ihrer Wohnung angebracht.
- Frau Mähren hat jetzt zwei Sorten von Unterwäsche: Einmal den Feinripp, auf den sie nicht verzichten kann, und ein andermal eine Garnitur für das Sportstudio. Die Besucherinnen des Sportstudios sind immer noch ein Vorbild für viele Dinge, wie Körperpflege und Styling.
- Das Essen bekommt in der Familie einen neuen Stellenwert, es wird nebensächlicher. Jogging-Kreis, Mountainbike fahren und Schwimmen sind neue Aktivitäten, die nach der Veränderung in Angriff genommen werden.
- Beim Kleiderkauf berät eine stilsichere Freundin, und der Mut für eine neue Haarfarbe wird aufgebracht.
- Die alten Kleider werden noch immer, wenn auch mit einem schlechten Gewissen, getragen, selbst wenn die Typberaterin diese längst aussortiert hätte. „*So ist es eben, es gibt Momente, da ist mir die Kleidung egal, und dann gibt es Momente, da ist mir Kleidung sehr wichtig.*" Und zwar dann, wenn Frau Mähren auffallen möchte oder abends ausgeht und eher „*zu der älteren Schicht*" gehört.
- Die Veränderung hat sie wieder in die Gesellschaft gebracht. „*In die Gesellschaft, wo ich gerne sein möchte.*"
- Die Veränderung hat sie verjüngt, aber das Leben auch anstrengender gemacht. „*Aber die Herausforderung finde ich eigentlich sehr angenehm.*"
- Beruflich wünscht sich Frau Mähren ebenfalls noch einige Veränderungen. Sie überlegt sich, in der Abendschule das Abitur nachzuholen, einen Philosophie-Kurs oder einen Literatur-Kreis zu besuchen. Doch diese Aktivitäten gingen zu Lasten der sportlichen Tätigkeiten und dies gilt es noch abzuwägen.

• Wie gehen - aus der Sicht der Beratenen - die Mitmenschen mit den Auswirkungen der Aussehensveränderung mittels Kleidung um?

- Die Umwelt hat sehr ambivalent auf die Veränderung reagiert. Zum einen haben die Freundinnen sehr positiv darauf reagiert, weil sie sich freuen, „*dass man im Alter das Rad noch einmal so rumreißen kann*".

- ♦ Die Familie war begeistert, bis auf die jüngste Tochter (10 Jahre), sie „*findet es absolut furchtbar*", weil Frau Mähren sich dadurch stark nach außen geöffnet hat und so Zeit verloren geht. Doch erst diese Öffnung ermöglicht die positiven Rückmeldungen auf das veränderte Erscheinungsbild.

Name: Müller, Holde
Alter: 47 Jahre
Beratungstermin: Dezember 1996
Hinweis für den Materialband: Interview Nr.: 9

Interviewerbericht:
Das Interview mit Frau Müller wird bei ihrer Typberaterin im Beratungsstudio durchgeführt. Leider ist Frau Müller unter Zeitdruck, so dass das Interview nur zwanzig Minuten dauert. Die Interviewinhalte sind aber dennoch aussagekräftig. Frau Müller ist Lehrerin an einer Realschule.

Kurzdarstellung des Interviews:

- Wie gestaltet sich die Beratungssituation?
  - ♦ Die Farbanalyse mit den Tüchern kann sie „*einfach nicht nachvollziehen*" und verlässt sich deshalb ganz auf die Aussagen der Typberaterin. Erst im Vorjahr (drei Jahre nach der Beratung), bei einer Vorführung in der Volkshochschule, kann das Ergebnis nachvollzogen werden, da alle Teilnehmer ihr die Wirkung der verschiedenen Farben nochmals bestätigten.

- Welche Gründe motivieren die Beratene eine Beratung durchzuführen?
  - ♦ Frau Müller ist zwölf Jahre lang als Hausfrau und Mutter zu Hause tätig gewesen. Ihr Mann „*duldete beispielsweise Schminken und solche Sachen nicht*", was dazu führt, dass sie sich „*als sehr graue Maus verhalten*" hat. Bei der Kleiderwahl ist sie „*relativ unsicher*" und hat sich von ihrem „*Mann irgendwo leiten lassen*", da er auch die finanziellen Mittel aufbringt: „(...) *dann muss es ihm auch gefallen.*" Der Wiedereinstieg ins Berufsleben nach 12 Jahren bringt einige Veränderungen mit sich. Es wird nach einer Orientierungshilfe gesucht. Durch das Kosmetikstudio kennt Frau Müller die Farb- und Stilberatung und beschenkt sich damit selbst.

• Welche Auswirkungen hat die Aussehensveränderung mittels Kleidung auf die Beratene selbst?

- ♦ Die Beratung hat Frau Müller „*Sicherheit gegeben in der Art und Weise was ich tragen möchte*".
- ♦ Beim Einkaufen „*bin ich wesentlich strikter geworden beim Ablehnen und eben in dem Selbstverständnis was ich will*".
- ♦ Die „*rapide geänderten*" Lebensumstände haben ebenfalls Auswirkungen, die sich „*natürlich auch auf das Äußere niederschlagen*".
- ♦ „*Ich denke schon, mit Kleidung kann ich vieles von mir selbst ausdrücken.*"

• Wie gehen - aus der Sicht der Beratenen - die Mitmenschen mit den Auswirkungen der Aussehensveränderung mittels Kleidung um?

- ♦ Besonders die Schüler reagieren auf die Veränderungen des äußeren Erscheinungsbildes und bestätigen dieses positiv. „*Ja also, mir sagen alle, dass ich um einige Jahre jünger aussehe.*"

Name: Berlich, Rita
Alter: 36 Jahre
Beratungstermin: Mai 2000
Hinweis für den Materialband: Interview Nr.: 10

Interviewerbericht:
Der Kontakt zu Frau Berlich wird durch die Typberaterin Frau Kretz (vgl. Interview Nr. 4) hergestellt. Frau Berlich macht lediglich eine Farbberatung, möchte aber die Stilberatung noch nachholen. Sie ist verheiratet, hat zwei Kinder und ist zur Zeit als Hausfrau und Mutter tätig.

Kurzdarstellung des Interviews:
• Wie gestaltet sich die Beratungssituation?

- ♦ Die Ergebnisse sind für Frau Berlich „*sehr aufschlussreich*", da sie kaum glauben kann, wie sehr die Farben das Gesicht und die Form verändern können.

• Welche Gründe motivieren die Beratene eine Beratung durchzuführen?

- ♦ Aus „*Neugier*" besucht Frau Berlich die Farbberatung, die im Leistungsangebot ihrer Kosmetikerin ist.

• Welche Auswirkungen hat die Aussehensveränderung mittels Kleidung auf die Beratene selbst?

- Beim Einkauf wird sich nicht ausschließlich an den Farbpass gehalten „(...) *wenn mir was besonders gefällt, dann kaufe ich es halt trotzdem*".„*Einiges war falsch im Schrank*" und wird aussortiert oder aber nur noch „*ganz, ganz selten*" angezogen.
- Schwarz, eine ihrer beliebtesten Kleidungsfarben, „*darf ich gar nicht [mehr] anziehen*". Vor dem Spiegel wird sie überzeugt, dass diese Farbe ihr Gesicht negativ beeinflusst. Dafür haben die Pastelltöne „*super gewirkt, ganz anders*".
- Durch die Typberatung wird „*jetzt viel mehr auf alles geachtet*", und täglich wird Make-up aufgelegt, was zuvor nur zu besonderen Anlässen aufgetragen wird. „*Also das war dann schon eine Veränderung.*" „*Dann sieht man ja gleich ganz anders aus.*"
- Heute wird bewusster eingekauft, weil man sich „*hübscher fühlt, wenn man die richtigen Farben anhat*".
- Mit Hilfe der Beratungsergebnisse kann sich Frau Berlich nun selbst erklären, warum sie sich in manchen Farben unwohl gefühlt hat.

• Wie gehen - aus der Sicht der Beratenen - die Mitmenschen mit den Auswirkungen der Aussehensveränderung mittels Kleidung um?

- Die Personen im Umfeld haben kaum oder gar nicht auf die wenigen Veränderungen reagiert.

Name: Schreiner, Maria
Alter: 40 Jahre
Beratungstermin: 1992
Hinweis für den Materialband: Interview Nr.: 11

Interviewerbericht:
Das Interview mit Frau Schreiner findet bei ihrer Typberaterin im Beratungsstudio statt. Auch wenn während des Interviews zeitweise die Typberaterin anwesend ist und dadurch den Interviewverlauf stört, so können doch relevante Aussagen heraus gearbeitet werden.
Frau Schreiner arbeitet als medizinisch-technische Assistentin (MTA) und lebt von ihrem Mann getrennt.

Kurzdarstellung des Interviews:
• Wie gestaltet sich die Beratungssituation?

- Frau Schreiner steht vor ihrer eigenen Beratung der gesamten Farb- und Stilberatung sehr kritisch gegenüber und möchte sich nicht in ein Vier-Kategorien-System einstufen lassen. „*Frühling, Sommer, Herbst und Winter, dann laufen ja nur noch vier Typen von Frauen herum.*

Das muss man sich mal vorstellen, das ist ja wie eine Uniform. Das sehe ich nicht so ganz ein, dann bin ich ja nicht mehr ich."

- Welche Gründe motivieren die Beratene eine Beratung durchzuführen?
  - ♦ Motiviert durch eine Bekannte aus der Schwangerschaftsgruppe, die eine positive Typveränderung durch gemacht hat, entschließt sich Frau Schreiner ebenfalls an einer Beratung teil zu nehmen.

- Welche Auswirkungen hat die Aussehensveränderung mittels Kleidung auf die Beratene selbst?
  - ♦ Durch die Beratung werden die Farben beim Make-up und bei der Kleidung komplett umgestellt. „*Und ich muss sagen, bis dahin hatte ich Orange getragen und vom Typ her ein ganz anderes Make-up*", „(...) *und habe mich auch eigentlich immer der Mode unterworfen (...)*".
  - ♦ Durch die Beratung wird das Einkaufen von Kleidung sicherer. „*Also eines passiert mir nicht, dass ich mir Dinge kaufe, die dann im Schrank hängen.*" Beim Einkaufen geht Frau Schreiner jetzt mit einer viel größeren Sicherheit vor. Anfänglich wird noch mit Hilfe des Farbpasses die richtige Kleiderfarbe gewählt, und später „*kaufte ich es von Gefühl her*".
  - ♦ Die Beratung bringt eine Typveränderung für Frau Schreiner mit sich. „*Ja, eigentlich habe ich meinen Typ schon verändert.*"
  - ♦ Kleidung ist für Frau Schreiner ein Ausdruck ihrer Persönlichkeit. „*Jaja, das ist ganz klar. Es heißt ja nicht umsonst: Kleider machen Leute.*"

- Wie gehen - aus der Sicht der Beratenen - die Mitmenschen mit den Auswirkungen der Aussehensveränderung mittels Kleidung um?
  - ♦ Durch die Typveränderung werden zahlreiche Arbeitskolleginnen von Frau Schreiner motiviert, auch eine Beratung mit zu machen. „*Ja, ob es aufgefallen ist? (lacht) Aufgefallen ist es schon. Ich arbeite im Krankenhaus im Labor. Aufgrund [der Beratung] habe ich dann einige Damen hierher gebracht (lacht).*"

<u>Name</u>: Jägerhahr, Monika
<u>Alter</u>: 39 Jahre
<u>Beratungstermin</u>: Sommer 2000
<u>Hinweis für den Materialband</u>: Interview Nr.: 12

<u>Interviewerbericht</u>:
Der Kontakt zu Frau Jägerhahr wird durch die Typberaterin Frau Kretz (vgl. Interview Nr. 4) hergestellt. Frau Jägerhahr ist Grundschullehrerin, verheiratet

und hat zwei Kinder. Der erste Ferientag der Sommerferien bietet Zeit für ein entspanntes Interview.

Kurzdarstellung des Interviews:

- Wie gestaltet sich die Beratungssituation?
  - ♦ Die Farbberatung findet bei Frau Kretz statt, die auch für die medizinische Fußpflege bei Frau Jägerhahr zuständig ist.

- Welche Gründe motivieren die Beratene eine Beratung durchzuführen?
  - ♦ Die Typberatung ist Frau Jägerhahr durch eine Freundin geläufig, die deren Typ komplett verändert hat. „*Sie hat ganz altbacken ausgesehen und hat dann plötzlich immer ganz anders ausgesehen, und sie war aber auch vom Typ her jemand ganz anders geworden - also das war schon eine ziemlich große Veränderung.*"
  - ♦ Frau Jägerhahr hat nach eigenen Angaben immer wenig Geld für Kleidung ausgegeben, und der Kleiderkauf bereit ihr bisher nur wenig Spaß. Die Beratung soll helfen, „*einfach effektiver einkaufen*" gehen zu können.
  - ♦ Sachliche Gründe sprechen - nach Ansicht von Frau Jägerhahr - für eine Typberatung. Der „*pragmatische Aspekt stand im Vordergrund: Warum soll ich was einkaufen, wenn es danach im Schrank rum hängt? Und wenn man von vornherein einen Tipp bekommt, das könnte dir stehen, dann kann ich mich auch eher drin wohl fühlen.*"

- Welche Auswirkungen hat die Aussehensveränderung mittels Kleidung auf die Beratene selbst?
  - ♦ Es gibt neue Farben, die Frau Jägerhahr als Sommertyp gut stehen. Der Schrank wird „*durchforstet*", und „*doch schon einiges*" wird dabei aussortiert, wobei die Umsetzung der Beratungstipps fast ein halbes Jahr benötigt.
  - ♦ Nach der Beratung will Frau Jägerhahr die Garderobe umstellen und aktualisieren. „*Ja, ich bin dann voll Enthusiasmus einkaufen gegangen. Hatte dann aber Pech, dass in diesem Jahr die Farben, die so unheimlich modern waren, nicht in meine Farbpalette hineinpassten.*" Zur Hilfestellung wird die Farbpalette zum Kleidereinkauf mitgenommen.
  - ♦ Frau Jägerhahr gibt seit der Beratung zwar nicht mehr Geld für die Kleidung aus, wählt diese aber sorgfältiger aus, da Frau Jägerhahr heute mehr Wert darauf legt. „*Es macht mir Spaß. Das war bisher ein Bereich, in dem ich vorher nie positive Rückmeldung bekommen habe.*"

- ♦ Zwar sind mehrere Faktoren dafür verantwortlich, dass sich Frau Jägerhahr heute wohler fühlt als in der Zeit vor der Beratung, aber diese „*gibt das Tüpfelchen auf dem `i' dazu*".

• Wie gehen - aus der Sicht der Beratenen - die Mitmenschen mit den Auswirkungen der Aussehensveränderung mittels Kleidung um?

- ♦ Die Rückmeldungen auf die Veränderungen aus dem Bekanntenkreis sind sehr positiv, aber auch von der Familie ist das Feedback gut.
- ♦ Die Kollegen geben eine „*ganz enorme*" Rückmeldung. „*Ich arbeite an einer Grundschule, und da gibt es ganz viel Unterschiede. Man ist in einer Jeans ganz gut aufgehoben; einfache Kleidung ist optimal, wenn man auf dem Boden sitzt und mit den Kindern was macht. Wir haben aber auch Kolleginnen, die sehr viel Wert auf Kleidung und Stil legen, und als die mich nochmals darauf angesprochen haben: >Mensch, das sieht aber gut aus<, das tat mit dann schon gut.*"
- ♦ Auch zwei Freundinnen von Frau Jägerhahr werden durch ihre Typveränderung motiviert, an einer Beratung teilzunehmen.

Name: Dworschak, Cornelia
Alter: 44 Jahre
Beratungstermin: 1995
Hinweis für den Materialband: Interview Nr.: 13

Interviewerbericht:
Frau Dworschak wird durch Frau Mähren (vgl. Interview Nr. 8) auf die Untersuchung aufmerksam. Das Interview findet bei Frau Mähren statt, denn Frau Dworschak ist eine langjährige Freundin von Frau Mähren und ist ebenfalls bereit, ausführlich über ihre Typveränderung zu sprechen. Sie lebt seit wenigen Tagen von ihrem Mann getrennt. Die Erzählbereitschaft im Interview ist sehr groß und ist am besten mit einem Zitat von ihr auszudrücken: „*Aber jetzt haben sie mir noch überhaupt keine Frage gestellt, ich erzähl hier und erzähl hier (lacht).*"

Kurzdarstellung des Interviews:
• Wie gestaltet sich die Beratungssituation?

- ♦ Hierzu werden während des Gesprächs keine Aussagen gemacht.

• Welche Gründe motivieren die Beratene eine Beratung durchzuführen?

- ♦ Hierzu werden während des Gesprächs keine Aussagen gemacht.

• Welche Auswirkungen hat die Aussehensveränderung mittels Kleidung auf die Beratene selbst?

- Mit einem alten Foto wird die *„extreme Veränderung"* des Aussehens verdeutlicht. Frau Dworschak hat darauf noch blonde, lange und dauergewellte Haare, eine große Kunststoffbrille und bunte Kleidung *„zu dieser Zeit war ich noch Hausfrau und Mutter"*.
- Die innere Veränderung setzt schon vor der äußeren ein und zwar mit Beginn der Wiederaufnahme der Erwerbsarbeit nach 16 Jahren Hausfrauentätigkeit. Die Arbeit als Sekretärin wird in einer Boutique begonnen und führt dazu, *„überhaupt Kleidung zu kaufen"*.
- Eine Typberaterin motiviert sie, die Haare zu tönen, da Frau Dworschak nicht auf die blonden, langen Haare verzichten möchte. Die Haare werden dann zu Hause mit Henna gefärbt und eben nicht nur getönt. *„Ich bin halt ein Mensch, kaufe mir eine Packung, schmiere mir sie drauf und lese dann."* Das Farbergebnis fällt intensiver und langanhaltender als geplant aus. *„Ich sehe aus wie der Pumuckl. Ich bin zwar tagelang noch erschrocken, als ich morgens aufgestanden bin und in den Spiegel geguckt habe, aber dann war ich eben rot."*
- Die neue Haarfarbe ermöglicht eine andere Auswahl an Kleiderfarben. *„Ich war begeistert, Grün ist meine Farbe. Und dann, das muss ich sagen, habe ich auch ganz schnell meinen Stil gefunden"* (klassischer Stil).
- Die langen Haare werden kurzfristig doch noch abgeschnitten. *„Die habe ich ja nicht mehr gebraucht, denn durch meine äußere Veränderung habe ich einen Schuss nach vorne gemacht."*
- Die angetretene Halbtags- wird zu einer Ganztagsstelle ausgebaut, denn *„(...) ich hatte ein Selbstvertrauen, bis zum Es-geht-nicht-mehr"*.
- Die äußeren Veränderungen verlaufen schneller als die inneren. *„Ja, aber ich muss sagen, meine äußere Veränderung hat der inneren nachgehinkt"* und vom *„braven Heimchen am Herd"* entwickelt sich Frau Dworschak zu einer *„Powerfrau"*.
- Sie sammelt *„jetzt ja mords-mäßige Erfahrungen"*, da sie schon seit ihrem 14-ten Lebensjahr mit ihrem Mann befreundet ist und erst jetzt die Phase mit Weggehen und Leute Kennenlernen erlebt.
- Die *„Power-Farben"* Orange und Grün werden aber nur noch selten getragen *„(...) das bin ich jetzt nicht mehr"*. Heute werden die gedeckten Farben bevorzugt.
- Das neue Körperbewusstsein erlaubt eine veränderte Tragweise der Kleidung. *„Ich habe natürlich auch noch ein bisschen dekolletiert, was ich ja vorher nicht gemacht habe und ich muss sagen, mit mei-*

nem neuen Image, das ich da hatte, habe ich schon ein bisschen gespielt."

- ♦ Eine neue Beziehung möchte Frau Dworschak erst mal nicht „*ich bin jetzt wirklich auf dem Standpunkt, dass ich wirklich jetzt alleine sein möchte. Ich möchte sehen, wie komme ich mit mir zurecht, was will ich überhaupt, wie denke ich?!*"
- ♦ Das strenge, autoritätshörige Elternhaus lässt wenig Raum für die Selbstverwirklichung, die jetzt nachgeholt wird. „*Er [der Vater] hat einen immer klein gehalten: >Du kannst nichts, du weißt nichts. Geh du lieber mal arbeiten. Du hast uns genug Geld gekostet.< So bin ich groß geworden. Ja, ich bin ja eigentlich gar nichts.*" „*Und wir sind eben die Generation, die wirklich viel für die Selbstverwirklichung bezahlt, weil sie so spät einsetzt.*"
- ♦ In der Rolle der Übermutter hat sich Frau Dworschak auch in den frühen Jahren sehr wohl gefühlt. „*Das habe ich ja auch gebraucht, sonst hätte ich das alles auch gar nicht vertreten können, wenn ich mich da nicht so super toll gefühlt hätte.*"
- ♦ Die Veränderung ist aber auch für die Tochter ein wichtiger Prozess, denn sie muss erkennen, „*dass man im Leben einfach immer wieder dazu lernt*". Und dass man lernen muss, auch für sich selbst die Verantwortung zu übernehmen.
- ♦ Die Lebensveränderungen werden bei Frau Dworschak seit zwei Jahren von einem Therapeuten begleitet. „*Und das gehört auch in der Schule als Fach eingerichtet: einfach mal an sich zu denken, nachzudenken über sich.*" Aus ihrer Erfahrung weiß sie zu berichten, dass viele ihrer Freundinnen mit dem Prozess der Selbstverwirklichung zu kämpfen haben und dabei meist an die physischen und psychischen Grenzen stoßen. Daneben hat auch die Gesellschaft eine tragende Rolle „*unsere Gesellschaft ist wirklich (...) ja (...) menschenfeindlich! Das ist es. Und da muss man sich halt irgendwo halten, und der beste Halt ist immer noch bei sich selbst*". Die Entwicklungsprozesse und Veränderungen sind langwierig und schmerzhaft, aber die ungewisse Angst davor ist überstanden. „*Jeder will einen Neubeginn, aber keine Veränderung.*"

• Wie gehen - aus der Sicht der Beratenen - die Mitmenschen mit den Auswirkungen der Aussehensveränderung mittels Kleidung um?

- ♦ Nach dem ersten Schrecken finden die Familienmitglieder die Aussehensveränderung „*ganz toll*".
- ♦ Der Ehe ist das gewachsene Selbstvertrauen nicht zuträglich. Nach Ansicht von Frau Dworschak versucht ihr Mann, sie durch sanften

Druck wieder „*kleiner*" werden zu lassen, doch ohne Erfolg und mit der Konsequenz der Trennung nach 28 Jahren Ehe.

- Die Reaktionen auf die Veränderungen sind „*extrem*". Von „*Gesprächsthema im Dorf*", über „*total schockiert*" und „*super*" war alles dabei. Einige erkennen sie nicht, da die Veränderung so extrem ist: von den blonden, langen Haaren hin zu einem rotorangen Kurzhaarschnitt und „*Power-Farben*".
- Eine Freundin von Frau Dworschak reagiert sehr negativ auf die Aussehensveränderung, und Jahre später kommt auch der Grund dafür ans Tageslicht: „*Bei der hat die Veränderung innerlich auch schon eingesetzt, nur sie hatte Angst davor, dass es bei ihr so kommt wie bei mir. Aber das kommt durch.*" Diese Angst vor Veränderungen kennt Frau Dworschak aus eigener Erfahrung: „*deshalb habe ich mich so lange wie möglich an das Normale, oder das, was für mich das Normale war, festgeklammert*". „*Ich meine, ich habe es [die Veränderung] ja selbst irgendwo nicht verstanden. Aber ich habe es für mich selbst nicht in einen Kasten [gesteckt]. Aber die Gesellschaft, die Leute, die mich umgeben, die ja jahrelang, jahrzehntelang ein Bild von dir haben, und jetzt kommt man dann (...) Ich war trotzdem die Übermutter, ich habe ja meinen Charakter nicht verändert. Aber durch diese rein äußerliche Veränderung wirst du auch sofort anders eingestuft. Aber diese [äußere] Entwicklung hat dann [der inneren Veränderung] hinterher gehinkt. Das richtige Selbstvertrauen kam dann auch erst mit den Jahren. Weil das dann innerlich auch zu extrem gewesen wäre. Diese Entwicklung geht so schnell nicht.*"
- Der Ehemann von Frau Dworschak kommt mit der Typveränderung nicht klar „*Männer bekommen dann Angst*". Die Kinder haben dagegen keine Probleme, da sie nach Ansicht von Frau Dworschak auch die innere Veränderung registrieren und akzeptieren.

7.3 Zusammenfassung der Interviewanalysen

7.3.1 Zusammenfassung der Typberaterinnen-Interviews

• Wie gestaltet sich die Beratungssituation?

Die Dauer einer Typberatung liegt im Schnitt bei fünf Stunden, dabei entfallen zwei Stunden auf die Farb- und drei auf die Stilberatung. Aufgrund des hohen Informationsgehaltes raten einige Typberaterinnen, Farb- und Stilberatung terminlich voneinander zu trennen.

Durch die „*objektive, äußerliche Betrachtung*" in der Beratung soll die „*ureigene Schönheit*" der Beratenen gefunden werden. Die Unsicherheiten hinsichtlich Kleidung auf Seiten der Beratenen werden ab- und im Gegenzug ihre Persön-

lichkeit aufgebaut. Die Typberaterinnen berichten, dass die Beratung von den Kundinnen häufig verheimlicht wird.
Bei der Farbanalyse werden bezüglich des Farbtyps unterschiedliche und sich widersprechende Angaben gemacht. So arbeitet ein Teil der Typberaterinnen ausschließlich mit der klassischen Einteilung der `Vier-Jahreszeiten´, andere Einteilungsschemata gelten bei ihnen nicht. Ein anderer Teil der Typberaterinnen arbeitet mit zwölf Farbtypen und setzt dabei Schwerpunkte auf die Helligkeit oder die Kontraste einer Person.
Meist arbeiten die Typberaterinnen ohne Kontakt zu ihren Kolleginnen. Diese Isolation macht einen fachlichen Austausch zwischen den Typberaterinnen unmöglich. Lediglich Tagungen bzw. Fortbildungen, die von Ausbildungsschulen organisiert werden, stellen für die Typberaterinnen eine Möglichkeit zum Gedanken- und Erfahrungsaustausch dar.
Weitgehendst isoliert arbeiten die Typberaterinnen auch hinsichtlich eines Feedbacks seitens der Beratenen. Die fehlende Rückmeldung empfinden alle Typberaterinnen als schmerzlich, weil sie innerhalb der Beratung durch Körperkontakt und persönliche Fragen eine vertraute Beziehung aufgebaut haben, die dann ohne Verbindlichkeiten und Rückmeldungen bleibt. Außerdem können die Typberaterinnen, die auf die Beratung erfolgenden Umsetzungen nicht weiter beobachten.

- Welche Gründe motivieren die Typberaterinnen bei der Berufswahl?

Häufig arbeit(et)en die Typberaterinnen in verwandten Berufsgruppen, wie beispielsweise als Kosmetikerinnen oder Verkäuferinnen in einer Modeboutique und können somit ihrer Beratungstätigkeit ohne größere Umstände in den vorhandenen Räumlichkeiten nach gehen.
Eine eigene Typanalyse motiviert ebenfalls einige der befragten Typberaterinnen, die Ausbildung als Typberaterin zu beginnen. Zudem zeigen die Befragten ein großes Interesse an der Kleidung. Oder aber Personen aus dem Umfeld geben den ausschlaggebenden Impuls für die Ergreifung dieses Berufs.

- Welche Veränderungen entstehen bei den Typberaterinnen durch ihre eigene Typanalyse?

Alle Typberaterinnen untersuchen nach der eigenen Beratung ihre Garderobe auf unpassende Kleidungsstücke und sortieren diese aus. Eine befragte Typberaterin stellt ihre komplette Garderobe um, nachdem in der Eigenanalyse während der Ausbildung die ehemalige Zuordnung vom warmen Frühlingstypen hin zum kühlen Sommertypen korrigiert wird. Diese Korrektur des Farbtyps stürzt die Typberaterin anfänglich in eine tiefe Depression.
Die Typberaterinnen bestätigen einstimmig, dass sie nach der eigenen Beratung ihre Kleidung einfacher einkaufen können und dass alle Stücke gut kombinier-

bar sind. Durch die Kleidung kann nun das Bild erzeugt werden, das „*die Umwelt von mir haben soll*".
Das Verhältnis zum bekleideten Körper nach der eigenen Typanalyse ist ambivalent: Während einige Typberaterinnen die Bedeutung der Kleidung durch die eigene Beratung nun höher einschätzen, hat die Kleidung bei einer Typberaterin an Bedeutung verloren, da Kleidung zu etwas ganz Selbstverständlichem wird und deshalb weniger Beachtung erfährt.

• Wie gehen - aus Sicht der Typberaterinnen - die Beratenen selbst mit den Auswirkungen der Aussehensveränderung mittels Kleidung um?
Aus Sicht der Typberaterinnen übt die Aussehensveränderung mittels Kleidung auf die Persönlichkeit der Beratenen einen positiven und stärkenden Einfluss aus. „*Es gibt selten jemand, der sich [vor einer Beratung] in Ordnung findet*". Die Typberaterinnen erklären, dass sie das angeschlagene Selbstwertgefühl der Beratenen während des Beratungsgesprächs aufbauen, ebenso erlangen die Beratenen mehr Selbstsicherheit durch das Gespräch. Ein neues Selbstbewusstsein ist nach Ansicht der Typberaterinnen das Ergebnis einer Aussehensveränderung mittels Kleidung.
Für die befragten Typberaterinnen ist die Typberatung nicht nur eine Veränderung des äußeren Erscheinungsbildes, sondern auch eine Veränderung von innen heraus, die das Leben der Beratenen verändern kann. So wird beispielsweise das Verhältnis zum eigenen Körper überdacht, denn einige Beratene können sich noch vor einer Beratung nicht im Spiegel ansehen. Doch durch die Beratung lernen sie, ihren Körper neu wahr zu nehmen.
Während der Beratung wird versucht, das Einzigartige im Aussehen der Person herauszuarbeiten, deshalb „gehen hier alle glücklich raus". Kleidung und das äußere Erscheinungsbild bekommen für die meisten Beratenen einen neuen Stellenwert, die Garderobe wird umgestellt, und Kleidung wird nun bewusster ausgewählt und eingekauft.
Teilweise berichten die Typberaterinnen, dass ihre Vorschläge schlecht ungesetzt werden, und bemängeln generell das fehlende Feedback vonseiten der Beratenen.

• Wie gehen - aus Sicht der Typberaterinnen - die Mitmenschen der Beratenen mit den Auswirkungen der Aussehensveränderung mittels Kleidung um?
Der Umgang der Mitmenschen mit den aussehensveränderten Beratenen wird von den Typberaterinnen nur selten thematisiert. Einige bestätigen jedoch größtenteils positive Rückmeldungen durch die Mitmenschen oder aber, bei extremen Typveränderungen, dass die Personen nicht mehr wiedererkannt werden. Eine befragte Typberaterin berichtet von neidischen Reaktionen der Umwelt auf das typgerechte Erscheinen.

7.3.2 Zusammenfassung der Beratenen-Interviews

• Wie gestaltet sich die Beratungssituation?

Die Beratenen empfinden die Beratungssituation meist als sehr angenehm, sind aber auch überrascht, wie viele Informationen in kurzer Zeit auf sie einströmen. Die Wirkung der Farben auf das äußere Erscheinungsbild verblüfft die Meisten. Allerdings bestätigen die befragten Beratenen auch, sich ausschließlich auf das Augenmaß der Typberaterin zu verlassen, da die Beratenen selbst Schwierigkeiten bei der Zuordnung zum jeweiligen Farb- und Stiltyp haben.

Einige Beratenen stehen der Typberatung sehr kritisch gegenüber, da sie sich mit der Einteilung in ein `Vier-Kategorien-System´ nicht einverstanden erklären; sie empfinden es als Uniformierung der Menschen, da diese in lediglich vier Gruppen eingeteilt werden können.

• Welche Gründe motivieren die Beratenen eine Beratung durchzuführen?

Die Beratenen werden vornehmlich durch ihre Unsicherheit in der Kleiderauswahl motiviert, eine Typberatung in Anspruch zu nehmen. Diese Unsicherheit resultiert aus der mangelnden Auseinandersetzung mit Modefragen und der fehlenden Reflexion des eigenen Erscheinungsbildes. Entweder spielt die Kleidung im Leben der Befragten vor der Beratung nur eine geringe Rolle oder aber die Auseinandersetzung mit Modefragen wird durch bestimmte Lebensereignisse (z.B. Mutterschaft) in den Hintergrund gedrängt. Diese Unsicherheiten haben Auswirkungen auf das Einkaufsverhalten. Die Kleidung wird meist ohne großes Interesse eingekauft. Ob diese Kleidung das Auftreten und das Erscheinungsbild positiv hervorheben oder nicht spielt dabei kaum eine Rolle, denn die Personen sind sich der Wirkung der Kleidung nur selten bewusst.

Menschen aus dem Bekanntenkreis, die eine positive Aussehensveränderung mittels Kleidung erlebt haben, motivieren die Befragten ebenfalls eine Typberatung zu machen.

Auch familiäre Probleme, meist durch den Wiedereinstieg in das Berufsleben der Frauen hervorgerufen, lösen auch den Wunsch nach einer Typberatung aus. Denn die innerlichen Veränderungen und die veränderte Einstellung zum Leben durch die erneute Berufstätigkeit ziehen eine äußerliche Veränderung nach sich. Die Befragten verfolgen aber auch ganz pragmatische Gründe mit der Teilnahme an einer Typberatung, denn das Einkaufen soll effektiver gestaltet und Fehleinkäufe sollen möglichst vermieden werden.

• Welche Auswirkungen hat die Aussehensveränderung mittels Kleidung auf die Beratenen selbst?

Durch die Beratung werden die Beratenen in der Farbwahl der Kleidung und der Art und Weise, was die Beratenen tragen möchten, sicherer. Sie empfinden aber

auch eine größere Sicherheit im eigenen Auftreten und im Umgang mit Anderen. Besonders hervorgehoben wird das sichere Auftreten der Beratenen gegenüber Verkäuferinnen und das Ablehnen derer Kaufvorschläge.
Die Beratung ist ebenso verantwortlich für einige Erneuerungen im Leben der Beratenen. Beispielsweise gehen sie seitdem leichter, aber auch bewusster ihre Kleidung einkaufen. Kleidung erfährt im Leben der Beratenen zum ersten Mal eine positive Bedeutung, und die Beratenen bekommen häufig erstmals eine positive Rückmeldung für ihr Aussehen. Die Beratenen spielen mit ihrem neuen Image, das durch die Veränderung ihrer Kleidung entsteht. Eine Befragte erklärt, dass Spiegel erst seit der Veränderung des äußeren Erscheinungsbildes in ihrer Wohnung hängen. Außerdem gibt es weitere Erneuerungen, so wird der Stellenwert des Essens in der Familie stark reduziert und neue sportliche Aktivitäten werden in Angriff genommen. Sogar eine berufliche Neuorientierung wird in Erwägung gezogen.
Durch die Typveränderung sehen sich die Beratenen wieder ins gesellschaftlichen Leben integriert. Dies wird sowohl als Anstrengung, aber auch als positive Herausforderung angesehen.
Kleidung bekommt durch die Beratung einen neuen Stellenwert im Leben der Beratenen: Der bekleidete Körper wird zum Ausdruck des Selbst, deshalb wird auf die Kleiderauswahl mehr geachtet, teilweise auch erstmalig. Die Beratenen fühlen sich in der typgerechten Kleidung wohler und hübscher, da die Beratenen durch die Typberatung zu der Überzeugung gelangt sind, dass die entsprechende Kleidung ihrer Persönlichkeit mehr Ausdruck verleiht.
Unpassende Kleidungsstücke werden durch die Beratenen aus dem Kleiderschrank entfernt, jedoch dauert dieser Trennungsprozess bei einigen mehrere Monate. Neue Kleidung wird zu Beginn mit Hilfe des Farbpasses ausgewählt, später wird die Kleidung aus dem Gefühl heraus eingekauft, da die Farbpalette verinnerlicht ist. Trotzdem tragen die meisten Beratenen gelegentlich noch Kleidungsstücke, die nicht typgerecht sind, da sich die Beratenen zu diesen Farbe hingezogen fühlen. In einigen Fällen sind die Beratenen in gewissen Bereichen (z.B. Make-up) der Umsetzung noch unsicher und scheuen diese daher.
Nach der Beratung fühlen sich die Beratenen mutiger als zuvor. Dies kann sich in einer neuen Haarfarbe, einem neuen Haarschnitt oder einer neuen Schnittführung bei der Kleidung niederschlagen.
Die veränderten Lebensumstände (z.B. Wiedereinstieg in das Berufsleben) führen bei den Beratenen zu einem neuen Selbstbild und durch die Beratung versuchen sie, diese innerliche Veränderung auf die äußere Erscheinung zu übertragen. Die Aussehensveränderung wird als ein Stück Selbstverwirklichung gesehen, denn das neue Aussehen spiegelt das neue Selbst.

- Wie gehen - aus der Sicht der Beratenen - die Mitmenschen mit den Auswirkungen der Aussehensveränderung mittels Kleidung um?

Die Mitmenschen reagieren auf die Auswirkungen der Aussehensveränderung mittels Kleidung überwiegend positiv. Diese Bestätigung durch die Umwelt wird von den Beratenen als Bestärkung in der typgerechten Kleidung aufgefasst.
Fehlt die Veränderung des äußeren Erscheinungsbildes nach einer Beratung, so fragen die Personen aus dem Umfeld die über den Beratungstermin Bescheid wissen nach, warum noch kein Wandel statt gefunden hat.
Überrascht sind die Beratenen, dass sie Personen aus dem nähren Umfeld auf ihre Kleidung überhaupt ansprechen, war diese doch noch nie ein Thema gewesen. Werden diese Person zudem von den Beratenen als stilsicher eingestuft, fassen sie das als großes Kompliment für ihr neues Auftreten auf.
Ebenfalls versuchen die Mitmenschen, die im Aussehen veränderten Personen neu einzustufen und brauchen - nach Ansicht der Beratenen - eine Erklärung für das Phänomen der Aussehensveränderung. Denn für die Mitmenschen sind die äußere Veränderungen ein Indikator für eine innere Veränderung.
Neben den überwiegend positiven Rückmeldungen gibt es auch kritische Stimmen. Die Tochter einer Beratenen bemängelt die nun fehlende Zeit, die sie mit ihrer Mutter nicht verbringen kann, da diese durch die Aussehensveränderung auch ihre gesellschaftlichen Aktivitäten wiederbelebt und somit weniger Zeit für das Familienleben hat.
Der Ehemann einer Beratenen kommt mit dem neuen Selbstbewusstsein der aussehensveränderten Frau nicht zurecht und versucht sie wieder „*kleiner werden zu lassen*“. Als Konsequenz folgt für beide die Scheidung der Ehe.
Die Beratenen berichten, dass ihre Aussehensveränderung mittels Kleidung Auswirkungen auf die Mitmenschen hat, denn viele davon werden durch die neue positive Erscheinung der Beratenen ebenfalls motiviert, eine Typberatung mitzumachen.

8. Die Bedeutung der Kleidung bei der Identitätsarbeit im Handlungsfeld Typberatung

Im folgenden Kapitel werden, auf der Basis der Interviewanalysen (vgl. Kap. 7), Zusammenhänge von Kleidung und Identität im Handlungsfeld Typberatung erarbeitet.

Die Interpretation wird in zwei Gruppen von Akteuren innerhalb des Handlungsfeldes unterteilt, die der Typberaterinnen (vgl. Kap. 8.1) und jene der Beratenen (vgl. Kap. 8.2).
In einem ersten Schritt wird die Sichtweise der Probanden auf das Handlungsfeld Typberatung dargestellt (vgl. Kap. 8.1.1 und Kap. 8.2.1). In einem zweiten Schritt wird die Identitätsarbeit beleuchtet. Die Typberaterinnen beschreiben aus ihrer Sicht das Selbst- und Fremdbild der Beratenen (vgl. Kap. 8.1.2), wobei auch ihr eigene Identität eine Rolle spielt, da diese Einfluss auf die Beratungssituation hat. Auch wenn die Typberaterinnen keinen unmittelbaren Einblick in das Selbstbild der Beratenen haben, verfügen sie doch über Erfahrungen bezüglich deren Selbstwahrnehmungen. Anschließend erfolgt die Betrachtung der Identitätsarbeit und deren Interpretation aus Sicht der Beratenen (vgl. Kap. 8.2.2).
Die Zusammenfassung der Ergebnisse (vgl. Kap. 8.3) bilden den Abschluss des Kapitels.

Diese künstliche Trennung der Ausführungen zum Handlungsfeld Typberatung sowie der Aspekte zur Identitätsarbeit schafft eine bessere Übersicht, da die Aufteilung die Komplexität einschränkt und dem Handlungsfeld einen größeren Stellenwert beimisst. Zusätzlich liefern die Aussagen aus diesem Bereich wichtige Hinweise auf das Beziehungsgefüge Kleidung und Identität.

8.1 Identitätsarbeit im Handlungsfeld Typberatung aus Sicht der Typberaterinnen

Aufgrund des umfangreichen Datenmaterials, das für die Interpretation zur Verfügung steht, werden im folgenden Kapitel die Ergebnisse durch inhaltlich kategorisierende Überschriften strukturiert.

8.1.1 Das Handlungsfeld Typberatung aus Sicht der Typberaterinnen

<u>Beratungsdauer</u>

Die Beratungszeiten weisen eine Spanne von drei bis fünf Stunden auf. Die Informationsmenge halten alle Typberaterinnen für sehr groß und bezweifeln in manchen Beratungsfällen, dass sämtliche Inhalte von ihren Kunden verstanden und behalten werden können. Frau Deichbacher fordert aus diesem Grund die

Aufteilung in zwei Beratungstermine, damit den Beratenen die Chance gegeben wird, alle erarbeiteten Inhalte aufzunehmen.
Um auftretende Unklarheiten nach der Beratung zu beseitigen, bieten die Typberaterinnen an, Rücksprache zu halten. Diese Zusatzleistung ist kostenlos, wird aber in den wenigsten Fällen von den Beratenen in Anspruch genommen. Diese arbeiten im Gegenzug mit den ausgehändigten Materialien, wie Farbpass und Broschüren zur Stilberatung. Dass es bei der Verwendung der ausgeteilten Hilfsmittel große Unsicherheiten gibt, wird von Frau Zeusmann bestätigt, die in einer Modeboutique tätig ist und häufig beratenen Personen gegenüber steht. Es kann also davon ausgegangen werden, dass viele Beratene nicht wirklich die Farb- und Stilzuweisungen nachvollziehen können und aus diesem Grund beharrlich an den Vorgaben ihrer Typberaterin festhalten. Die Dauer der Beratung reicht für die kognitive Verarbeitung der Inhalte nicht aus und die Informationsmenge macht für die meisten Beratenen die vollständige Aufnahme der Erklärungen fast unmöglich.

Beratungssysteme

Die befragten Typberaterinnen arbeiten mit jeweils unterschiedlichen Farbsystemen (vgl. Kap. 5.3.6). Manche versichern, dass alle Erweiterungen, wie die Differenzierung in zwölf Mischtypen (vgl. POOSER 1990, S. 163ff.) falsch seien. „*Wenn ihnen jemand mal sagt, dass es einen Mischtyp Frühling-Sommer gibt, dann ist das schlicht und einfach verkehrt.*“
Andere Typberaterinnen sind unschlüssig, ob die Arbeit mit ausschließlich vier Jahreszeiten alle Menschen erfassen kann, teilen aber die Beratenen ebenfalls in nur vier Farbtypen ein: „*Natürlich gibt es Menschen, bei denen ich denke, das könnte ein Mischtyp sein. Aber in der Schule haben wir gelernt bekommen, dass das zu vermeiden ist. Denn, wenn so ein Mischtyp festgestellt wird, müssen sie auch so einen [Farb-] Pass haben. Denn, sie können ja nicht beide Pässe mitgeben (...). Aber ich denke das kommt, es wird sich durchsetzen.*“

Im Gegensatz zu den oben genannten Typberaterinnen arbeitet ein anderer Teil der befragten Typberaterinnen, die die Schule `Color me beautiful´ besuchten, mit Mischtypen. Ihnen stehen für die Farbanalyse zwölf Farbtypen zur Verfügung. Frau Zeusmann ließ sich bereits vor zwölf Jahren zur Typberaterin ausbilden, zu einem Zeitpunkt, als POOSERs (vgl. POOSER 1990, S. 163ff.) Konzept der Fließfarben noch nicht veröffentlicht ist. Frau Zeusmann zweifelt schon damals am `Vier-Jahreszeiten-Schema´ „*und da habe ich immer schon gesagt, das [Vier-Jahreszeiten-Schema] kann irgendwo nicht stimmen*“. Sie besucht aufbauende Schulungen, ohne jedoch eine Bestätigung für ihre Vermutung zu finden. Daraufhin entwickelt sie im Laufe ihres Berufslebens eine eigene Richtung, die den Schwerpunkt vornehmlich auf die Helligkeit der Erscheinung einer Person legt. Sie bestätigt auch, dass trotz Einhalten der Vorschläge im ausge-

händigten Farbpass die Kleiderfarben falsch zusammengestellt werden kann, wenn nicht auf die Helligkeit der Person geachtet wird. „*Ich kann den Beratenen ihr Etui mit ihren Farben der Jahreszeit geben, dann können sie das so falsch zusammen stellen, das sie eine ganz andere Persönlichkeit ausstrahlen, das kann auch geschehen.*"
Die Vielzahl und Unterschiedlichkeit der Konzepte zur Farbeinteilung stehen im Gegensatz zum überzeugten Auftreten der Typberaterinnen bei der Präsentation ihrer Analyseergebnisse. Während manche es ausschließen, dass warme und kalte Farbanteile in einer Person gleichzeitig auftreten können, bestätigen andere Typberaterinnen genau das Gegenteil und erklären, dass warme und kalte Farbgebung „*nicht immer klar getrennt sind und manchmal auch fließend*" ineinander übergehen.

Es wird deutlich, dass es nicht <u>die</u> Typberatung gibt, sondern dass innerhalb dieser mit sehr unterschiedlichen Ansichten gearbeitet wird, die sich teilweise widersprechen oder einander sogar ausschließen. Offenkundig sind die Lerninhalte der jeweiligen Ausbildungsschule für die Zuordnung der Farb- und Stiltypen verantwortlich und nicht das individuelle Aussehen der Beratenen. Zusätzlich entwickeln Typberaterinnen im Laufe ihres Berufslebens eigene Kriterien für die Analyse, so dass es durch die unterschiedlichen Konzepte zu mannigfachen Ergebnissen bei den Beratungen kommen kann.

Um sich beim Kleiderkauf besser orientieren zu können, werden den Kunden Farbpässe ausgehändigt. Meist bestehen diese Pässe aus Papier mit bunten Aufdrucken. Die Typberaterin Frau Zeusmann legt jedoch Wert darauf, dass die ausgegebenen Farbskalen aus textilem Material bestehen müssen, denn nur der Stoff mit seiner Struktur und seiner Beschaffenheit kann das Licht so reflektieren, dass damit die gewünschten Nuancen entstehen. Der Anspruch auf absolute Gültigkeit der ausgehändigten Farbskalen ist demnach zweifelhaft.

<u>Unterschiedliche Akzente innerhalb der Beratung</u>
Die durchgeführten Befragungen zeigen, wie innerhalb der Beratung unterschiedliche Akzente gesetzt werden, die wiederum auf die Identitätsarbeit Einfluss nehmen können. Für einen Teil der Typberaterinnen ist die Beratung die objektive Betrachtung der äußeren Merkmale einer Person. Es wird beispielsweise auf ungleiche Augengröße, unterschiedliche Höhe der Augenbrauen oder die Hüftbreite geachtet. Aus diesem Grund setzen diese Typberaterinnen auch ein Lineal bei der Körpervermessung ein, um messbare und letztendlich objektive Werte zu erhalten.
Diesem ausschließlich auf das Äußere gerichteten Blick fügen andere Typberaterinnen die \`Betrachtung des Inneren´, der Psyche, der Beratenen hinzu. „*Man kommt [während der Beratung] irgendwie an die Seele von dem Menschen*

heran, weil bei der Stilberatung, da geht es nicht nur um die äußere Hülle, sondern das sind sehr persönliche Fragen." „*Mich auf Menschen einzulassen, das macht mir total viel Spaß.*" Die Beratung wird hier als sehr intime Arbeit mit den Beratenen aufgefasst, wobei psychologische Aspekte eine große Rolle spielen. Aus diesem Grund ist die Beratung für die Gruppe der letztgenannten Typberaterinnen emotional ein sehr anstrengender Prozess, „*(...) da gibt es [Beratungen], da bekommt man die ganze Energie herausgezogen. Da muss man sich wirklich einen Schutzwall [auf-]bauen. Die Leute ziehen einem die Energie raus. Das sind so Energiefresser. Manche sind wirklich so negativ drauf und ziehen alles aus dir raus. Und es geht ja sehr in die Psychologie mit rein, wenn man so eine Beratung macht.*"
Interessanterweise arbeiten beide Gruppen von Typberaterinnen im Rahmen der praktischen Umsetzung trotzdem ähnlich. Auch jene, die während der Befragung zur vorliegenden Arbeit die Akzente auf die psychologischen Faktoren legen, gehen `objektiv´ - das heißt mit Metermaß und Vergleichsskalen - an die Personen heran. Von Seiten der Typberatungsschulen wird auf die psychologische Ausbildung kein Wert gelegt. Die Typberaterinnen sind deshalb auf ihr Alltagswissen angewiesen.

Fehlende Rückmeldung

Die Teilnahme an einer Typberatung wird, nach Aussagen der Typberaterinnen, dem persönlichen Umfeld der Beratenen gegenüber verheimlicht. „*Ich rufe meine Kundinnen zwar hinterher nochmals an, wie sie sich fühlen, aber ich habe so das Gefühl, dass das so eine anonyme Geschichte ist. Frauen machen das, erzählen aber darüber nichts. Also auch ihrer Umgebung nicht. Das ist ein wohlgehütetes Geheimnis.*"

Beratene Personen finden es offensichtlich unangenehm, bei der Auswahl und der Zusammenstellung der Kleidung, ungeschickt und hilfsbedürftig zu wirken und es ist ihnen peinlich, in diesem alltäglichen Bereich auf professionelle Hilfe angewiesen zu sein.
Dieses Phänomen der Geheimhaltung bedingt wohl die spärliche und unbefriedigende Rückmeldung für die Typberaterinnen. Der Mangel an längerem Kontakt oder Austausch zwischen Typberaterin und Beratenen ist für die Typberaterin problematisch: „*Da werden dann schon private Sachen ausgetauscht und man kommt den Kunden schon recht Nahe. Und das war dann manchmal für mich schwierig, dadurch dass man so eine Nähe entwickelt hat, dann gar nichts mehr zu hören. Man sieht den Kunden dann ja nicht mehr, er ist dann ja weg.*"
Der Berufsalltag der Typberaterinnen ist gekennzeichnet durch fehlende Evaluation der Kunden. Die Typberaterinnen erfahren nichts über den Erfolg oder Misserfolg ihrer Arbeit.

Im interprofessionellen Bereich ist die Rückmeldung und Zusammenarbeit ebenfalls sehr dürftig. Zwar bieten einige Ausbildungsschulen jährlich Fortbildung an, trotzdem arbeiten die Typberaterinnen weitestgehend isoliert und bemängeln den fehlenden Kontakt zu ihren Kolleginnen.

Die drei- bis vierzehntägige Ausbildung (je nach Ausbildungsinstitut) muss den zukünftigen Typberaterinnen für die gesamte Berufslaufbahn ausreichen. Unsicherheiten bei der Durchführung von Beratungen sind daher kaum zu vermeiden: „*Und das ist mir auch selber schon so gegangen. Man ist nie hundertprozentig sicher [bei der Farbanalyse], aber ich denke schon, wenn man das jahrelang macht. Man kann sich ein bisschen täuschen (...) das sagt einem dann auch das Bauchgefühl.*“ Da die Kleidung bei der Identitätsarbeit eine bedeutende Rolle einnimmt, sind kurze Ausbildungsdauer und fehlender Austausch zwischen den Typberaterinnen sehr problematisch zu bewerten. Eine pauschalisierende Einteilung in Farb- und Stiltypen, die dazu noch `fehlerhaft´ sein kann, vermag bei den Beratenen eine Identitätskrise auszulösen. Eine Typberaterin berichtet aus ihrer eigenen Erfahrung über schwere Depressionen aufgrund einer Fehlanalyse.

Kleider machen Leute

Die meisten Typberaterinnen bestätigen, dass für sie das Motto gilt: „*Kleider machen Leute.*“ Kleidung erfüllt nicht nur die Schutzfunktion (vgl. Kap. 2.4), sondern erzeugt auch das Bild, „*das die Umwelt von mir haben soll*“; und drückt „*das Rollenbild und die Gesellschaftszugehörigkeit*“ des Trägers aus. „*Es ist auch ein Bauchgefühl, Kleider machen Leute, man vertraut den Leuten [aufgrund ihrer Kleidung]. (...) Man darf sich nicht täuschen lassen durch das Äußere, aber man lässt sich täuschen.*“

Andere Typberaterinnen finden es zwar bedauerlich, dass dem äußern Bild eine so große Bedeutung für die Identität der Menschen beigemessen wird, doch es muss klar festgehalten werden, dass im Rahmen der Typberatung das Motto `Kleider machen Leute´ gilt und nur darauf das Augenmerk der Typberaterinnen gerichtet ist.

Motivation für die Berufswahl

Alle Typberaterinnen haben in ihrer Biografie ebenfalls an einer Typberatung teilgenommen und werden so auf das Berufsbild aufmerksam gemacht. Sie ergreifen diese Tätigkeit, da sie selbst positive Rückmeldungen für die Ergebnisse ihrer eigenen Analyse bekommen haben und von der Wirkung der Farben begeistert und überzeugt sind. Häufig befinden sich die Typberaterinnen in verwandten Berufen (z.B. Kosmetikerin, Fußpflegerin). Dies vereinfacht die praktische Umsetzung, da die benötigten Räumlichkeiten bereits vorhanden sind. Der beachtliche finanzielle Anreiz der Beratungstätigkeit motiviert die Typberaterinnen darüber hinaus.

8.1.2 Identitätsarbeit im Handlungsfeld Typberatung aus Sicht der Typberaterinnen

8.1.2.1 Das Selbstbild

Die Typberaterinnen können generell keine authentische Aussage über die Identitätszustände der Beratenen machen, da dies nur dem Individuum selbst möglich ist. Dennoch können die Typberaterinnen einen Deutungsversuch wagen, um ein Bild der beratenen Personen wiederzugeben. Die Betrachtungsperspektive aus Typberaterinnensicht ist auch insofern spannend, da diese auf eine Vielzahl von beratenen Personen zurückblicken können und über einen langen Zeitraum Einblick in das Handlungsfeld Typberatung haben.

Veränderungen des Selbstbildes

Schon während ihrer Arbeit stellen die Typberaterinnen Veränderung bei ihren Kunden fest: „*Ja, sie [die Beratenen] sind strahlender.*“ Frauen, die sich zuvor nicht im Spiegel betrachten können, gewinnen während der Beratung zunehmend an Selbstvertrauen: „*Es gibt ganz viele, die sich nicht im Spiegel angucken können. Die sich nicht schön finden und es als eine Belastung empfinden, sich anzugucken, das gibt es hier ganz oft.*“ Durch die Beratung und die Hervorhebung des positiven Äußeren gelingt es den Beratenen, sich im Anschluss (oder bereits während) der Beratung im Spiegel zu betrachten. Die Menschen konstruieren sich ihre Wirklichkeit und ihr Selbstbild neu. Dies wird von Beratenen bestätigt: „*Ich muss auch sagen, Spiegel sehen sie bei mir ganz wenige und die, die ich habe, habe ich erst seit meiner Veränderung [durch die Typberatung]. Und Spiegel zeigen auch immer nur mein Gesicht und nie den ganzen Körper. Ich sehe mich zwar immer noch nicht so gerne, aber ich kann es ertragen (lacht).*“

Der Prozess der konstruktiven Selbstverortung wird auch durch das neue Selbstbewusstsein nach der Beratung deutlich. „*Und ich fühle mich damit wohl, denn man hat mir gesagt und gezeigt, das sieht gut aus. Dann trage ich so ein Kleidungsstück hinterher mit einem ganz anderen Selbstbewusstsein.*“ Durch das resolute Auftreten der Typberaterinnen werden die Unsicherheiten hinsichtlich der Modefragen auf Seiten der Beratenen ausgelöscht, auch wenn diese – wie die narrativen Interviews zeigen konnten - nicht wirklich von den Aussagen der Typberaterinnen überzeugt sind.

Durch die Beratung finden nicht nur äußerliche, sichtbare Veränderungen statt, es ändert sich darüber hinaus die Einstellung der Beratenen zu sich selbst. „*[Es gibt] Leute, die sich dann auch von innen verwandeln und selbstsicherer werden. (...) Die sich dann nach einer Farb- und Stilberatung auch so von innen heraus verändert haben.*“

Die Typberaterinnen bestätigen, dass die Kleidung im Leben ihrer Kundinnen nach der Beratung einen neuen Stellenwert einnimmt. Kleidung und die Pflege des Äußeren werden zu einem neuen Lebensinhalt der Beratenen.

Identitätskritische Lebenslagen

Identitätskritische Lebenslagen sind charakteristisch für Personen, die eine Beratung in Anspruch nehmen. „*Das ist auch sehr interessant: Frauen, die irgendwie ihr Leben verändern möchten, sei, dass sie geschieden sind, dass sie einen neuen Freund haben oder eine neue Arbeit anfangen, genau diese Kunden kommen dann [zu einer Beratung]*." Dieses Phänomen bestätigen auch die befragten Beratenen (vgl. Kap. 7.2). Eine intensive Auseinandersetzung mit der eigenen Person und den Lebenszielen während einer identitätskritischen Lebenslage (vgl. Kap. 3.8.3), erklärt die hohe Anzahl an Personen, die an einer Beratung teilnehmen. Denn eine Typberatung ermöglicht die Auseinandersetzung mit dem äußeren Erscheinungsbild auf professioneller Ebene.

„*Es gibt selten jemand, der sich in Ordnung findet*", berichtet eine Typberaterin. Die Kundinnen sind mit ihrem äußeren Erscheinungsbild und ihrem Selbstbild nicht zufrieden und gehen aus diesem Grund zu einer Typberatung. Sie wollen von der Umwelt in einem positiveren Licht, in einer positiveren Erscheinung wahrgenommen werden und das soll das typgerechte Auftreten gewährleisten. Die Typberaterinnen bestätigen aus ihrer Sicht den positiven und stärkenden Einfluss durch die Kleiderveränderung in der Persönlichkeit der Kundschaft.

Unsicherheit

Die Typberaterinnen möchten Unsicherheiten bezüglich Modefragen und Selbstpräsentation auf Seiten der Kundinnen abbauen. „*Mode, Modetrends, Schönheit, Körperkult (...) all diese Faktoren verunsichern halt, das summiert sich.*" Ebenfalls ist der Rückzug aus dem öffentlichen Leben ein Grund für diese wachsende Befangenheit. „*Und dieses Empfinden [welche Farben und welcher Stil die Persönlichkeit unterstreicht] geht bei manchen Frauen verloren, gerade wenn sie Kinder bekommen haben. Man hängt nur noch den ganzen Tag zu Hause rum, der Mann hat einen anderen Geschmack und auf einmal ist die Frau gar nicht mehr sie selbst.*"

Durch die einmalige Auseinandersetzung mit dem Phänomen Kleidung sollen diese Unsicherheiten beseitigt werden. „*Die Kundinnen wissen dann ganz genau, was ihnen steht und was nicht. Ja, (..) es ist eine Selbstsicherheit und damit sind sie ganz glücklich. Ja, ach ja, sie sind begeistert.*" „*Ja, also 80 Prozent, würde ich sagen, die sitzen nachher da vor dem Spiegel und sind begeistert. Sie sind dann eher verunsichert, nachher, wenn sie raus gehen.*" Denn dann müssen sich die Beratenen ohne fremde Hilfe für die Farb- und Stilauswahl rechtfertigen.

Die Typberaterinnen bauen durch ihr stilsicheres und überzeugtes Beraten die Unsicherheiten der Beratenen hinsichtlich Kleiderfragen und Selbstzweifel ab, und stärken dadurch das Auftreten und die Persönlichkeit der Beratenen. Die daraus folgende selbstsicherere Erscheinung der Beratenen hat die Konsequenz, dass sie sich überzeugter präsentieren, aber auch die Umwelt ein positiveres Bild rückmeldet. Dadurch wird das selbstsichere Auftreten wiederum gestärkt und unterstützt.

Das Anliegen aller Typberaterinnen ist, den Beratenen ein gutes Gefühl für sich selbst zu vermitteln und ihre Persönlichkeit nachhaltig zu stärken.
Jede Typberaterin beschreibt diese Aufbauarbeit anders: So möchte eine den Beratenen „*Selbstsicherheit*“ geben, eine andere „*Bestätigung*“. Eine weitere Strategie der Typberaterinnen besteht darin, die „*Persönlichkeit insofern aufzubauen, indem ich sage: Sie sind schon in Ordnung und diese paar Kleinigkeiten, die bekommen sie mit der Zeit hin, wenn sie dies und dies befolgen, dann werden sie sich wohler fühlen*“. Eine andere Typberaterin „*möchte den Frauen dabei helfen, ihre ureigene Schönheit zu entdecken und zu bejahen*“; darüber hinaus sollen die Beratenen „*Freude am eigenen guten Aussehen haben*“.
Es drängt sich (auch im Hinblick auf die Identitätsarbeit als lebenslanger Prozess) die Frage auf, ob eine so kurze Beratungszeit den Typberaterinnen überhaupt ermöglicht, eine `Persönlichkeit aufzubauen´, die anhält. Zumal dieses Verständnis von Persönlichkeit und Identität von einer lebenslangen Unveränderlichkeit ausgeht. Um dem Anspruch gerecht zu werden, eine Persönlichkeit aufzubauen, bedarf es sicherlich mehr als einer Analyse der Hautfarben und Körperproportionen, allerdings können diese Aspekte durchaus einen Beitrag zur positiven Persönlichkeitsveränderung leisten.

Wie oben beschrieben, werden als Hilfestellungen die Farbpässe und die Broschüren für die Stilanalyse mitgegeben. Die Auswahl von Kleidungsstücke und Accessoires soll den Kundinnen in Zukunft dadurch leichter fallen. Doch Frau Zeusmann, die neben der Beratungstätigkeit eine Modeboutique führt, erklärt, dass die Probleme beim Kleiderkauf keineswegs durch eine Beratung behoben werden. Sogar das Gegenteil kann der Fall sein: „*Ich sehe dann die Kundinnen, die zum Teil nicht so gut beraten wurden, die haben es dann richtig schwer mit dem Einkaufen. (...) Und die Kundinnen sind manchmal dann so verbissen und suchen dann diesen einen Farbton (...).*“

Anerkennung
Die Typberaterinnen betonen, dass es darauf ankommt, das Schöne in den Menschen zu erkennen und hervorzuheben. „*Ich habe noch nie einen Menschen vor mir gesehen, der nicht irgend etwas Schönes an sich hat. Ich persönlich würde bei meiner Beratung nie etwas Negatives sagen. Ich versuche*

immer das Positive herauszufinden. Natürlich hat jeder etwas Negatives an sich, die einen sehen es halt mehr, die anderen weniger (...) und ich überlege, wie kann ich das [Positive] raus holen. Das versuche ich halt immer." Die Kundinnen sollen sich durch die Beratung „*als positives Individuum erkennen und darin fest stehen*!" Durch die Typberaterinnen erhalten die Beratenen während der Analysen eine positive Rückmeldung und Anerkennung für ihre äußere Erscheinung, aber auch für ihre Persönlichkeit.
Gegenwärtig nimmt die Anerkennung eine herausragende Rolle in der Identitätsarbeit ein (vgl. Kap. 3.8.2). Früher erhielten die Menschen durch ihre gesellschaftliche Rolle und ihren sozialen Status Anerkennung. Heute müssen sie sich in größerem Maße selbst behaupten und ihren Platz selbstständig in der Gesellschaft finden. Deshalb gewinnt der dialogische Austausch zwischen den Gesellschaftsmitgliedern und die explizite zwischenmenschliche Kommunikation an Bedeutung für die Identitätsarbeit (vgl. KEUPP 1999, S. 266).
Die Anerkennung, die durch die Typberatung gegeben wird, ist jedoch eine manipulierte Rückmeldung. Denn es wird mit größter Anstrengung versucht, nur das Positive herauszuarbeiten und die negativen Seiten der Beratenen werden verschwiegen oder vorsichtig umschrieben. Der dialogische Prozess mit den Typberaterinnen über das Erscheinungsbild unterscheidet sich vom Feedback des übrigen persönlichen Umfelds der Beratenen, denn hier bleiben Linien und Rötungen eben Falten und Pickel. Anerkennung, die im Dialog mit anderen gesucht wird und der Anerkennung der Typberaterinnen entsprechen soll, wird von den Beratenen nicht immer (wieder-)gefunden. Daher kann die Aufbauarbeit im Bereich der Kleidung (i.w.S.) im Alltag leicht wieder zerstört werden.

Allerdings bietet das positive Feedback durch die Typberaterinnen eine Möglichkeit, das Empfinden von Minderwertigkeit gegen Selbstwertgefühl und Selbstbewusstsein einzutauschen. Eine Typberaterin erklärt, dass viele Menschen nur auf ihre Makel achten. „*Einem schwarzen Fleck auf einem weißen Papier wird mehr Beachtung geschenkt als dem weißen Papier. Menschen betrachten auch immer ihre Fehler und vergessen darüber hinaus, ihre Vorzüge zu unterstreichen.*"
Mit der Betonung der makellosen Schönheit und der Hervorhebung der Wichtigkeit guten Aussehens durch die Medien, entsteht das Risiko, dass die Individuen in einer positiven Selbstinterpretation gehemmt werden oder ausschließlich ihre Fehler sehen. So wird zum Beispiel die große Nase von den Mitmenschen als weniger störend wahrgenommen, wenn die betreffende Person selbstverständlich und unproblematisch damit umgeht.
Die Möglichkeit sich selbst für sich und andere positiv darzustellen, ist aufgrund der ständigen Identitätsarbeit in Auseinandersetzung mit der Umwelt eine wichtige Fähigkeit. Dabei kann die Typberatung eine Hilfestellung leis-

ten, denn die Beratenen sehen sich nach der Analyse aus einem anderen Blickwinkel und stellen sich im `Dialog der Anerkennung´ positiver dar.

Idealbild

Typberaterinnen versuchen bei Beratenen ein Idealbild herzustellen, das sich am aktuellen Schönheitsideal orientiert. Nach dem Vermessen der Körperproportionen wird der Figurtyp analysiert (vgl. Kap. 5.4). Die darauf folgende Kleiderwahl beachtet die körperlichen Erscheinungsformen der nicht als ideal empfundenen Figur. So kann eine fehlende Oberweite bei Frauen mittels auffälliger Accessoires den Betrachter dahin gehend manipulieren, diese als negativ geltende Eigenschaft weniger wahr zu nehmen.
Jedoch werden die individuellen Merkmale der Person durch diese Form der Korrektur unterdrückt und verleugnet. Es gehört zu den charakteristischen Eigenschaften der Menschen, dass sie verschieden aussehen und das macht ihre Persönlichkeit aus. Breite Hüften, schmale Schultern und kurze Arme können mit Hilfe der Kleidung optisch korrigiert werden. Es stellt sich die Frage, ob dieses Einebnen individueller Merkmale zugunsten eines vermeintlich allumfassenden Ideals ein wünschenswertes Ziel ist.
Die Typberaterinnen und ihre Kunden orientieren sich am aktuellen Schönheitsideal, das durch die Medien übermittelt wird. So arbeiten die Typberaterinnen beispielsweise mit Modezeitschriften, um stets auf dem neusten Stand zu sein. Das dort aufgezeigte Ideal ist zwar ständigen Änderungen unterworfen, dennoch wird es zum Orientierungspunkt für die Beratung und einer ganzen Gesellschaft.

Rückmeldung über die Beratungswirkung

Die Typberaterinnen spiegeln gegenüber den veränderten Personen die erste Rückmeldung, wenn die Tücher in den entsprechenden Farben umgelegt werden oder gegen Ende der Beratung das typgerechte Make-up aufgetragen ist. Die begeisterten Aussagen der Typberaterinnen beeinflussen die Wahrnehmung und das Selbstbild der Kunden. Die Aussagen werden zusätzlich durch das überzeugende Auftreten der Typberaterinnen unterstützt. Eine Typberaterin bericht über ihre eigenen Erfahrungen „Und dann hat man mir erzählt, >Ja, das sieht toll aus< und somit habe ich das dann geglaubt. Und das ist mir lange selbst hinterher noch so gegangen: Als ich einkaufen gegangen bin und da sehr leicht beeinflussbar war. Und da merkt man auch, wie stark man auch beeinflussbar ist.“ „Also ich kam dann da hin und die Frau ist sehr selbstbewusst und sie war traumhaft schön, so ein richtiger Wintertyp mit schwarzen Haaren und dunklen Augen und hatte ein rotes wunderschönes Kleid an.“ Die Rückmeldung über die Auswirkung der neuen Farben und Schnitte ist das erste (positive) Feedback und wird damit ein entscheidender Faktor für die neu begonnene, intensive Identitätsarbeit der Beratenen.

Evaluation

Die anfängliche Begeisterung führt nicht bei allen Beratenen zur sofortigen Umsetzung der Vorschläge. Die Typberaterinnen bestätigen, dass viele nach der Beratung die Tipps und Vorschläge nicht realisieren. Als Ursache hierfür sehen sie das ländliche Milieu, aus dem die Kunden stammen. *„Gerade in Großstädten, glaube ich, wird mehr Wert auf Kleidung gelegt als hier auf dem Land (...) und deshalb nehmen die Leute [aus der Stadt] auch mehr an."* Doch auch die Bequemlichkeit oder die Unfähigkeit zur Veränderung sind als Ursachen zu nennen: „*Aber, na ja, es gibt auch einige, da muss man sagen, da wird sich auch nicht mehr viel ändern.*"

Aus Sicht der Typberaterinnen trifft diese Aussage möglicherweise zu, allerdings arbeiten sie ohne Evaluation, da der Kontakt nach der Beratung meist abbricht. „*Man sieht den Kunden dann ja nicht mehr, er ist dann ja weg.*" Eine Rückmeldung, die dann wieder in die Arbeit der Typberatung einfließen kann, existiert nur selten. „*Und ich hatte da wirklich ein paar schöne Erlebnisse, wo die Leute es dann auch erzählen. Weil meist sehe ich die Leute danach nicht mehr, kann also die Veränderungen nicht mehr sehen. Aber so ein paar Kundinnen (...).*"

Vielleicht können sich die Kundinnen aber auch nicht mit den Vorschlägen der Typberaterin identifizieren oder die anfängliche Begeisterung hält nicht an, weil sie selbst die Unterschiede der verschiedenen Farben nicht wahrnehmen und sich überwiegend auf die Anweisungen der Typberaterin verlassen. Diese Erfahrung bestätigt auch eine Typberaterin während ihrer eigenen Typenanalyse: „*Dann haben wir also diese Analyse gemacht und ich habe am Anfang überhaupt nichts gesehen. Ich habe mich gefragt: Was sieht die? Und da eine Falte und da dies, mir fiel es gar nicht so auf, aber dann denke ich, habe ich ein bisschen was gesehen. Ah, es war sehr schwierig für mich, ich habe mich da sehr auf sie verlassen.*"

8.1.2.2 Das Fremdbild

Das Bild, das die Mitmenschen den veränderten Beratenen entgegen bringen, wird von den Typberaterinnen in den narrativen Interviews nur selten thematisiert. Sie hören nur selektiv die positiven Komplimente aus der sozialen Umgebung der Beratenen heraus, sofern sie überhaupt Informationen in diesem Bereich erhalten. Neben dem Staunen und den positiven Reaktionen der Mitmenschen, gibt eine Typberaterin zu bedenken, dass auch neidische Reaktionen auf die typgerechte Erscheinung vorkommen.

Die Typberaterinnen sehen die Identitätsarbeit im Handlungsfeld Typberatung ambivalent, doch dass die äußere Erscheinung und damit die Kleidung positiven Einfluss auf die Identität nimmt, scheint bei allen selbstverständliche Grundlage ihrer Arbeit zu sein.

8.2 Identitätsarbeit im Handlungsfeld Typberatung aus Sicht der Beratenen

Die Aussagen der Beratenen spiegeln die Identitätsarbeit der `betroffenen´ Individuen authentisch wider. Auch im folgenden Kapitel werden die Inhalte durch Kategorien strukturiert.

8.2.1 Das Handlungsfeld Typberatung aus Sicht der Beratenen

Emotionen im Handlungsfeld

Die Beratenen empfinden die Beratungssituation als angenehm und fühlen sich durch die Typberaterin kompetent beraten. Im Dialog erfahren sie eine erste Anerkennung sowie die Hervorhebung ihrer positiven äußeren Eigenschaften. Das Beratungsgespräch ist überwiegend durch positive Bemerkungen seitens der Typberaterinnen gekennzeichnet (vgl. Kap. 7.1.1). Die Beurteilung durch den anderen, die Ich-Du- und Ich-Wir-Bezüge, ist das elementare Fundament für die Identitätsbildung. Durch die intensive Auseinandersetzung in der mehrstündigen Typberatung erfährt die Kundin Anerkennung ihres Äußeren. Dieses positive Gefühl stellt einen ersten Schritt bei der bewusst gestalteten Identitätsarbeit des Individuums dar.

Farben

Aufgrund der verschiedenen Farbsysteme gibt es bei den Beratenen unterschiedliche Ergebnisse: einige werden durch die vier Jahreszeiten kategorisiert und andere durch Mischtypen (vgl. Kap. 5.3.6). Keine der interviewten Beratenen stellte das Ergebnis ihrer Farbanalyse in Frage. Beratene, die mit Hilfe der Mischtypen analysiert werden, akzeptierten das Resultat ebenso wie die einer bestimmten Jahreszeit Zugeordneten.

Die Wirkung der Farben überrascht die Beratenen: „*Interessant war, dass man das wirklich sehen kann, dass manche Farben manchen Frauen stehen und manche nicht. Das war mir so vorher nicht klar, dass es da Unterschiede gibt, ob jemand einen schwarzen Pullover an hat oder einen roten.*“ „*[Die] Farben, die Auswirkungen auf das Gesicht und die Form und wie so ein Gesicht wirkt (...) doch [das] war sehr aufschlussreich.*“

Trotz der unterschiedlich ausgeprägten Fähigkeit bei den Beratenen die Farbwirkung zu erkennen, verlassen sie sich stark auf die Aussagen und das Augenmaß der Typberaterinnen: „*Ja, dann hat sie [die Typberaterin Frau Schiffer] anhand der Tücher versucht heraus zu bekommen, wer ich bin und da habe ich schon gemerkt, dass ich wenig mitbekomme, welche Farbe mir steht und welche nicht. Da musste es schon ganz extrem sein. Aber ich hätte beim Anschauen im Spiegel nicht sagen können, das ist es jetzt und das nicht. Da war ich dann schon auf Frau Schiffer angewiesen, dass sie sagt: >Das steht Dir und das eher nicht<.*“

Für eine Beratene klärt sich die Farbzuordnung erst Jahre nach der Typberatung, als sie sich im Rahmen einer Veranstaltung als Vorführperson zur Verfügung stellt und die Wirkung der Farben von den Teilnehmerinnen erneut bestätigt wird. Es ist offensichtlich auf die Überzeugungsarbeit ihrer Typberaterin zurückzuführen, dass die Farbwahl der vergangenen Jahre entsprechend der Palette getroffen wird, denn selbstständig konnte diese Farbwirkung nicht nachvollzogen werden, obwohl die Beratene ein Kunststudium absolviert hat.

Da die Beratenen häufig mit dem Farbpass Kleidung kaufen, ist davon auszugehen, dass die Wirkung der Farben nicht ganz verstanden oder verinnerlicht ist und die mehrstündige Beratung zur Unterstützung bei der Umsetzung zusätzlich Pässe braucht, auf die erst im Laufe der Zeit verzichtet werden kann.
Die Beratenen, welche die Farbzuweisungen schlecht nachvollziehen können, halten sich aus diesem Grund exakt an die vorgeschriebenen Farben, ohne zu bedenken, dass eigentlich der Farbton und nicht die exakte Farbnuance getroffen werden muss. Das macht das Einkaufen für sie schwieriger, denn die Abbildungen in den Farbpässen decken sich in den seltensten Fällen mit den angebotenen Kleiderfarben. *„Ich muss sagen, ich war gerade heute morgen in der Stadt. (...) Aber ich habe einfach wieder viele Sachen hingehängt, weil ich mir nicht schlüssig war. Was soll ich sagen, ich kenne zwar so meine Farben, aber (lacht) irgendwie war ich mir doch nicht so sicher, also ob jetzt die Farbe stimmt. Ich habe mir jetzt ein paar Hosen gekauft in so einem Blauton (zeigt auf den Blauton im Farbpass). Bloß mit dem passenden Oberteil (lacht). Ich habe gewusst, kein reines Weiß, sondern ein (zeigt auf die Farbe Eierschalenweiß im Farbpass). Gut und jetzt habe ich mir halt wieder ein dunkelblaues T-Shirt gekauft (lacht). Mir gefällt halt Dunkelbau, aber ich soll ja eher die Pastelltöne bevorzugen.“*
Individualität und persönliche Farbvorlieben werden durch die Typberatung zugunsten eines (pseudo-)objektiven Farbschemas überdeckt, das eine typgerechte Erscheinung garantieren sollen. Nur wenige Beratene setzen sich über die Empfehlungen der Typberatung hinweg.

Stilberatung
Die befragten Beratenen legen bei den narrativen Interviews den Schwerpunkt auf die Farbberatung und thematisieren die Stilberatung selten. Dies kann möglicherweise daran liegen, dass die Stilberatung weniger aufschlussreich für die Beratenen war und aus diesem Grund in der Erinnerung schneller verblasst.
In der Regel lehren die Ausbildungsschulen sechs verschiedene Stiltypen, welche die Typberaterinnen mit Hilfe von Broschüren verdeutlichen. Neben dem Hauptstil kann eine Person - nach der Typberatung - auch einen Ergänzungsstil haben. Das Verhältnis zwischen Haupt- und Ergänzungsstil kann dabei sehr ausgewogen oder aber asymmetrisch sein.

Bei Frau Friedrich werden drei Stilrichtungen heraus gearbeitet: „*Natürlich, sportlich, extravagant. Das kam bei dieser Schmuckgeschichte heraus, dass ich kein reiner Typ bin, sondern eher ein Mischtypus aus diesen drei.*“ Fraglich dabei ist, wie viele Stilrichtungen bei einer Person vorkommen können, werden doch von sechs möglichen Stilrichtungen gleich drei zugewiesen. Für die in Stilfragen unsicheren Beratenen scheint sich eine beliebige Erweiterung der Stilangebote eher kontraproduktiv für die Kleiderwahl auszuwirken, da das Kleidungsangebot dadurch kaum eingeschränkt wird.

Motivation

Die Typberatung soll den Beratenen helfen, ihre Unsicherheit in Kleiderfragen zu überwinden. In unserer Gesellschaft, in der die Anerkennung durch andere von großer Bedeutung ist, wird die Unsicherheit bei der Selbstpräsentation als Problem empfunden. Es besteht das Risiko, dass die Äußerlichkeiten durch andere nicht akzeptiert und anerkannt werden. Wird dieser Aspekt auf die Identitätsarbeit übertragen, bedeutet dies, dass die betroffenen Individuen im Blick auf ihr äußeres Erscheinungsbild einen negativen Prozess erleben. Eine Typberatung soll Unsicherheiten bei der Selbstpräsentation ausräumen und zu einer gelingenden Identitätsarbeit führen.

Die Typberatung ist für die Beratenen kein unbekanntes Phänomen. Bekannte Personen aus dem näheren Umfeld nahmen an einer Typberatung teil und veränderten sich dadurch äußerlich und häufig auch innerlich zu ihrem Vorteil. Diese Erfolge möchten sich die befragten Beratenen auch zu Nutze machen. Pragmatische Gründe, wie der Wunsch nach effektiverem Einkaufen, motivieren zusätzlich. „*Ich kannte die Farbberatung von einer Bekannten, die ihren Typ komplett umgestellt hat. (...) Und ich dachte, na, vielleicht komme ich gleich dahinter, dass ich das Richtige erwischen könnte und dass ich dann auch sagen kann, darin fühle ich mich wohler und na, dass ich einfach effektiver einkaufen gehen kann.*“

Lebensabschnitte, die besonders prägnant für Identitätsveränderungen sind, werden auch als Motivation für die Teilnahme an einer Typenanalyse aufgeführt. Beispielsweise sind Wiedereinstieg in den Beruf nach der Mutterschaft oder familiäre Konfliktsituationen Ausgangspunkte, die im Identitätserleben der Individuen ein Überdenken der Situation und des äußeren Erscheinungsbildes nach sich ziehen. Die Veränderung der Lebenssituation bringt auch eine Veränderung des Aussehens mit sich, und das Wiedereintreten in die Öffentlichkeit nach der Zeit im abgeschiedenen Privatleben - soll durch die entsprechende Kleidung visualisiert werden.
Der Bruch im Lebenslauf zwischen Mutterschaft und Wiedereinstieg in den Beruf bedeutet eine solche Veränderung: Weg von der \`unsichtbaren´ Arbeit der

Hausfrau, zurück in den öffentlichen Raum der Erwerbsarbeit. Die Tätigkeit als Hausfrau und Mutter ist überwiegend auf die Bedürfnisse und Wünsche der Familienmitglieder abgestimmt. Die Kleidung wird nach praktischen Gesichtspunkten ausgewählt und nicht unbedingt nach ästhetischen. Neue und modische Kleidung wird als unnötig empfunden und nur selten, zu besonderen Anlässen, getragen. Dadurch wird insgesamt auch weniger Kleidung gekauft. *„Aber als ich dann arbeiten gegangen bin [nach 16 Jahren der Tätigkeit als Hausfrau und Mutter], dann auch noch ausgerechnet in einer [Mode-]Boutique, dann habe ich eben angefangen, mir mal andere oder eigentlich überhaupt Kleider zu kaufen. Wir hatten ja nicht so viel Geld, zwei Kinder und ein Haus gebaut.“*
Die Zeit der relativen Abgeschiedenheit von der Öffentlichkeit während der Kinderbetreuung, *„man lebt in einer anderen Welt“*, wie eine Beratene mitteilt, verunsichert die Frauen bei der Auswahl modischer und stilvoller Kleidung.

Die Typberatung stellt ihre Kundinnen in den Mittelpunkt, nachdem diese sich über einen längeren Zeitraum hinweg den Bedürfnissen der Familie unterordneten. Während der Beratung erhalten die Frauen ungeteilte Aufmerksamkeit durch die Typberaterinnen. Alles dreht sich um sie, um ihre Farben, ihre Haut und ihren Körper. Sie wollen nach der Typenanalyse nicht \`unsichtbar´ bleiben, sondern \`wappnen´ sich für die Öffentlichkeit, in der sie sich von den Mitmenschen Zustimmung und Anerkennung für das neue, typgerechte Styling erhoffen.
„Man trägt die Kleidung mit einem ganz anderen Selbstbewusstsein, denn ich habe es ja bestätigt bekommen.“ Durch die Typberatung gelingt es den Frauen, sich in der Gesellschaft (wieder) besser zurecht zu finden und mit einem neuen Selbstverständnis den vielfältigen Anforderungen, die durch ihre soziale Umwelt an sie gerichtet werden, zu entsprechen.
Sie wollen mit Hilfe der Typberatung aus der \`Position der unsichtbaren Hausfrau´ heraus treten hinein in eine neue Passung mit ihrer Umwelt. Das bedeutet für die Individuen eine intensive Identitätsarbeit: Sie müssen sich in der neuen Umgebung in einem konstruktiven Prozess selbst verorten. Dazu bedarf es Kreativität, Zeit und einer verstärkten Auseinandersetzung mit der Umwelt. Das favorisierte Aussehen orientiert sich dabei am aktuellen Schönheitsideal. Die Typberatung hilft, sich an ein gesellschaftliches Idealbild anzunähern. Durch die Schnittführung oder die Farbgebung der Kleidung wird versucht, das gewünschte Schönheitsideal zu erreichen. Individuelle Farb- oder Stilwünsche der Beratenen werden dabei wenig berücksichtigt, Figurprobleme und körperliche Disproportionen werden möglichst kaschiert und verdrängt.

Die Typberatung präsentiert die Beratenen gesellschaftskonform und marktförmig, da das Ideal der Schönheit mehr den gesellschaftlichen Vorstellungen als die individuelle Kleidungswünschen entspricht. Für die Beratenen wird Anerkennung nun auch ein Stück weit von der gewählten Kleidung abhängen, es könnte geschehen, dass bei der Auswahl zu stark auf das Fremdbild geachtet wird und die eigenen Wünsche dabei auf der Strecke bleiben.

Vergleichbar mit dem modernen Mensch, der sich aus den vorhandenen Lebensstilen und Stilelementen, die auf dem Markt als Bausätze angeboten werden, eine lebbare Konstruktion bastelt, stellen auch die Beratenen mit den angebotenen Kleiderfarben und Kleidungsstilen ihre Identität neu zusammen. Die Optionsvielfalt, die es im Bereich der Kleidung gibt, kann die Individuen stark verunsichern und die Typberatung ist bei der Auswahl behilflich, da sie diese Vielfalt einschränkt, wodurch allerdings auch die individuellen Gestaltungsmöglichkeiten verringert werden. *„Es [die Typberatung] hilft, weil man nicht vor dem ganzen Wust steht und denkt, was von dem Vielen ist jetzt für dich. Ich sehe es eher so, dadurch, dass es [die Kleiderauswahl] für mich eingeschränkter ist, fällt für mich auch die Entscheidung leichter.“*

8.2.2 Identitätsarbeit im Handlungsfeld Typberatung aus Sicht der Beratenen

8.2.2.1 Das Selbstbild

Selbstgestaltung

Während der Beratung diskutieren die Beratenen mit der Typberaterin über die Gestaltung ihres neuen Aussehens. Bei der Farbanalyse entscheidet allein die Hautpigmentierung der beratenen Person. Bei der Stilanalyse hingegen werden anhand von Broschüren mit Stilvorlagen die entsprechenden Richtungen ausgewählt. Die Beratung leistet einen Beitrag zur Identitätsarbeit der Beratenen, da diese sich gedanklich mit ihrer künftigen Erscheinung auseinander setzen und darüber reflektieren, welchen Typ sie vertreten möchten. Sie bekommen die Möglichkeit, das zukünftige Auftreten selbst zu gestalten und erhalten Wege aufgezeigt, wie dieses Wunschbild erreicht werden kann.
Das \`Sich-Selbst-Gestalten´ im Handlungsfeld Typberatung wird allerdings maßgeblich von der jeweiligen Typberaterin beeinflusst, da deren Ausbildungsinhalte und deren persönliche Geschmackspräferenzen über die Ergebnisse von Farbtyp und Stilrichtung (mit-) entscheiden. Gibt es für manche Typberaterinnen die Kombination von warmen und kalten Farben, die beispielsweise dem Mischtyp Frühling-Sommer zugewiesen werden, so bezeichnen andere diese Verknüpfung als falsch. Ebenso wird die Stilauswahl vom Charakter der Typberaterin beeinflusst, da beispielsweise eine extravagante Typberaterin auch bei den Beratenen eher dazu neigt, die Kleidung ausgefallener auszuwählen. Die Selbstgestaltung liegt somit nur vermeintlich in der Hand der Beratenen. Zudem sind die sozialen Kontexte für die konkreten Umsetzungen der Empfehlungen entscheidend.

Körper

Die Erneuerung der Kleidung bringt für die Beratenen ein verändertes Verhältnis zu ihrem Körper mit sich, da Kleidung und Körper unauflösbar miteinander verbunden sind (vgl. Kap. 4.3). Deshalb haben Veränderungen der Kleidung Auswirkung auf das Körpererleben: Für die Beratenen entsteht ein neues Körpergefühl, ein neues Körperbewusstsein: *„Ich habe natürlich auch noch ein bisschen dekolletiert, was ich ja vorher nicht gemacht habe und ich muss sagen, mit meinem neuen Image, das ich dann hatte, habe ich schon ein bisschen gespielt. (...) diese Veränderung wirkt auf Männer, wenn sie einen vorher schon gekannt haben, einen wahnsinnigen Reiz aus."* Das Zitat verdeutlicht, dass das neue Körpergefühl und Körpererleben bewusst eingesetzt wird, um sich in einem anderen Licht darzustellen und auf die Mitmenschen eine veränderte Anziehungskraft auszuüben.

Der Körper kann als Indikator für das Wohlbefinden einer Person dienen. Er ist „im Normalfall ein unauffälliger Begleiter unserer Existenz. Ins Bewusstsein drängt er sich über Differenzwahrnehmung, z.B. Schmerzen" (JANALIK/ SCHMIDT 1997, S. 138). *„Ich musste wirklich erst krank werden, bevor ich sagen konnte, jetzt muss ich etwas ändern. (...) Und es ist schon so, in einem gesunden Körper lebt ein gesunder Geist. Aber bei mir war das: ich musste erst mal einen gesunden Geist rein bekommen, dass mein Körper wieder gesunden konnte."* Das problemlose Funktionieren des Körpers ist ein Zeichen für Gesundheit. Schmerzhafte Körpersignale werden von den Individuen deshalb als Hinweis für Krankheit und schließlich Anstoß zur Veränderung gedeutet. Dadurch wird für die Individuen der Körper zu einer zentralen und entscheidenden Instanz bei der Identitätsarbeit.

Durch die Typberatung wird der Körper aus einem neuen Blickwinkel heraus betrachtet: *„Die Sache mit meinem Busen. Meine Schwägerin hat das schon mal versucht in Angriff zu nehmen und hat gesagt: >Lass dir den Busen kleiner operieren<. Weil unter dem riesigen Busen habe ich schon immer gelitten. (...) Ein Tag vor der Operation (...) haben sie [die Ärzte] mir abgesagt. Eigentlich war ich erleichtert und jetzt bin ich froh. Ich habe meinen Busen zu schätzen gelernt."* Durch Sport und Ernährung wird der Körper in Form gehalten bzw. gebracht: *„Ich habe ja vorher nie Sport gemacht. Sport war Mord, selbst zu meiner Zeit am Gymnasium. Ich habe erst spät die Freude an der Bewegung entdeckt."*

Die Körpersignale werden bewusster wahrgenommen. Die Ergebnisse der Typberatung führen zu einer neuen Körperwahrnehmung und haben deshalb Auswirkungen auf die Identität des Individuums, das sich nun in einem neuen Horizont interpretiert. Durch den bekleideten Körper vergegenwärtigt und konstruiert sich der Mensch für sich selbst und gegenüber anderen. Denn nicht nur für den Betrachter, sondern auch für den Träger verschmelzen Körper und Kleidung zu einer Einheit. Die Kleidung wird dabei zu einem Teil des Selbst und nimmt Einfluss auf das Identitätserleben der Individuen.

Idealbild

Die Typberaterinnen versuchen bei den Kunden durch die Kleidungsschnitte und -farben ein Idealbild herzustellen, das sich am Schönheitsideal der Zeit orientiert. Gesellschaftliche Normvorstellungen prägen sie dabei nachhaltig und bilden die Basis für ihre Empfehlungen. Durch das gesellschaftliche Idealbild soll eine bessere Passung zur Umgebung hergestellt werden, auch wenn dies bedeutet, individuelle Vorlieben der Beratenen einzugrenzen. Doch die beratenen Personen fühlen sich in der Kleidung (meist) wohl, die ihnen durch die Typberatung zugeschrieben wird, denn die Bestätigung durch die Typberaterinnen genügt, „*ich muss es nicht unbedingt sehen, ich weiß, das ist die richtige Farbe für mich. Und an diesem Punkt hat es [die Typberatung] für mich etwas gebracht. Jetzt weiß ich, die und die Farbe kann ich gut tragen und wenn ich jetzt was kaufe, dann weiß ich, dass ich das Teil auch nachher tragen werde, weil es einfach schön ist.*“

Die Frage, ob das Schöne objektiv gesehen schön ist oder ob es deshalb so empfunden wird, weil es alle schön finden und sich daran orientieren, wird grundsätzlich nicht reflektiert.

Nach der Beratung sind die Beratenen davon überzeugt, dass die Kleidung ihre Persönlichkeit unterstreicht: „*Mir ging es so, ich habe bei der Stileinteilung mir die Frauen angeschaut, die [in der Broschüre] abgebildet waren, und ganz schnell festgestellt, das bin ich nicht und wenn ich das anziehe, dann will ich was ganz anderes aus mir machen als ich eigentlich bin. Ich habe es vom Kopf her eingesehen und ich habe eine Rüschenbluse in der Hand gehabt und habe sie gesehen und zu mir gesagt: Nein, das will ich nicht mehr anziehen. Ich hatte sie schon länger nicht mehr angezogen, aber ich hätte sie nie weg getan. Aber jetzt nach der Beratung (...) (lacht).*“

Mit dem idealen Selbstbild korreliert die bevorzugte Kleidung bzw. der bevorzugte Stil (vgl. GIBBINS 1969, zit. nach SOMMER 1989, S. 27). Das Idealbild wird mit der eigenen Person in Verbindung gebracht und die Kleidung entsprechend ausgewählt. Durch die veränderte Kleiderwahl versuchen die Beratenen ihr ideales Selbstbild zu verwirklichen.

Veränderungen im Selbstbild

Nach der Beratung lassen sich bei den Beratenen Veränderungen des Selbstbilds feststellen. Diese Modifikationen formen eine neue Identität und bilden einen Teil der Identitätsarbeit der Individuen.

Die Beratenen erklären, dass sie hinsichtlich ihrer Kleiderwahl durch die Typberatung eine größere Sicherheit erlangt haben: „*Ich denke, das Ganze hat mir Sicherheit gegeben in der Art und Weise, was ich tragen möchte.*“

Eine andere befragte Beratenen geht noch einen Schritt weiter, indem für sie nicht nur die Sicherheit bezüglich der Kleiderauswahl zunimmt, sondern auch die Sicherheit im Umgang mit den Mitmenschen: *„Aber ich glaube, dass es ein Stück Sicherheit gibt und dann auch Sicherheit im Umgang mit anderen, dass man sich und seiner Person und seines Typs mehr bewusst ist."* Diese Aussage zeigt, dass mit dem Fremdbild, also mit der Rückmeldung der Mitmenschen, sicherer und selbstbewusster umgegangen wird als vor der Beratung. Folglich kann die Typberatung einen entscheidenden Beitrag bei der Identitätsarbeit leisten, da die Beratenen mit ihren Mitmenschen nach der Beratung selbstsicherer umgehen und zu einem veränderten Fremdbild gelangen.

Besonders deutlich wird die neugewonnene Sicherheit gegenüber Textilverkäuferinnen. Der Widerstand gegen die Vorschläge von Verkäuferinnen wird von vielen Befragten als Veränderung bestätigt: *„Ich würde eine Beratung immer empfehlen, denn dann ist man unabhängiger von Verkäuferinnen." „Ja, man verkauft sich nicht mehr. Da kann keine Verkäuferin mehr kommen und sagen (...)." „Ich kann in ein Geschäft gehen, mir wird etwas gezeigt und ich sage: Passt mir nicht, das ziehe ich nicht an, will ich nicht. Das brauchen sie mir gar nicht weiter zu zeigen. Der Preis mag für sie ganz interessant sein, aber für mich nicht. Ich bin wesentlich strikter geworden beim Ablehnen und eben in dem Selbstverständnis für das, was ich will.*" Die Beratenen sehen sich mündiger in ihren Entscheidungen und äußern ihre Vorstellungen selbstbewusst gegenüber Zweiten.

Einige der Beratenen charakterisieren sich selbst in der Zeit vor ihrer Typveränderung als „*sehr graue Maus*", „*Heimchen am Herd*" oder als „*total altbacken*". Aus der „*sehr grauen Maus*" wird eine Frau „*mit einem anderen Selbstbewusstsein*", die mehr „*Lebensfreude*" empfinden kann. Das „*Heimchen am Herd*" beschreibt die Veränderung wie folgt: „*Ich habe mich also vom sehr braven Heimchen am Herd, was ich auch war, aber dazu stehe ich auch, ich war wirklich gerne Hausfrau und Mutter, habe ich mich dann - wie die meisten sagen - zu einer Powerfrau verändert.*" Die \`total Altbackene´, die ihr früheres Passfoto als „*Schandfleck*" bezeichnet, hat sich die Haare gefärbt, trägt nun „*flippige Kleidung*", möchte sich ein Tattoo machen lassen und den Motorradführerschein nachholen: „*Ich möchte einfach nicht so normal sein, irgendwie.*"

Der Kleidungswechsel ist jedoch nicht für alle Beratenen der Auslöser für die Identitätsveränderungen, vielmehr besteht bei zahlreichen Beratenen das Bedürfnis, bereits stattgefundene, innere Veränderungen auch nach außen durch die Kleidung sichtbar zu machen. „*Ja, aber ich muss sagen, meine äußere Veränderung hat der Inneren nachgehinkt.*" Die Typberatung ermöglichte den notwendigen Imagewechsel, da hier die Veränderungen in der äußeren Erscheinung sehr abrupt sein können.

Der Identitätsprozess zeigt sich auch im Entschluss, an einer Beratung teilzunehmen. Die Kunden haben die Notwendigkeit erkannt, sich selbst als Person mit eigenen Bedürfnissen ernst zu nehmen. Nach der Zeit der Zurückgezogenheit in das häusliche Umfeld, wo die Familienmitglieder im Vordergrund stehen, gönnen sie sich nun eine Typberatung und stellen sich dabei in den Mittelpunkt. Der Wechsel vollzieht sich vom privaten zum öffentlichen Raum und hier liegt der Betrachtungsschwerpunkt stärker auf der äußeren Erscheinung[14].

Die Beratenen haben die Bedeutung der Kleidung innerhalb der Gesellschaft erkannt und fühlen sich durch die Beratung besser in das öffentliche Leben integriert: „*Es [die Typberatung] hat mich wieder in die Gesellschaft gebracht. In die Gesellschaft, wo ich gerne sein möchte. Es hat mich jung gemacht. Es macht das Leben zwar nicht leichter, sondern anstrengender, aber die Herausforderung finde ich eigentlich sehr angenehm.*“ Da die Individuen durch ihr verändertes Aussehen in der Umgebung anders auftreten, wird ihnen in der Gesellschaft eine neue Passungsarbeit ermöglicht.

Der Umgang mit Kleidung wird für einige Beratene zum ersten Mal im Leben bewusst gehandhabt: „*Ich habe früher nie Wert auf Kleidung gelegt.*“
Trotzdem legen die Beratenen Wert darauf, dass sich ihre Persönlichkeit und ihr Charakter durch die Beratung nicht verändert haben: „*Aber ich hätte eine Farb- und Stilberatung nie gemacht, wenn sie meine Persönlichkeit verändert hätte.*“ „*(...) das war wirklich eine ganz extreme Veränderung. (...) Ich meine, der Cha-*

---

[14] Die Verschiebung der Grenze zwischen öffentlichem und privatem Leben im Verlauf des Zivilisationsprozesses (vgl. ELIAS 1976) spiegelt sich auch in der Kleidung wider. Doch selbst wenn die Trennung zwischen öffentlichem und privatem Raum und der entsprechenden Kleidung, wie sie beispielsweise noch im 18. Jahrhundert herrschte (vgl. JANALIK/ SCHMIDT 1997, S. 99), tendenziell aufgeweicht wird, ist in manchen Bereichen eine explizit `öffentliche Kleidung´ zu beobachten. Vornehmlich Banken und Versicherungen legen großen Wert auf die äußere Erscheinung ihrer Mitarbeiter. Wie in den Vereinigten Staaten schon seit geraumer Zeit üblich, wird auch in Europa begonnen, den Berufsanfängern die Kleiderempfehlungen (Dresscode) schriftlich vorzulegen (vgl. LÖWER 1999, S. 24 und WOLF 2001, S. 47ff.). Die corporate identity (vgl. LANDES 1999, S. 38), die Unternehmensidentität, wird unter anderem durch die Kleidung nach außen visualisiert. Typberaterinnen berichten, dass sie neben den individuellen Typberatungen auch Mitarbeiterberatungen in Banken durchführen.

Die amerikanische ehrenamtliche Organisation `Dress-for-Sucess´ hat ebenfalls die Wichtigkeit der Kleidung im Berufsleben erkannt. Diese Organisation sammelt hochwertige Kleidung und schenkt diese bedürftigen Frauen, die ein Vorstellungsgespräch haben und sich selbst die teure Kleidung nicht leisten können. Der Erfolg der Organisation `Dress-for-Sucess´ gibt dieser Konzeption recht und mittlerweile ist `Dress-for-Sucess´ in über 50 Städten der USA vertreten.

rakter verändert sich ja nicht." Hier wird deutlich, dass an der Vorstellung `Identität als fester Besitz´ festgehalten wird. Die Beratenen verwenden jedoch nicht den Begriff `Identität´, sondern sie verwenden Worte wie `Persönlichkeit´ und `Charakter´.
„Die Vorstellung von einem eigentlichen, unveräußerlichen, in den verschiedenen Lebenslagen sich durchhaltenden <Ich> ist - obwohl kulturell keineswegs universal und auch in Europa geschichtlich relativ jung - gleichsam <natürlich> geworden." (GEBHARDT 1988, zit. nach KEUPP 1999, S. 20)
Auch die Beratenen scheinen Identität nur als geglückt zu betrachten, wenn diese stabil, dauerhaft und unveränderlich ist. Veränderungen werden als Schwäche angesehen. Aus diesem Grund werden von den befragten Personen die oben genannten Aussagen gemacht, mit denen sie verdeutlichen möchten, dass sie die Typberatung nicht gemacht haben, weil sie ihre Identität, ihre Persönlichkeit oder ihren Charakter verändern wollen. Gleichzeitig erklären die Beratenen im Verlauf der narrativen Interviews jedoch, dass sie eine deutliche Veränderung in ihrem Selbst- und Fremdbild wahrnehmen können. Diese Wahrnehmung ist paradox, denn zum einen wird auf die Unveränderlichkeit Wert gelegt und zum anderen wird stolz berichtet, dass die Typberatung das Leben und die Identität stark verändert hat.

Lebenslanger Prozess
Die befragten Beratenen befinden sich im mittleren Erwachsenenalter (vgl. Kap. 3.8.3) und verdeutlichen damit, dass der Prozess der Identitätsarbeit eine lebenslange Aufgabe für den modernen Menschen ist. Soziale und kulturelle Einflüsse formen Lebenslauf und Entwicklung sowohl im Jugend- als auch im Erwachsenenalter. Der gesellschaftliche Wandel der modernen Gesellschaft fordert eine ständige Anpassung von den Erwachsenen, die mit der Zeit gehen und dabei den Anforderungen des gesellschaftlichen Lebens gerecht werden möchten. Diese permanente Passungsarbeit soll die Typberatung unterstützen. Diese unablässige Passungsarbeit ist mit Identitätsarbeit gleich zu setzen, denn die Individuen verorten sich durch eine konstruktive Verknüpfungsarbeit innerhalb ihres sozialen Umfelds.

Der Betrachtungsschwerpunkt für die Identitätsarbeit ist im Rahmen der vorliegenden Untersuchung das Handlungsfeld Typberatung. Kleidung ist ein Fragment in der Alltagswelt der Individuen, das in einen „sinnhaften Zusammenhang" (KEUPP 1999, S. 9) mit anderen Fragmenten gebracht und verknüpft werden muss. Aus diesem Grund fällt es schwer, linear-kausale Zusammenhänge innerhalb der Identitätsentwicklung aufzuzeigen. Die Identitätsarbeit ist vielmehr ein spiralförmiger Prozess, da sich verschiedene Faktoren gegenseitig bedingen. Anfang und Ende sind nur schwer auszumachen. Deshalb kommen die Beratenen zu folgenden Aussagen: *„(...) ich gehe jetzt nicht mehr so wider-*

willig einkaufen, sonst hat sich eigentlich nichts verändert. Ich verbringe auch nicht mehr Zeit damit. Es sind ein paar verschiedene Faktoren, die dazu kommen in letzter Zeit, dass ich mich wohl fühle, und das [die Typberatung] gibt das Tüpfelchen auf dem `i´ dazu." „Na gut, es hat sich was getan. Die Kleidung, die spielt da mit rein, dass ich da überhaupt mal danach geschaut habe. Aber es sind halt auch andere Dinge, die sich bewegt haben bei mir. Den letzten Kick gibt mir die Kleidung oder doch halt mal ein bisschen Farbe im Gesicht. Aber ich habe halt hauptsächlich eine andere Entwicklung im privaten Bereich, dass ich aus dem einfachen Trott heraus kam, das ist bestimmt ein Grund."

Die Identitätsarbeit ist ein kreativer und konstruktiver Prozess, der dem Individuum Ressourcen und Fähigkeiten abverlangt. Das Erlangen von Identität ist ein privater und letztendlich auch ein gesellschaftlich vermittelter Prozess (vgl. KEUPP 1999, S. 286), der schmerzhaft sein kann und unter Umständen auch scheitert. Mitunter bedarf es körperlicher oder seelischer Erkrankungen, um die Notwendigkeit einer Auseinandersetzung mit der eigenen Identität zu begreifen: „*Ich musste wirklich erst krank werden, bevor ich sagen konnte: jetzt muss ich was ändern*." Denn Veränderungen und Erneuerungen sind mühsam und kräftezehrend: „*Jeder will einen Neubeginn, aber keine Veränderung. Veränderungen machen Angst (...) und jede Veränderung, egal wie alt man ist, ist schwer*."

Um eine Offenheit gegenüber den gesellschaftlichen Entwicklungen zu gewährleisten, ist die Identitätsdiffusion (vgl. Kap. 3.5) ein notwendiges Resultat der modernen Zeit. Die gesellschaftlichen Bedingungen machen es für ein vernünftiges und funktionales Leben sinnvoll, sich nicht ein Leben lang auf einen einmal festgelegten Standpunkt zu stützen. Eine Beratene beschreibt ihre individuelle, diffuse Identitätsarbeit wie folgt: „*Und in letzter Zeit geht da in meinem Kopf rum: da möchte ich noch etwas verändern. (...) Aber was ich gerne noch mal machen würde, in der Volkshochschule etwas. Mein Sohn sagt, ich soll doch Philosophie machen. Und dann habe ich mir überlegt das Abi nachzumachen. Aber vier Jahre Abendschule?! (Stöhnt) Aber für was? Meinen Sie, ich gehe noch mal auf die Uni? Aber dann könnte ich nicht mehr ins Sportstudio und nicht mehr joggen und meine Freunde pflegen, das ist mir doch auch wichtig. Es ist alles so reizvoll, ich überlege jetzt schon eine Weile*."
Der Prozess der Identitätsarbeit wird durch die narrativen Interviews deutlich. Er dringt jedoch nicht gänzlich ins Bewusstsein der Beratenen und dies führt zu diffusen, teils widersprüchlichen Aussagen im Bereich Identität.

8.2.2.2 Das Fremdbild

Die Reaktionen der Mitmenschen nach der Typberatung sind für die Beratenen von großer Bedeutung, da auch ein Mangel an Rückmeldung bedeutsam für die Konstitution des Fremdbildes ist. Personen, die nur kleine und kaum merkliche

äußere Veränderungen durchmachen, bekommen kein Feedback: *„Vom Angucken her hat sich bei mir ja eher wenig geändert. Insofern kamen wenig Rückmeldungen."*
Bringt die Typberatung jedoch sichtliche Veränderungen, sind die Reaktionen für die Beratenen oft sehr positiv. *„Klar, es macht mir Spaß. Das war bisher ein Bereich, in dem ich vorher nie positive Rückmeldung bekommen habe." „Ja, ganz enorm [viel Rückmeldungen] vor allem im Kollegenkreis. (...) Ich habe auch Kolleginnen, die sehr viel Wert auf Kleidung und Stil legen und als die mich nochmals darauf angesprochen haben: >Mensch, das sieht aber gut aus! Was hast du denn gemacht?< Das tat mir dann schon gut."* Über diese intensive Rückmeldung waren die Beratenen offensichtlich erstaunt, da sie vor der Typberatung wenig Aufsehen durch ihr Äußeres auf sich gezogen haben.

Personen, die emotional am nächsten stehen, haben die größte Bedeutung für die Identitätsbildung (vgl. JAMES 1890, S. 293f. und vgl. Kap. 3.2). Das soziale Netzwerk bestehend aus Familie, Freunden und Arbeitskollegen ist für die Identitätsarbeit unentbehrlich. Reaktionen des näheren Umfelds auf das veränderte Aussehen nehmen deshalb Einfluss auf die Identitätsarbeit der Individuen, wobei die Nähe der emotionalen Bindung entscheidend für die Intensität der Auswirkungen ist. Das positive Feedback führt bei der Beratenen zu einem positiven Fremdbild.
Dass eine Veränderung des äußeren Erscheinungsbildes auch negative Konsequenzen für das Familienleben haben kann, zeigen die folgenden Zitate: *„(...) meine jüngste Tochter findet es absolut furchtbar. Sie kommt am allerwenigsten mit meiner Veränderung klar. Weil für sie ja der Eindruck entsteht, ich gebe zuviel weg. Weil mit der Veränderung öffnet man sich auch nach außen und dann gibt man ja auch von sich ab." „Und als ich dann noch die Ganztagesstelle genommen hatte, dann hatte ich ein Selbstvertrauen bis zum es geht nicht mehr. Ja, nur meiner Ehe hat es halt leider geschadet, mein Selbstvertrauen (lacht). Ich bin einfach zu stark geworden."*
Mit auffälligen Veränderungen können die Mitmenschen nur schwer umgehen, wenn sie dafür keine befriedigende Erklärung bekommen. *„Wechseljahre ist Schwachsinn, das habe ich auch gesagt bekommen oder die Midlifecrisis (lacht), für die anderen ist es eben wichtig, dies [die Aussehensveränderung] in einen Kasten rein zu bekommen. Ich meine, ich habe es ja selbst irgendwo nicht verstanden, aber ich habe es für mich selbst nicht in einen Kasten. Aber die Gesellschaft, die Leute, die dich umgeben, die ja jahrelang, jahrzehntelang ein Bild von dir haben und jetzt kommt man dann [verändert] (...) Ich war trotzdem noch die Übermutter, ich habe ja meinen Charakter nicht verändert. Aber durch dieses rein Äußerliche wirst du auch sofort anders eingestuft."*

Durch die Kleidung kann jedoch auch im negativen Sinn eine Anpassung an das gewünschte Fremdbild erfolgen, sobald Veränderungen vorgenommen werden, die den persönlichen Präferenzen widersprechen. *„Ich bin pfiffiger angezogen, nur mit der Unterwäsche habe ich es immer noch nicht so, ich kann mich einfach nicht von meinem Schiesser-Feinripp trennen. Ich habe mittlerweile zwei Sorten von Unterwäsche: gehe ich ins Sportstudio, dann ziehe ich die an, bin ich normal, habe ich Schiesser-Feinripp an.“*
Es wird im öffentlichen Raum bewusst ein Image gepflegt, das der gesellschaftlichen Norm angepasst ist, und individuelle Wünsche werden einmal mehr dem gesellschaftlich geprägten Idealbild unterordnet.

8.3 Zusammenfassung der Ergebnisse

Die Typberatungsangebote sind vielfältig, beispielsweise gibt es eine unumstrittene Farbzuordnung der beratenen Person nicht, da die Typberaterinnen mit unterschiedlichen Farbsystemen (vgl. Kap. 5.3.6) arbeiten. Trotzdem wird gegenüber den Beratenen der Absolutheitsanspruch aufrecht erhalten. Die Beratenen - unsicher in Modefragen und häufig auch im Umgang mit anderen Menschen - halten sich an die Vorschläge und Anweisungen der Typberaterinnen. Dabei räumen diese ein, dass die Beratenen aufgrund der zeitlichen Begrenzung der Beratung nicht alle notwendigen Informationen aufnehmen und trotz der ausgehändigten Farbpässe bei der Farbzusammenstellung Fehler unterlaufen können. Deshalb sind die lange Beratungsdauer und die unterschiedlich vorherrschenden Konzepte für die Beratenen kontraproduktiv. Kritisch wird es, wenn die Verwirrung bei der Kleiderwahl nach der Beratung größer ist als zuvor, da sich jetzt die Beratenen nicht mehr nur auf ihre Vorlieben verlassen können, sondern auch Kleiderfarbe, Schnitt und Stil beachten müssen.
Orientieren sich die individuellen Neigungen nicht am gängigen Schönheitsideal, können diese durch die Beratung zurück gedrängt werden. Schwierig wird es, da dieses Ideal einem ständigen Wechsel unterworfen ist. Modische Kleidung muss dann selbständig hinsichtlich der typgerechten Eigenschaften analysiert werden.

Für viele Typberaterinnen geht es nicht nur darum, Unsicherheiten in Modefragen zu beseitigen. Sie möchten auch Selbstsicherheit und Selbstwertgefühl bei den Beratenen schaffen.
Diese Typberaterinnen haben erkannt, dass bei der Typberatung psychologische Aspekte eine große Rolle spielen und es dabei nicht nur um die äußere Hülle der Person geht. Dennoch unterscheidet sich deren Arbeitsweise nicht von denen, die ausschließlich auf die \`objektiven´ Merkmale einer Person achten und die psychologischen Gesichtspunkte außer Acht lassen.
Mit Aussagen wie „*Sie sind schon in Ordnung*“ und „*Jeder hat etwas Schönes an sich*“, wird versucht, das Selbstbewusstsein der Beratenen aufzubauen. Die

Typberaterinnen schenken dem Aussehen der Beratenen Anerkennung. Dieser dialogische Austausch zwischen beiden ist für die Identitätsarbeit unverzichtbar und die Anerkennung stellt einen ersten Schritt im Identitätsprozess dar. Durch die Wertschätzung und Anerkennung der eigenen Person, die im Gespräch mit der Typberaterin erreicht werden kann, wird ein möglicher Beitrag zur Identitätsarbeit geleistet.
Veränderungen im Selbstwertgefühl der Beratenen werden von den Typberaterinnen bereits während des Beratungsverlaufs wahrgenommen. Der Begriff Identität findet sich in ihrem alltäglichen Sprachgebrauch selten und dennoch entsprechen die von den Typberaterinnen aufgeführten Veränderungen der Identitätsarbeit.

Eine Anhäufung von Beratenen, die sich in identitätskritischen Konstellationen befinden und bei denen die Arbeit am Selbst- und Fremdbild besonders intensiv ist, können die Typberaterinnen bestätigen. Besonders kritische Lebenslagen führen zu einer Auseinandersetzung mit den Lebenszielen und Entwicklungsaufgaben und signalisieren damit eine intensive Identitätsarbeit im Rahmen des Handlungsfeldes Typberatung.

Evaluiert werden die Typberaterinnen sehr selten, da ihre Kundinnen nach dem Beratungstermin kaum Rückmeldung geben. Dies ist besonders bei Typberaterinnen der Fall, die ausschließlich Beratungen vornehmen und nicht parallel, beispielsweise in einem Kosmetikstudio oder einer Boutique, arbeiten und dadurch weiterhin Kundenkontakt pflegen können. Ein reflektiertes Arbeiten ist deshalb nur eingeschränkt möglich.

In den wenigsten Fällen verstehen die Beratenen die Farbzuweisungen und selten stellen sie die Ergebnisse der geschulten Typberaterinnen in Frage. Sie verlassen sich auf deren Empfehlungen, obwohl ihr eigenes Farbempfinden andere Konstellationen bevorzugen würde.
Die Unsicherheit im Umgang mit den Farben wird auch nach der Beratung deutlich, wenn beim Einkauf stets der Farbausweis als Kontrolle neben die Kleidungsstücke gehalten wird. Trotz der zahlreich angebotenen Kleiderfarben ist es fast unmöglich, exakt die dort abgebildeten Nuancen zu treffen. Die Typberaterinnen weisen zwar darauf hin, dass der Ton und nicht die genaue Nuance getroffen werden muss, trotzdem wollen unsichere Beratene nicht von den vorgeschriebenen Farben abweichen.
Während der Beratung wird nicht sofort und auch selten trotz Erläuterung der Typberaterin erkannt, ob die Farben den Typ unterstreichen oder nicht und es ist davon auszugehen, dass der Unterschied zwischen `richtigen´ und `falschen´ Farben auch nachher für die Beratenen nicht nachvollziehbar ist. Zusätzlich fällt es den Beratenen schwer, ihre individuellen Farb- und Stilvorlieben zu negieren.

Trotz anderslautender Empfehlungen werden Kleidungsstücke gekauft, die gemäß der Typberatung nicht den Typ unterstreichen, dafür aber den individuellen Neigungen der Trägerin entsprechen.

Die Beratenen wollen sich selbst besser (und meist auch anders) präsentieren und werden dadurch motiviert an einer Typberatung teilzunehmen. Diese soll ihre Unsicherheiten in der Selbstpräsentation beheben. Durch die Beantwortung von Modefragen und die Anerkennung des Äußeren wird ihre Selbstsicherheit aufgebaut. Die Beratenen möchten von den Mitmenschen Zustimmung und Anerkennung für ihr Aussehen und ihre Persönlichkeit, die sie in einem ersten Schritt von sich selbst einfordern müssen.

Unsicherheiten in Modefragen und im Umgang mit anderen Menschen resultieren häufig aus Lebensabschnitten, in denen sich die Beratenen ins Familienleben zurück gezogen haben. Die Typberatung, die bei der Rückkehr ins öffentliche Leben helfen soll, kann zu einem **neuen Selbstbewusstsein** und, indem sie den Körper analysiert, auch zu einem **neuen Körperbewusstsein** verhelfen.
Die Frauen werden dadurch aus der `unsichtbaren´ Welt der Zurückgezogenheit herausgeholt und zu einer neuen Passung mit der Umwelt und sich selbst gebracht. Allerdings präsentiert die Typberatung die Individuen gesellschaftskonform, denn das Fremdbild wird überbewertet. Die Typberatung orientiert sich am aktuellen Schönheitsideal, das mehr gesellschaftlichen Vorstellungen als individuellen Wünschen entspricht.

Das veränderte Aussehen der Beratenen hat Konsequenzen für das Selbst- und Fremdbild. Der bekleidete Körper wird von den Individuen neu wahrgenommen, die sich sicherer im Auftreten und im Kontakt mit anderen fühlen. Die Mitmenschen sprechen die Beratenen auf ihre sichtbaren Veränderungen an und geben ihnen so (teilweise zum ersten Mal) eine positive Rückmeldung für das Äußere. Unter Umständen haben die Mitmenschen mit radikalen Aussehensveränderungen Probleme. Da äußerliche Veränderungen nicht ohne weiteres vom sozialen Umfeld akzeptiert werden, fordert es dafür eine Erklärung, um mit der Aussehensveränderung besser umgehen zu können. Denn für die Betrachter verändert sich diese äußerlich gewandelte Person und, um mit ihr weiterhin in unverändertem Kontakt bleiben zu können, muss der Wandel beurteilt werden, die aussehensveränderte Person neu eingeordnet werden. Häufig möchten auch die Beratenen innere Veränderungen nach außen hin sichtbar machen und deshalb ist es notwendig, die äußere `alte´ Hülle abzustreifen und neu zu gestalten. Die typgerechte und gesellschaftskonforme Kleidung, die durch die Typberatung angeregt wird, soll helfen, sich wieder in die Gesellschaft zu integrieren.

Identitätsarbeit ist ein lebenslanger Prozess, der durch Krisen und Brüche gekennzeichnet ist. Die auf dem Körper getragene Kleidung fungiert bei dieser spiralförmigen Entwicklung als Indikator und kann zugleich auch zu einem bedeutenden Bestandteil der Identitätsarbeit werden.

9. Schlussbetrachtung

Aufgrund der Ergebnisse der hier vorliegenden Untersuchung, können relevante Schlussfolgerungen für die Schulpraxis abgeleitet werden, die für die Zielgruppen Schülerinnen und Schüler sowie Lehrerinnen und Lehrer in gleichem Maße bedeutsam sind und in verschiedenen Bereichen des Mode- und Textilunterrichts verankert werden können.

Dem möglichen Einwand, dass die Typberatung selten in der Lebenswirklichkeit von Schülerinnen und Schülern wieder zu finden ist, kann entgegen gesetzt werden, dass gerade die Distanz der Jugendlichen zum Handlungsfeld Typberatung einen unvoreingenommenen Blick auf das Beziehungsgefüge Kleidung und Identität ermöglicht. Diese Unvoreingenommenheit ist eine wichtige Voraussetzung für einen aufgeschlossenen Umgang mit der Thematik.
Darüber hinaus sind Teilinhalte der Typberatung relevante Fachinhalte des Mode- und Textilunterrichts: Beispielsweise führt das Thema über die Körperproportionen zu einer intensiven Auseinandersetzung mit dem Themenkomplex `Körper-Kleidung-Identität´. Die fachspezifische Unterrichtsmethode der Gewandaktion motiviert Klassen, die gerne handlungsorientiert experimentieren. Weiterhin kann der außerschulische Lernort Typberatung zur Erkundung eines modespezifischen Berufsfeldes herangezogen werden. Erste Pilotstudien an Schulen, welche die oben genannten Lerninhalte der Typberatung umsetzen, zeigen eine äußerst positive Resonanz bei den Schülerinnen und Schülern.
Durch die Verknüpfung der Typberatung mit anderen Themen, wie der Markenkleidung oder der Mode einer vergangenen Epoche, können interessante und spannende Inhalte individuell und zeitgemäß im Mode- und Textilunterricht erarbeitet werden.
Neben den Fachinhalten dieser Arbeit können auch die Methode der Datengewinnung eine Umsetzung in der Schulpraxis erfahren.[15] Jedoch darf hier nicht bei der Präsentation der Resultate stehen geblieben werden. Die Interpretation der Ergebnisse in den Unterricht einzubeziehen, und diese gemeinsam mit der Klasse zu erarbeiten, muss als didaktische Herausforderung angesehen werden.

---

[15] Narrative Interviews bieten sich hier allerdings nur bedingt an, da durch die offenen Fragestellungen das Datenmaterial schnell zu einer unübersichtlichen Menge heranwachsen kann. Geschlossene Fragestellungen sind für erste Erhebungen in einer Schulklasse leichter realisierbar.

Diese Arbeit bietet die Möglichkeit, sich ausführlich mit dem Beziehungsgefüge Kleidung und Identität auseinander zu setzten. Dieses Gefüge, das stets den Körper impliziert, kann durch das Thema Typberatung exemplarisch von der Lehrkraft im Schulalltag umgesetzt werden. Im Hinblick auf die zu unterrichtenden Jugendlichen, die sich auf einer intensiven Identitätssuche befinden, ist es besonders für die Lehrerinnen und Lehrer hilfreich, diese Thematik eingehend zu bearbeiten und zu reflektieren. Die curriculare Relevanz des Themenbereichs Kleidung und Mode unterstreicht die Bedeutung des Handlungsfeldes Typberatung.
Nicht zuletzt ist die Thematik der Typberatung auch für die private Lehrperson interessant, die sich täglich in der Öffentlichkeit präsentiert und sich nicht nur gegenüber den Schülerinnen und Schülern typgerecht kleiden möchten, um ihre Identität authentisch widerzuspiegeln.

10. Abbildungsverzeichnis

11. Tabellenverzeichnis

12. Literatur

ABELS, Heinz: Interaktion, Identität, Präsentation. Kleine Einführung in interpretative Theorien der Soziologie. Opladen/ Wiesbaden 1998.

ADORNO, Theodor W.: Negative Dialektik. Frankfurt 1966.

ADORNO, Theodor W.: Aufsätze zur Gesellschaftstheorie und Methodologie. Frankfurt 1970.

ALLPORT, Gordon W.: The Use of Personal Documents in Psychological Science. Prepared for the Committee on Appraisal of Research. New York 1947.

ANGELL, Robert C.: A critical Review of the Development of the Personal Document Method in Sociology 1920-1940. In: GOTTSCHALK, Luis/ KLUCKHOHN, Clyde/ ANGELL, Robert C.: The Use of Personal Documents in History, Anthropology, an Sociology. New York 1951. S. 177-232.

APEL, Friedmar: Leute machen Kleider. In: ASCHKE, Katja (Hrsg.): Kleider machen viele Leute. Mode machen - aber wie? Reinbeck bei Hamburg 1989. S. 202-204.

ARBEITSGRUPPE SOZIOLOGIE (Hrsg.): Denkweisen und Grundbegriffe der Soziologie. Eine Einführung. Frankfurt am Main, New York, 14. Aufl. 1999.

ARENS-VOSHEGE, Barbara: Identitätsproblematik und Identitätsfindung "kritischer" Lehrerinnen und Lehrer in den 70er und 80erJahren. Essen 1996.

BAACKE, Dieter: Jugend und Jugendkulturen. Darstellung und Deutung. Weinheim, München 1993.

BARKHAUS, Annette (Hrsg.): Identität, Leiblichkeit, Normativität. Neue Horizonte anthropologischen Denkens. Frankfurt am Main 1996.

BECK, Peter: Zwischen Identität und Entfremdung. Die Hochschule als Ort gestörter Kommunikation. Frankfurt 1975.

BECK, Ulrich: Risikogesellschaft. Auf dem Weg in eine andere Moderne. Frankfurt 1986.

BECK, Ulrich: Die „Individualisierungsdebatte". In: SCHÄFERS, Bernhard (Hrsg.): Soziologie in Deutschland. Entwicklung, Institutionalisierung und Berufsfelder, theoretische Kontroversen. Opladen 1995. S. 185-198.

BECK, Ulrich/ BECK-GERNSHEIM, Elisabeth: Riskante Freiheiten. Individualisierung in modernen Gesellschaften. Frankfurt am Main 1994.

BECK, Walter: Die biographische Methode in der Sozialpsychologie. Psychologische Rundschau 3 (1952), S. 203-213.

BECKER, Susanne/ SCHÜTTE, Stephanie: Magisch angezogen. Mode, Medien, Markenwelten. München 1999.

BERGLER, Reinhold: Psychologische Marktanalyse. Bern, Stuttgart 1965.

BETTE, Karl-Heinrich: Körperspuren. Zur Semantik und Paradoxie moderner Körperlichkeit. Habilitationsschrift. Berlin, New York 1989.

BEYER, Brigitte/ KAFKA, Heilwig: Textilarbeit: Kleiden und Wohnen. Bad Heilbrunn/ Obb., 2. neuberarb. Aufl. 1977.

BIRNMEYER, Joachim: Subjekt - Identität - Krise: Begründung und Entwicklung kommunikativer Kompetenz als pädagogisches Problem. Frankfurt am Main 1991.

BLECKWENN, Ruth: Die Kleidung - Begriff und Funktion. In: Textilarbeit und Unterricht 45 (1974), Heft 6, S. 169-174.

BLECKWENN, Ruth: Einführung. In: BLECKWENN, Ruth (Hrsg.): Kleidung und Mode. Baltmannsweiler 1981. S. 1-12.

BOHNSACK, Ralf: Rekonstruktive Sozialforschung. Einführung in Methodologie und Praxis qualitativer Forschung. Opladen 1991.

BRETTSCHNEIDER, Wolf-Dietrich: Sportkultur und jugendliches Selbstkonzept: eine interkulturell vergleichende Studie über Deutschland und die USA. Weinheim, München 1997.

BROCKHAUS. Enzyklopädie. Band 12. Mannheim, 19., völlig überarbeitete Aufl. 1990.

BURCKHARDT, Lucius: Mode und Jugendmoden. In: ANDRITZKY, Michael: Zum Beispiel Schuhe. Vom bloßen Fuß zum Stöckelschuh. Eine Kulturgeschichte der Fußbekleidung. Ein Projekt von: Institut Objekt Kultur. Giessen 1988. S. 168-169.

BURSCHER, Christel: Farbberatung. Alle Farben, die Ihnen wirklich stehen. Kleidung, Make-up, Haare, Brillen, Schmuck. Niedernhausen/Ts. 1991.

CSIKSZENTMIHALYI, Mihaly: Das Leben ist Kurz. Mach was draus! In: Psychologie heute. Februar (1999) S. 22-28.

DE LEVITA, David J.: Der Begriff der Identität. Frankfurt am Main 1971.

DEBIONNE, Jean-Loup/ MEISSNER, Toni: Die schönsten deutschen Trachten. München 1987.

DÖBERT, Rainer/ NUNNER-WINKLER, Gertrud: Adoleszenzkrise und Identitätsbildung. Frankfurt 1975.

DOLLASE, Rainer: „Von ganz natürlich bis schön verrückt" - Zur Psychologie der Jugendmode. In: BAACKE, Dieter/ VOLKMER, Ingrid/ DOLLASE, Rainer/ DRESING, Uschi: Jugend und Mode: Kleidung als Selbstinszenierung. Opladen 1988. S. 99-109.

DRENGWITZ, Elke: Mode und Selbstdarstellung. Eine soziologische Studie über das heutige Bekleidungsverhalten der Frauen in der Bundesrepublik Deutschland. Dissertation. Hamburg 1984.

DUDEN Fremdwörterbuch. (Hrsg. und bearb. vom Wissenschaftlichen Rat der Dudenredaktion.) Mannheim, Wien, Zürich, 6., auf der Grundlage der amtlichen Neuregelung der deutschen Rechtschreibung überarb. und erw. Aufl. 1997.

ECKERT, Roland (Hrsg.): Geschlechtsrollen und Arbeitsteilung. München 1979.

EHLICH, Konrad: Der Alltag des Erzählens. In: EHLICH, Konrad (Hrsg.): Erzählen im Alltag. Frankfurt am Main 1980. S. 11-27.

ELIAS, Norbert: Über den Prozeß der Zivilisation. Frankfurt 1976.

ELIAS, Norbert: Die Gesellschaft der Individuen. Frankfurt 1987.

EPSTEIN, Julia: Kleidung im Leben transsexueller Menschen. Die Bedeutung von Kleidung für den Wechsel der sozialen Geschlechterrolle. Münster/ New York 1995.

ERDTMANN, Johanna E.: Für den ersten Eindruck gibt es keine zweite Chance. München 1988.

ERDTMANN, Johanna E.: Schöner und erfolgreicher durch die richtigen Farben. Ihr Typ + Ihr Stil = Ihr Erfolg. Landsberg am Lech 1995

ERIKSON, Erik H.: Jugend und Krise. Stuttgart 1974.

ERIKSON, Erik H.: Der junge Mann Luther. Frankfurt 1975. (Original: Young man Luther. A study in Psychoanalysis and History. New York 1958.)

ERIKSON, Erik H.: Identität und Lebenszyklus. Frankfurt am Main, 18. Aufl. 2000. (Erste Auflage 1966).

FABER, Stephanie: Mein Farbenbuch. Die Magie der Farben: Unser Leben mit Farben. Der sichere Farbgeschmack. Die Naturbotschaft der Farben und ihre Anwendung. (Unter Mitarbeit von Gisela Watermann). München, 2. Aufl. 1988.

FALTERMAIER, Toni/ MAYRING, Philipp/ SAUP, Winfried/ STREHMEL, Petra: Entwicklungspsychologie des Erwachsenenalters. Stuttgart/ Berlin/ Köln 1992.

FALTERMAIER, Toni: Alltägliche Krisen und Belastungen. In: FLICK, Uwe/ KARDORFF Ernst v./ KEUPP, Heiner/ ROSENSTIEL, Lutz v./ WOLFF, Stephan (Hrsg.): Handbuch Qualitative Sozialforschung. Grundlagen, Konzepte, Methoden und Anwendungen. München 1991. S. 305-308.

FARADAY, Annabel/ PLUMMER, Kenneth: Doing Life Histories. Sociological Review 27, 1979. S. 773-798.

FAUST, Gisela: Einfach Folie auflegen und fertig. In: Ki-Magazin. Heft 4, 1999. S. 42-44.

FEND, Helmut: Identitätsentwicklung in der Adoleszenz: Lebensentwürfe, Selbstfindung und Weltaneignung in beruflichen, familiären und politisch-weltanschaulichen Bereichen. Bern, Stuttgart, Toronto 1991.

FERCHHOFF, Wilfried: Jugend und Postmoderne: Analysen und Reflexionen über die Suche nach neuen Lebensorientierungen. München 1989.

FLICK, Uwe/ KARDORFF Ernst v./ KEUPP, Heiner/ ROSENSTIEL, Lutz v./ WOLFF, Stephan (Hrsg.): Handbuch Qualitative Sozialforschung. Grundlagen, Konzepte, Methoden und Anwendungen. München 1991.

FLICK, Uwe: Qualitative Forschung. Theorie, Methoden, Anwendung in Psychologie und Sozialwissenschaften. Reinbeck bei Hamburg 1998.

FLÜGEL, John C.: Psychologie der Kleidung [London 1930]. In: BOVENSCHEN, Silvia: Listen der Mode. Frankfurt 1986. S. 208-263.

FOUCAULT, Michel: Überwachen und Strafen. Frankfurt 1977.

FRANCK, Georg: Ökonomie der Aufmerksamkeit. München 1998.

FREY, Hans-Peter/ HAUSSER, Karl: Identität. Entwicklung psychologischer und sozialer Forschung. Stuttgart 1987.

FRIEBERTSHÄUSER, Barbara/ PRENGEL, Annedore (Hrsg.): Handbuch qualitative Forschungsmethoden in der Erziehungswissenschaft. Weinheim, München 1997.

FRIELING, Heinrich: Mensch und Farbe. Wesen und Wirkung von Farben in allen menschlichen und zwischenmenschlichen Bereichen. Mit Farbtest zur eigenen Persönlichkeitsbestimmung. München 6. Aufl., 1975.

FROMM, Erich: Die Revolution der Hoffnung. Für eine Humanisierung der Technik. In: ebd.: Gesamtausgabe. Band IV (Gesellschaftstheorie). Stuttgart 1959.

FUCHS, Werner: Einführung. In: Jugendwerk der Deutschen Shell (Hrsg.): Jugend ´81. Lebensentwürfe, Alltagskulturen, Zukunftsbilder. Band 2. Hamburg 1981. S. 6-18.

FUCHS, Werner: Biographische Forschung. Eine Einführung in Praxis und Methoden. Opladen 1984.

GEHLEN, Arnold: Der Mensch. Seine Natur und seine Stellung in der Welt. Bonn 1950.

GOFFMAN, Erving: Das Individuum im öffentlichen Austausch. Frankfurt 1974.

GOFFMAN, Erving: Stigma. Über die Techniken der Bewältigung beschädigter Identität. Frankfurt 12. Aufl., 1996. (Original: Stigma. Notes on the management of spoiled identity. Englewood, NJ 1963)

GRAF, Werner: Das Schreibproblem der Oral-History. Literatur und Erfahrung 3, 10, 1982. S. 100-105.

GRAZ, Detlef/ KRAIMER, Klaus (Hrsg.): Qualitativ-empirische Sozialforschung. Konzepte, Methoden, Analysen. Opladen 1991.

GROSS, Peter: Die Multioptionsgesellschaft. Frankfurt a. M. 1994.

GUILD, Tricia: Farbberatung Wohnen. Dekorieren und Einrichten mit edlen Textilien. Mit Fotos von David Montgomery. Augsburg 1994.

HABERMAS, Jürgen: Zur Logik der Sozialwissenschaften. Tübingen 1967.

HABERMAS, Jürgen: Stichworte zur Theorie der Sozialisation. [1968] In: HABERMAS, Jürgen: Kultur und Kritik. Verstreute Aufsätze. Frankfurt am Main 1973. S. 118-194.

HABERMAS, Jürgen: Identität. In: HABERMAS, Jürgen: Zur Rekonstruktion des historischen Materialismus. Frankfurt 1976. S. 92-95.

HARDER, Otto M.: Das einheitliche Erscheinungsbild („corporate identity") bei politischen Parteien. Dissertation. Augsburg 1986.

HARTMANN, Vanessa: Dress-Code, studentisch? Was trägt der typische Jurist? In: Audimax. Die Hochschulzeitschrift 14 (2001), Heft 5, S. 18.

HARTMANN-TEWS, Ilse: Weibliche Körper - Verhältnisse - Wandel und Kontinuitäten. In: SCHULZ, Norbert /HARTMANN-TEWS, Ilse (Hrsg.): Frauen und Sport. Brennpunkte der Sportwissenschaft 4 (1990), Heft 2, S. 146-162.

HAUPERT, Bernhard: Vom narrativen Interview zur biographischen Typenbildung. In: GRAZ, Detlef/ KRAIMER, Klaus (Hrsg.): Qualitativ-empirische Sozialforschung. Konzepte, Methoden, Analysen. Opladen 1991. S. 213-254.

HAUSSER, Karl: Identitätsentwicklung. New York 1983.

HAUSSER, Karl: Identitätspsychologie. Berlin, Heidelberg, New York 1995.

HEIGL-EVERS, Annelise/ WEIDENHAMMER, Brigitte: Der Körper als Bedeutungslandschaft. Die unbewußte Organisation der weiblichen Geschlechtsidentität. Bern, Stuttgart, Toronto 1988.

HEINZE, Thomas/ KLUSEMANN, Hans-W.: Ein biographisches Interview als Zugang zu einer Bildungsgeschichte. In: BAACKE, Dieter/ SCHULZE, Theodor (Hrsg.): Aus Geschichte lernen. München 1979. S.182-225.

HELLER, Eva: Wie Farben wirken. Farbpsychologie, Farbsymbolik, Kreative Farbgestaltung. Reinbeck bei Hamburg 1989.

HELSPER, Werner: Identität in der "Nicht-Identität"?- "Immer anders? Immer neu?" In: BREYVOGEL, Wilfried (Hrsg.): Autonomie und Widerstand. Essen 1983. S. 118-129.

HEMER, Ulrike: Beatrix Isabel Lied. Die Individualität steht im Vordergrund. Ohne Ort 1999.

HENSS, Martina: Kleidung als Mittel der Körperstilisierung und des persönlichen Ausdrucks. Kleidanalyse auf gestaltpsychologischer Grundlage und didaktische Konsequenzen. Münster, New York 1994.

HERMANNS, Harry: Das narrative Interview in berufsbiographisch orientierten Untersuchungen. Wissenschaftliches Zentrum für Berufs- und Hochschulforschung, Gesamthochschule Kassel 1981.

HERMANNS, Harry: Narrative Interviews. In: FLICK, Uwe/ KARDORFF Ernst v./ KEUPP, Heiner/ ROSENSTIEL, Lutz v./ WOLFF, Stephan (Hrsg.): Handbuch Qualitative Sozialforschung. Grundlagen, Konzepte, Methoden und Anwendungen. München 1991. S. 182-185.

HIGHLAND, Joseph: Licht und Farbe. Hamburg 1985.

HITZLER, Ronald/ HONER, Anne: Qualitative Verfahren zur Lebensweltanalyse. In. FLICK, Uwe/ KARDORFF Ernst v./ KEUPP, Heiner/ ROSENSTIEL, Lutz v./ WOLFF, Stephan (Hrsg.): Handbuch Qualitative Sozialforschung. Grundlagen, Konzepte, Methoden und Anwendungen. München 1991. S. 382-385.

HOERNING, Erika M.: Lebensereignisse. Übergänge im Lebenslauf. In: VOGES, Wolfgang (Hrsg.): Methoden der Biographie- und Lebenslaufforschung. Opladen 1987. S. 231-259.

HOFFMANN, Hans-Joachim: Kleidersprache. Eine Psychologie der Illusionen in Kleidung, Mode und Maskerade. Frankfurt am Main, Berlin, Wien 1985.

HOFFMANN-RIEM, Christa: Die Sozialforschung einer interpretativen Soziologie. Der Datengewinn. In: Kölner Zeitschrift für Soziologie und Sozialpsychologie (1980), Heft 32; S. 339-372.

HOPF, Christel: Die Pseudo-Exploration. Überlegungen zur Technik qualifizierter Interviews in der Sozialforschung. In: Zeitschrift für Soziologie. Jg. 7 (1978) S. 97-115.

HOPF, Christel: Qualitative Interviews in der Sozialforschung. Ein Überblick. In: FLICK, Uwe/ KARDORFF Ernst v./ KEUPP, Heiner/ ROSENSTIEL, Lutz v./ WOLFF, Stephan (Hrsg.): Handbuch Qualitative Sozialforschung. Grundlagen, Konzepte, Methoden und Anwendungen. München 1991. S. 177-182.

HOPF, Werner: Entwicklung, Handlung und Identität. Zur psychosozialen Theorie der individuellen Entwicklung. Dissertation. München 1980.

HRADIL, Stefan (Hrsg.): Zwischen Bewusstsein und Sein. Opladen 1992.

ITTEN, Johannes: Kunst der Farbe. Subjektives Erleben und objektives Erkennen als Wege zur Kunst. Studienausgabe. Ravensburg, 5. Aufl. 1975

JACKSON, Carole/ LULOW, Kalia: Color for men. Unterstreichen Sie ihre Persönlichkeit durch Ihre Farben. Bern 1986.

JACKSON, Carole: Color Me Beautiful. Entdecken Sie ihre natürliche Schönheit durch ihre Farben. Bern und Stuttgart, 8. revidierte Auflage 1992. (Ersterscheinung: 1980)

JAMES, William: Principles of psychology. New York 1890.

JANALIK, Heinz/ SCHMIDT, Doris: Kleidung Körper Körperlichkeit. Teil 1. Eine Seminardokumentation. Baltmannsweiler 1997.

JEGGLE, Utz: Der Kopf des Körpers. Eine volkstümliche Anatomie. Weinheim, Berlin 1986.

JOAS, Hans: Kreativität und Autonomie. Die soziologische Identitätskonzeption und ihre postmoderne Herausforderung. In: BARKHAUS, Annette (Hrsg.): Identität, Leiblichkeit, Normativität. Neue Horizonte anthropologischen Denkens. Frankfurt am Main 1996. S. 357-369.

JUGENDWERK DER DEUTSCHEN SHELL (Hrsg.): Jugend ´81. Lebensentwürfe Alltagskulturen Zukunftsbilder. Band 2. Hamburg 1981.

JUGENDWERK DER DEUTSCHEN SHELL (Hrsg.): Jugend 200. Band 2. Opladen 2000.

KAHL, Iris: Mode - wo Abweichung das Normale ist. In: Textilarbeit + Unterricht. Heft 3 (1997), S. 139-147.

KALLMAYER, Werner/ SCHÜTZE, Fritz: Zur Konstruktion von Kommunikationsschemata der Sachverhaltsdarstellung. In: WEGNER, Dirk (Hrsg.): Gesprächsanalyse. Hamburg 1976. S. 159-274.

KAMPER, Dieter/ WULF, Christoph (Hrsg.): Die Wiederkehr des Körpers. Frankfurt 1982.

KELLER, Gottfried: Kleider machen Leute. In: ASCHKE, Katja (Hrsg.): Kleider machen viele Leute. Mode machen - aber wie? Reinbeck bei Hamburg 1990. S. 200-201.

KELLER, Martina: Wenn der Blick in den Spiegel zur Qual wird. In: Psychologie heute Juli (2001), S. 40ff.

KEUPP, Heiner (u. a.): Identitätskonstruktionen. Das Patchwork der Identitäten in der Spätmoderne. Reinbeck bei Hamburg 1999.

KEUPP, Heiner/ HÖFER, Renate (Hrsg.): Identitätsarbeit heute. Klassische und aktuelle Perspektiven der Identitätsforschung. Frankfurt, 2. Aufl. 1998.

KEUPP, Heiner: Auf der Suche nach der verlorenen Identität. In: KEUPP, Heiner / BILDEN, Helga (Hrsg.): Verunsicherungen. Das Subjekt im gesellschaftlichen Wandel. Göttingen, Toronto, Zürich 1989. S. 47-69.

KIENER, Franz: Kleidung, Mode und Mensch. Versuch einer psychologischen Deutung. München, Basel 1956.

KLAUS, Alfred: Entwicklungspsychologie und Pädagogische Psychologie. Arbeitsblätter zur Ausbildung und Weiterbildung von Pädagogen. Heidelberg 1997.

KLEINSPEHN, Thomas: Der flüchtige Blick. Sehen und Identität in der Kultur der Neuzeit. Reinbeck bei Hamburg 1989.

KOCH-MERTENS, Wiebke: Der Mensch und seine Kleider. Düsseldorf 1943.

KOHLI, Martin: „offenes" und „geschlossenes" Interview: Neue Argumente zu einer alten Kontroverse. In: Soziale Welt (1978), S. 1-25.

KOHLI, Martin: Zur Theorie der biographischen Selbst- und Fremdthematisierung. In: MATTHES, Joachim (Hrsg.): Lebenswelt und soziale Probleme. Frankfurt a.M., New York 1980. S. 504-520.

KRAPPMANN, Lothar: Soziologische Dimensionen der Identität. Strukturelle Bedingungen für die Teilnahme an Interaktionsprozessen. Stuttgart, 4. Aufl. 1975.

KRAUS, Wolfgang/ MITZSCHERLICH, Beate: Abschied vom Großprojekt. Normative Grundlagen der empirischen Identitätsforschung in der Tradition von James E. Marcia und die Notwendigkeit ihrer Reformulierung. In: KEUPP, Heiner/ HÖFER, Renate (Hrsg.): Identitätsarbeit heute. Klassische und aktuelle Perspektiven der Identitätsforschung. Frankfurt, 2. Auflage 1998. S. 149-173.

KRÜGER, Heinz-Hermann: Erziehungswissenschaftliche Biographieforschung. In: FRIEBERTSHÄUSER, Barbara/ PRENGEL, Annedore (Hrsg.): Handbuch Qualitative Forschungsmethoden in der Erziehungswissenschaft. Weinheim und München 1997. S 43-55.

KRÜSMANN, Elke: Spion im Kleiderschrank. Modepsychologie. In: ELLE September (1999), S. 132-138.

KUGELMANN, Claudia: Starke Mädchen - schöne Frauen? Weiblichkeitszwang und Sport im Alltag. Habilitationsschrift (AFRA-Sport-Buch. Theorie; Bd. 3). Butzbach-Griedel 1996.

KÜPPERS, Harald: Farben Atlas. Über 5500 Farbnuancen mit Kennzeichnung und Mischanleitung. Köln 1978.

LAMNEK, Siegfried: Qualitative Sozialforschung. Methodologie. Band 1. Weinheim 1995a. (Erstausgabe 1988).

LAMNEK, Siegfried: Qualitative Sozialforschung. Methoden und Techniken. Band 2. Weinheim 1995b. (Erstausgabe 1988).

LANDES, Christine: Frauen im Management. Mschr. Diplomarbeit. Mannheim 1999.

LANDESKIRCHLICHE MUSEUM, LUDWIGSBURG: Zwischen Kanzel und Kehr-Woche. Glauben und Leben im evangelischen Württemberg. Kataloge und Schriften des Landeskirchlichen Museums. Band 1. (Erschienen zur Ausstellung “Zwischen Kanzel und Kehrwoche” vom 12.6. bis 27.11. 1994). Ludwigsburg 1994.

LAUX, Lothar/ WEBER, Hannelore: Emotionsbewältigung und Selbstdarstellung. Stuttgart 1993.

LAZARUS, Richard S.: Streß und Streßbewältigung. Ein Paradigma. In: FILIPP, Sigrun-Heide (Hrsg.): Kritische Lebensereignisse. München 1981. S. 198-232.

LEHNERT, Gertrud: Maskeraden und Metamorphosen. Als Männer verkleidete Frauen in der Literatur. Würzburg 1994. (Zugl.: Frankfurt (Main), Univ., Habil.-Schr., 1993)

LEHNERT, Gertrud: Körper und Cover: Mode und Geschlecht. In: BECKER, Susanne/ SCHÜTTE, Stephanie: Mode - Medien - Markenwelten. München 1999.

LEHNERT, Gertrud: Geschichte der Mode des 20. Jahrhunderts. Köln 2000.

LIED, Beatix Isabel: Das große Schönheitsbuch. Der ganz persönliche Farb-, Stil- und Typberater für Sie und Ihn. München und Hamburg 1993.

LIED, Beatix Isabel: Differenzierung ist gefragt. Die vier Jahreszeiten sind zu wenig. Ohne Ort. Ohne Jahr.

LOSCHEK, Ingrid: Mode und Opposition. Wer bestimmt die Mode? In: ASCHKE, Katja (Hrsg.): Kleider machen viele Leute. Mode machen - aber wie? Reinbeck bei Hamburg 1989. S. 205-212.

LOSCHEK, Ingrid: Mode. Verführung und Notwendigkeit. München 1991.

LOSCHEK, Ingrid: Mode und Identifikation. In: DESIGN CENTER STUTTGART (Hrsg.): Moden und Menschen (Dokumentation von Vorträgen, die von Oktober 1993 bis Mai 1994 im Design Center Stuttgart gehalten wurden). Stuttgart 1994.

LÖWER, Chris: Die Macht der Klamotte. In: Handelsblatt Junge Karriere (1999), Heft 1, S. 24.

LUCA, Renate: Medien und weibliche Identitätsbildung. Körper, Sexualität und Begehren in Selbst- und Fremdbildern junger Frauen. Frankfurt/ Main; New York 1998.

LUCKMANN, Thomas: Persönliche Identität, soziale Rolle und Rollendistanz. In: MARQUARD, Otto/ STIERLE, Karlheinz (Hrsg.): Identität. München 1979, S. 293-313.

LUTZ, Ronald: Laufen und Läuferleben. Zum Verhältnis von Körper, Bewegung und Identität. Frankfurt (Main), New York 1989.

MARCIA, James E.: Development and validation of ego-identity status. In: Journal of Personality and Social Psychology (1966), 3, S. 551-558.

MARCIA, James E.: Identity diffusion differentiated. In: LUSZCZ, M./ NETTELBECK, T. (Hrsg.): Psychological development across the life-span. Elsevier 1989. S. 289-295.

MAYRING, Philipp/ HAUßER, Karl: A model of the stress and coping process. In: BACHMANN, Wolfgang (Hrsg.): Mental load and stress in activity. European approaches. Berlin 1982. S. 24-32.

MAYRING, Philipp: Qualitative Inhaltsanalyse. In: FLICK, Uwe/ KARDORFF Ernst v./ KEUPP, Heiner/ ROSENSTIEL, Lutz v./ WOLFF, Stephan (Hrsg.): Handbuch Qualitative Sozialforschung. Grundlagen, Konzepte, Methoden und Anwendungen. München 1991. S. 209-213.

MAYRING, Philipp: Einführung in die qualitative Sozialforschung. Weinheim 1993.

MAYRING, Philipp: Qualitative Inhaltsanalyse. Grundlagen und Techniken. Weinheim, 7. Aufl. 2000.

MEAD, George Herbert: Geist, Identität und Gesellschaft. Aus der Sicht des Sozialbehaviorismus. Frankfurt am Main 1968.

MEAD, George Herbert: Geist, Identität, und Gesellschaft. Frankfurt am Main 1973. (Erste Auflage 1934; Herausgegeben von Morris, Charles W.).

MECHSNER, Franz: Die Suche nach dem ICH. In: GEO (1998), Nr. 2, S. 62-80.

MENTGES, Gabriele: Der vermessene Körper. In: KOHLE-HEZINGER, Christel/ MENTGES, Gabriele (Hrsg.): Der neuen Welt ein neuer Rock. Studien zu Kleidung, Körper und Mode an Beispielen aus Württemberg. Stuttgart 1993. S. 81-95.

MRAZEK, Joachim: Einstellungen zum eigenen Körper - Grundlagen und Befunde. In: BIELEFELD, Jürgen: Körpererfahrung. Grundlage menschlichen Bewegungsverhaltens. Göttingen 1986.

MÜHLFELD, Claus/ WINDOLF, Paul/ LAMPERT, Norbert/ KRÜGER, Heidi: Auswertungsprobleme offener Interviews. Soziale Welt 32 (1981), S. 325-352.

MÜLLER, Lutz: Des Kaisers neue Kleider. Warum man nicht immer eine gute Figur machen muss. Zürich 1995.

MUMMENDEY, Amélie: Verhalten zwischen sozialen Gruppen: Die Theorie der sozialen Identität. In: CROTT, Helmut (Mitverf.): Gruppen und Lerntheorien. Bern, Stuttgart, Toronto 1985. S. 185-215.

MUMMENDEY, Hans Dieter: Psychologie der Selbstdarstellung. Göttingen 1995.

NIETHAMMER, Lutz: Einführung. In: NIETHAMMER, Lutz (Hrsg.): Lebenserfahrung und kollektives Gedächtnis. Die Praxis der `Oral History ´. Frankfurt a.M. 1980. S. 7-26.

NUBER, Ursula: Beachte mich! In: Psychologie heute Juli (2001); S. 20-27.

NUISSL, Ekkehard/ REIN, Antje von: Corporate identity. Frankfurt 1995.

NUNNER-WINKLER, Gertrud: Identitätskrise ohne Lösung: Wiederholungskrisen, Dauerkrisen. In: FREY, Hans-Peter/ HAUSSER, Karl: Identität. Entwicklung psychologischer und sozialer Forschung. Stuttgart 1987. S. 165-178.

OERTER, Rolf/ DREHER, Eva: Jugendalter. In: OERTER, Rolf/ MONTADA, Leo: Entwicklungspsychologie. Ein Lehrbuch. Weinheim, 3., vollständig überarbeitete und erweiterte Auflage, 1995. S. 310-395.

OERTER, Rolf/ MONTADA, Leo: Entwicklungspsychologie. München, Weinheim, 3. Aufl. 1995. S. 439-486.

OEVERMANN, Ulrich/ ALLERT, Tilman/ KONAU, Elisabeth/ KRAMBECK, J.: Die Methodologie einer „objektiven Hermeneutik" und ihre allgemeine forschungslogische Bedeutung in den Sozialwissenschaften. In: SOEFFNER, Hans-Georg (Hrsg.): Interpretative Verfahren in den Sozial- und Textwissenschaften. Stuttgart 1979. S. 352-433.

OLBRICH, Erhard: Übergänge im Jugendalter. In: SILBEREISEN, Rainer K./ MONTADA, Leo (Hrsg.): Entwicklungspsychologie. Ein Handbuch in Schlüsselbegriffen. München 1983. S. 89-96.

OSWALD, Hans: Was heißt qualitativ forschen? Eine Einführung in Zugänge und Verfahren. In: FRIEBERTSHÄUSER, Barbara/ PRENGEL, Annedore (Hrsg.): Handbuch Qualitative Forschungsmethoden in der Erziehungswissenschaft. Weinheim und München 1997. S 71-85.

PAWLIK, Johannes: Theorie der Farbe. Eine Einführung in begriffliche Gebiete der ästhetischen Farbenlehre. Köln 1969.

PETRASCHEK-HEIM, Ingeborg: Die Sprache der Kleidung. Wien 1988.

POOSER, Doris: Ihr persönlicher Stil. Mit Color Me Beautiful. Körperlinien, Proportionen und eine erweiterte Farbpalette von Doris Pooser. Bern, 2. Aufl., 1990.

POSCHARDT, Ulf: Anpassen. Hamburg, 2. Auflage 1998.

RECH, Heike: Rund & Schön. Starke Frauen. Optimal aussehen in XXL. München 1997.

REGENTHAL, Gerhard: Corporate Identity in Schulen. Neuwied 1999.

REGENTHAL, Gerhard: Corporate Identity. Praxishilfen für das Management in Wirtschaft, Bildung und Gesellschaft. Köln 1992.

RENNER, Paul: Ordnung und Harmonie der Farben. Eine Farbenlehre für Künstler und Handwerker. Ravensburg 1947.

SCHÄFERS, Bernhard: Soziologie des Jugendalters. Opladen, 4. überarbeitete und aktualisierte Aufl. 1989. S. 87ff.

SCHMIDT, Doris: Einführung in die Textildidaktik. Baltmannsweiler, 2., unveränd. Aufl. 1994.

SCHNEIDER, Lisa: Die große Farb- und Typberatung. Mode, Muster, Farben, Frisuren, Make-up, Schmuck, Accessoires und Düfte für jeden Typ. München, 2., verbesserte Aufl. 1994.

SCHNELL, Rainer/ HILL, Paul B./ ESSER, Elke: Methoden der empirischen Sozialforschung. München 1995.

SCHNIERER, Thomas: Modewandel und Gesellschaft. Die Dynamik von “in” und “out”. Opladen 1995.

SCHÖN, Bärbel: Quantitative und qualitative Verfahren in der Schulforschung. In: HURRELMANN, Klaus/ SCHÖN, Bärbel (Hrsg.): Schulalltag und Empirie. Neuere Ansätze in der Sozialisationsforschung. Weinheim, Basel 1979. S. 17-29.

SCHÜTZ, Alfred: On multiple realities. In: Collected Papers. Vol. I. Nijhoff 1962.

SCHÜTZ, Astrid: Psychologie des Selbstwertgefühls. Von Selbstakzeptanz bis Arroganz. Stuttgart 2000.

SCHÜTZE, Fritz: Die Technik des narrativen Interviews in Interaktionsfeldstudien - dargestellt an einem Projekt zur Erforschung von kommunalen Machtstrukturen (MS). Universität Bielefeld, Fakultät für Soziologie, (Arbeitsberichte und Forschungsmaterialien Nr. 1) 1977.

SCHÜTZE, Fritz: Biographieforschung und narratives Interview. Neue Praxis 3, 1983. S. 283-293.

SEELING, Charlotte: Mode. Das Jahrhundert der Designer. 1900-1999. Köln 1999.

SERENY-LIMMER, Margit: Jede Frau ist ein Original - und Originale sind kostbar. In: Psychologie heute SPECIAL (Hrsg.): Frauen Schönheit. Weinheim 1992. S. 48-51.

SOMMER, Carlo Michael/ WIND, Thomas: Mode. Hüllen des Ich. Weinheim, Basel 1988.

SOMMER, Carlo Michael/ WIND, Thomas: Die Macht der Mode. Seltsame Metamorphosen. In: ASCHKE, Katja (Hrsg.): Kleider machen viele Leute. Mode machen - aber wie? Reinbeck bei Hamburg 1989. S. 213- 221.

SOMMER, Carlo Michael: Soziopsychologie der Kleidermode. Regensburg 1989.

SPEKTRUM DER WISSENSCHAFT (Biographie): Leonardo da Vinci. Künstler, Forscher, Ingenieur. (2000) Heft 1.

SPILLANE, Mary: Image Guide für die Frau. Erfolgreich in Beruf und Öffentlichkeit. Bern 1994.

SPILLANE, Mary: Image-Guide für den Mann. Erfolgreich in Beruf und Öffentlichkeit. Bern 1994. (Orginal: Presenting yourself. A personal image guide for men. Übersetzerin: Gorman, Beate)

SPILLANE, Mary: Kleider Farben Stil. Neues von Color me beautiful. Bern, 2. Aufl. 1992. (Original: The complete style guide from the color me beautiful organisation. Übersetzerin: Gorman, Beate)

SPILLANE, Mary: Rundum Schön. Attraktiv in großen Größen. Bern 1996.

SPLETT, Gabriele: Sport und Mode. Eine Untersuchung über den Zusammenhang zwischen Körperlichkeit und Bekleidung unter besonderer Berücksichtigung der weiblichen Körper-Problematik (Studien zur Sportsoziologie; Bd. 2). Münster, Hamburg 1993.

SPÖHRING, Walter: Qualitative Sozialforschung. Stuttgart 1989.

STANGE, Helmut: Jugend Identität Sexualität. Zur Ambivalenz von Individualisierungsprozessen unter erschwerten Lern- und Lebensbedingungen. Dortmund 1993.

STONE, G. P.: Apperence and the self: A slightly revised version. In: STONE, G. P. & FARBERMAN, H. A.: Social psychology through social interaction. New York 1981. S. 187-202.

TANNEBERGER, Anke: Corporate Identity. Studien zur theoretischen Fundierung und Präzisierung der Begriffe Unternehmenspersönlichkeit und Unternehmensidentität. Dissertation. Freiburg (Schweiz) 1987.

TARR Krüger, Irmtraud: Die magische Kraft der Beachtung. Sehen und gesehen werden. Freiburg 2001.

TAYLOR, Charles: Multikulturalismus und die Politik der Anerkennung. Frankfurt am Main 1993.

TAYLOR, Charles: Ursprünge des neuzeitlichen Selbst. In: MICHALSKI, Krzysztof (Hrsg.): Identität im Wandel. Stuttgart 1995. S. 11-23.

TERKESSIDIS, Mark: Ich bin (m)ein Unterschied. In: Die Zeit, Nr. 11 vom 11. März 1999. S. 37.

THIEL, Erika: Geschichte des Kostüms. Die europäische Mode von den Anfängen bis zur Gegenwart. Berlin, 7. Aufl. 2000.

THOMAS, William I./ ZNANIECKI, Florian: The Polish Peasant in Europe und America. New York Neuausgabe nach der 2. Aufl. von 1928, 2 Bände, 1958. (Zuerst 1918-1922)

TRAUTNER, Hanns Martin: Geschlecht, Sozialisation und Identität. In: FREY, Hans-Peter/ HAUSSER, Karl: Identität. Entwicklung psychologischer und sozialer Forschung. Stuttgart 1987. S. 29- 42.

UFFELMANN, Uwe: Identitätsbildung und Geschichtsdidaktik. In: Politik und Zeitgeschichte. Beilage zur Wochenzeitung: Das Parlament. B 41/94, 14.10.1994. S. 12- 20.

ULICH, Dietmar/ MAYRING, Philipp/ STREHMEL, Petra: Stress. In: MANDL, Heinz (Hrsg.): Emotion und Kognition. München 1983. S. 183-216.

WAHL, Klaus / HONIG, Michael-Sebastian / GRAVENHORST, Lerke: Wissenschaftlichkeit und Interessen. Zur Herstellung subjektivitätsorientierter Sozialforschung. Frankfurt a. M. 1982.

WÄLDE, Bettina: Bekennen Sie Farbe. Typberatung mit Bettina Wälde. Asslar, 4. Aufl. 1995.

WÄLDE, Rainer/ WÄLDE, Bettina: Mut zur Farbe. Was Männer kleidet: die erfolgreiche Geschäftskleidung. Freizeitmode, die Spaß macht. Entdecken Sie ihren persönlichen Stil! Asslar 1994.

WARNEKEN, Bernd Jürgen (Hrsg.): Das Outfit der Wissenschaft. Zur symbolischen Repräsentation akademischer Fächer. (Begleitband zur Ausstellung im Haspelturm des Tübinger Schlosses vom 24. April bis 1. Juni 1998). Tübingen 1998.

WATERMANN, Gisela/ ZINGEL, Franziska: Die neue Farbberatung: Mode, Make-up, Haare, Muster, Materialien. Niedernhausen/Ts. 1994.

WATERMANN, Gisela: Farbberatung für die Wohnung. Niedernhausen 2000.

WAX, Rosalie H.: Das erste und unangenehmste Stadium der Feldforschung. In: GERDES, Klaus (Hrsg.): Explorative Sozialforschung. Stuttgart 1979. S.68- 74 (Zuerst 1971)

WEBER, Cora: Selbstkonzept, Identität und Integration. Eine empirische Untersuchung türkischer, griechischer und deutscher Jugendlicher in der BRD. Berlin 1989.

WEBER-KELLERMANN, Ingeborg: Landleben im 19. Jahrhundert. München 1987.

WEISWEILER, Rita: Symbolik der Kleidung. In: Religion heute (1988), Heft 1, S. 52-55.

WILKE, Katja: Who wears what? In: Handelsblatt Junge Karriere (1999), Heft 1, S. 26-27.

WINKLER, Brigitte R.: Weltmeister der Mode. Von Armani bis Yamamoto. Wien 1992.

WISNIEWSKI, Claudia: Kleines Wörterbuch des Kostüms und der Mode. Stuttgart 1999.

WITZEL, Andreas: Verfahren der qualitativen Sozialforschung. Überblick und Alternativen. Frankfurt 1982.

WITZEL, Andreas : Das problemzentrierte Interview. In: JÜTTEMANN, Gerd (Hrsg.): Qualitative Forschung in der Psychologie. Grundfragen, Verfahrensweisen, Anwendungsfelder. Weinheim 1985. S. 227ff.

WOLF, Kerstin: Mit Stil ans Ziel. Die richtige Kleidung zum Erfolg. In: Uni Magazin. Perspektiven für Beruf und Arbeitsmarkt 25 (2001), Heft 3, S. 47- 49.

ZIMBARDO, Philip G.: Psychologie. Berlin/ Heidelberg/ New York/ Tokyo, 4. Aufl. 1983. S. 149-164.

ZINNECKER, Jürgen: Einige strategische Überlegungen zur hermeneutisch-lebensgeschichtlichen Forschung. Zeitschrift für Sozialisationsforschung und Erziehungssoziologie 2 (1982), S. 297-306.

Neuerscheinung

Iris Kolhoff-Kahl

„Gespannte" Textilien

Schirm · Kleid · Baldachin · Pneu · Zelt

Unterrichts- und Lehrmaterial zu Behausungen für Kinder und Jugendliche der 1.–6. Klassen des Textil-, Kunst- und Sachunterrichts

2002. IV, 150 Seiten. Kt. ISBN 389676523X. FPr. € 13,–

In dem Buch „Gespannte" Textilien werden für Kinder und Jugendliche der 1. bis 6. Klassen Freiarbeitsmaterialien zu Themenfeldern wie: Jurte, Schwarzzelt, Zirkuszelt, Pneuhallen, Bettzelte, Schirme u. a. vorgestellt. Die Kinder und Jugendlichen können selbsttätig und inspiriert von Bildern, Geschichten und Ideen ihre „gespannten" Textilien gestalten.

Textiles Material als spann-, hüllen- und raumbildende Form steht dabei im Mittelpunkt, doch greifen die Inhalte weit in gestalterische, künstlerische, kulturgeschichtliche, ethnologische, religiöse und technische Felder hinein. Ein fächerübergreifender Unterricht bietet sich zu einzelnen Themenfeldern an.

In einem didaktischen Begleittext für Lehrpersonen werden anthropologische Begründungen zum Unterschied von Nomadentum und Sesshaftigkeit erörtert, die sinnstiftenden Aspekte von „gespannten" Textilien für Kinder und Jugendliche diskutiert und die Erscheinungsformen von „gespannten" Textilien in tabellarischer Form zum schnellen wissensorientierten Nachschlagen vorgestellt.

Die Schnecke Lili Kokaschi begleitet die jungen Leser und Gestalter. Sie ist eine Nomadin mit ihrem Haus auf dem Rücken, von dem sie nie loskommt, in das sie sich aber schutzsuchend überall auf ihren Reisen zurückziehen kann.

Die Autorin

Dr. Iris Kolhoff-Kahl, seit 1999 Universitätsprofessorin für das Fach Textilgestaltung und ihre Didaktik an der Universität Paderborn.

Schneider Verlag Hohengehren, Wilhelmstr. 13, 73666 Baltmannsweiler

Neuerscheinung 2003

Karin Mann

Jugendmode und Jugendkörper

Die Modeseite der Zeitschrift Bravo im Spiegel vestimentärer Ikonografie und Ikonologie

2003. VIII, 240 Seiten. Kt. ISBN 3896766481. € 20,–

Die Entwicklung von Jugendmode und Jugendkörper und deren Beziehungsgefüge werden in diesem Buch an einem spezifischen Medium, der Modeseite der Zeitschrift Bravo erarbeitet und umfassend dargestellt. Bravo eröffnet bereits ein Jahr nach seiner Ersterscheinung 1956 eine Moderubrik, den „Bravo-Modetip". Die vorliegende Arbeit unterzieht exemplarisch 15 Modeseiten die zwischen 1957 und 1999 erschienen einer kleidungsspezifischen (vestimentären) Bildanalyse und -interpretation.

Dabei werden sowohl mode- und körpertheoretische Aspkete als auch die Einbettung von Bravo als Jugendzeitschrift in ein mediales Kommunikationsmuster berücksichtigt. Um die Entwicklung des Verhältnisses zwischen Jugendmode und Jugendkörper erfassen zu können, werden zudem gesellschaftlich-historische und kulturelle Gesichtspunkte in das Blickfeld gerückt.

Diese Arbeit entstand im Rahmen des Forschungsprojektes „Kleidung – Körper – Identität" des Instituts für Alltags- und Bewegungskultur an der Pädagogischen Hochschule Heidelberg unter der Leitung von Prof. Dr. Doris Schmidt und Dipl.Päd AOR Heinz Janalik.

Der ebenfalls vorliegende **Materialband** beinhaltet die ausführlichen Beschreibungen der einzelnen Modeseiten. Diese Beschreibungen stellen die Grundlage für die Analysen und Interpretationen des Hauptbandes dar. Die detaillierten Deskriptionen geben Aufschluß über das methodische Vorgehen und liefern darüber hinaus Zusatzinformationen zu den Modeseiten (Textinhalte, Schemazeichnungen etc.).

Zur Autorin

Karin Mann studierte von 1994 bis 1998 an der Pädagogischen Hochschule Heidelberg unter anderem die Fächer Haushalt und Textil sowie Bildende Kunst für das Lehramt an Realschulen. Nach dem Staatsexamen absolvierte sie einen Pomotionsaufbaustudiengang mit den Fächern Mode- und Textilwissenschaft, Soziologie und Psychologie und promovierte anschließend am Institut für Alltags- und Bewegungskultur der Pädagogischen Hochschule Heidelberg. Von 1999 bis 2001 war sie wissenschaftliche Mitarbeiterin im Forschungsprojekt „Kleidung – Körper – Identität" und 1999 bis 2000 Lehrbeauftragte an der Universität Koblenz-Landau im Fach Textiles Gestalten.

Schneider Verlag Hohengehren, Wilhelmstr. 13, 73666 Baltmannsweiler